目次

Law & Technology 別冊 No.1

知的財産紛争の最前線
──裁判所との意見交換・最新論説──

知的財産訴訟の現況

知的財産高等裁判所の設立10周年とグローバリゼーション
　　　　　　　　　　　　／知的財産高等裁判所長　設　樂　隆　一・2

● 裁判所と日弁連知的財産センターとの意見交換会　平成26年度　・4
● 大阪地方裁判所第21・26民事部と
　大阪弁護士会知的財産委員会との協議会　　　　　平成26年度　・29

知的財産訴訟の現況を踏まえた最新論説

特許無効の現状と将来の課題
　　　　　　　　　　　　／東京大学教授　大　渕　哲　也・53

自己の氏名・名称等からなる商標に対する商標権の効力の制限
　　　　　　　　　　　　／大阪大学教授　茶　園　成　樹・74

商標法32条1項の先使用権の認められる範囲
　　　　　　　　　　　　／知的財産高等裁判所判事　田　中　芳　樹・83

商標法38条1項、2項による損害額の算定における商標の
「寄与」の位置づけおよび同各項と同条3項との重畳適用
　　　　　　　　　　　　／知的財産高等裁判所判事　大　寄　麻　代・96

最近における均等の裁判例
　　　　　　　　　　　　／東京地方裁判所民事第40部判事　今　井　弘　晃・107

実務報告‖　遠隔地の当事者が関与する知的財産事件の審理の実情
　　　　　　　　　　　　／大阪地方裁判所第24民事部（前第21・26民事部）判事　松阿彌　　隆・116

商品形態等の冒用・模倣にみる創作法と標識法の交錯
　　　　　　　　　　　　／弁護士　松　村　信　夫・119

特許権の消尽論と黙示の承諾論に関する一考察
　　──アップル対サムスン事件知財高裁大合議判決を題材として──
　　　　　　　　　　　　／弁護士・弁理士・ニューヨーク州弁護士　服　部　　　誠・128

知的財産高等裁判所の設立10周年とグローバリゼーション

知的財産高等裁判所長
設樂　隆一

1　はじめに

　知的財産高等裁判所は、平成17年4月1日に、知的財産高等裁判所設置法に基づいて設置されたため、平成27年4月1日には、設立から10年が経過した。

　知的財産高等裁判所設置法は、わが国の経済社会において、知的財産の活用が進展するのに伴い、その保護に関して司法の果たすべき役割がより重要なものとなっているとの現状を踏まえて、知的財産に関する事件についての裁判のより一層の充実および迅速化を図るため、知的財産に関する事件を専門的に取り扱う裁判所を設置し、裁判所の専門的処理体制を一層充実させ、整備することを目的としたものである。

　もっとも、知的財産高等裁判所の前身である東京高等裁判所の知的財産権部の歴史は古く、それは昭和25年11月の第5特別部（知的財産関係事件の集中部）の設立までさかのぼる。

　現在、東京地方裁判所と大阪地方裁判所には知的財産関係事件の専門部が設けられており、平成16年4月から特許権、実用新案権、回路配置利用権またはプログラムの著作権についての著作者の権利に関する訴えについて、東京地方裁判所と大阪地方裁判所に専属管轄が認められたため、両地方裁判所の専門部が実質的に特許裁判所として機能している。そして、知的財産高等裁判所は、上記の特許権等に関する訴えの控訴事件について専属管轄を有しているため、これらの控訴事件をすべて取り扱っている。また、知的財産高等裁判所は、審決取消訴訟についても専属管轄を有している。

　知的財産高等裁判所では、高度な専門的技術を含む事件について、適正迅速な裁判を実現するために、現在のところ、18名の裁判官のほか、裁判に関する技術的事項を調査する、特許庁の審判官や弁理士の経験を有する11名の裁判所調査官、および技術的事項を説明するために、最先端の科学技術の研究に従事している大学教授や公的機関の研究者等からなる200名を超える専門委員（非常勤）を擁している。

2　大合議事件

　知的財産高等裁判所は、原則として裁判官3名の合議体で事件を取り扱うが、特許権等に関する訴えに係る控訴事件並びに特許および実用新案に関する審決取消訴訟について、5名の裁判官の合議体（大合議体）で裁判を行うことができるところ、その設立以来、合計8件の大合議の判決等を言い渡している。

3　国際交流と国際的な情報発信

　企業の経済活動がグローバル化するに伴い、知的財産権に関する紛争もグローバル化してお

り、同種の紛争が世界各国の裁判所に提起されることも珍しくはない。そのような状況の中で、知的財産高等裁判所では、外国との情報・意見交換を積極的に行うほか、日本の知的財産権訴訟について、その情報を広く世界に発信するなどして国際交流に取り組んできた。具体的には、知的財産高等裁判所の裁判官が国際会議に出席したり、欧米諸国のほか、中国、韓国、インド、インドネシア、ベトナム、ミャンマー等のアジアの国々からの法曹関係者の訪問を受けることも多く、これらの機会に、日本の知的財産権訴訟について情報の発信をし、意見交換により互いの理解を深めている。

最近では、平成26年10月に開催されたIBA（国際法曹連盟）の東京大会における、知的財産権とエンターテインメント法に関する委員会と訴訟委員会との共催のセッションへの知的財産高等裁判所の裁判官の参加や、平成27年4月20日の知的財産高等裁判所創設10周年記念5カ国模擬裁判の開催などがあげられる。この模擬裁判では、米、英、独、仏の4カ国から著名な裁判官を招き、知的財産高等裁判所の裁判官も交えて、FRAND宣言をした標準技術特許という共通の仮想事例について5カ国の考え方が披露され、その後最先端の法的問題について活発な意見交換がなされた。

また、知的財産高等裁判所ウェッブサイトでは、一部のコンテンツについては、外国語（英語、フランス語、ドイツ語、中国語、韓国語）による情報発信もしているが、判決については、重要な判決の要旨の英訳のみならず、特に重要な知的財産高等裁判所の判決や最高裁判決については、その全文の英訳も掲載している。

4 今後の展望

経済のグローバル化に伴う知的財産紛争のグローバル化により、国際的なフォーラムショッピングの時代に入ってきている。国際的な経済活動をしている多国籍企業同士が知的財産紛争に突入した場合、どの国で裁判を起こすかの選択が重要になってきており、その際にはマーケットの大きさや適正迅速な裁判がなされていることなどが重要な要素となるであろう。平成26年8月に米国における訴訟を除いて全世界におけるすべての訴訟の取下げがなされて終了したアップルとサムスンの携帯電話、タブレットをめぐる知的財産紛争は、国際的な経済活動をしている企業同士の知的財産紛争の典型例であり、この紛争において、世界各国の裁判所がどのように利用されたかは興味深いところである。マーケットの大きな米国の裁判所に訴えが提起されたのは当然であるが、アジアでは日本、EUではドイツやオランダ等の裁判所に比較的多数の訴えおよび仮処分の申立てがされたようである。日本では、東京地方裁判所に対し、合計7件の本案訴訟と合計10件の侵害差止めの仮処分が申し立てられており、そのうち判決や決定がなされ、知的財産高等裁判所に控訴が提起されたものが合計4件、即時抗告の申立てがなされたのが合計8件であり、知的財産高等裁判所では、控訴事件については3件、仮処分の抗告事件については5件の決定がなされている。1審の東京地方裁判所に対し提起された本案訴訟や仮処分の申立ての件数は、かなり多いほうであり、また、迅速に1審の判断がなされた結果、大合議判決も含め、高等裁判所レベルの判断もなされていることは、特筆すべきであろう。

日本の知的財産訴訟は、知的財産関係者の努力もあって、より成熟化しつつあるといえる。知的財産高等裁判所としては、今後も、より一層、適正迅速な裁判の実現に努めるとともに、欧米諸国および東南アジアの各国との活発な情報交換および意見交換に努め、知的財産権の保護に関して司法の果たすべき役割をより適切に果たしていきたい。

裁判所と日弁連知的財産センターとの意見交換会 (平成27年1月19日(月)開催)

平成26年度

出席者（肩書きは意見交換会当時）

【知的財産高等裁判所】
- 設樂　隆一（所長）
- 富田　善範（第4部部総括判事）
- 清水　節（第2部部総括判事）
- 石井　忠雄（第3部部総括判事）
- 大鷹　一郎（第4部判事）
- 中村　恭（第2部判事）
- 田中　芳樹（第4部判事）
- 大寄　麻代（第1部判事）
- 新谷　貴昭（第2部判事）
- 柵木　澄子（第4部判事）
- 鈴木わかな（第2部判事）
- 田中　正哉（第3部判事）
- 神谷　厚毅（第3部判事）
- 中武　由紀（第2部判事）

【東京地方裁判所】
- 東海林　保（民事第40部部総括判事）
- 嶋末　和秀（民事第29部部総括判事）

[日弁連知的財産センター]
- 担当副会長＝浅岡　美恵（京都弁護士会）

[東京弁護士会]
- 寒河江孝允、飯田　秀郷、近藤　惠嗣、林　いづみ、川田　篤、木村耕太郎、荒井　俊行、市村　直也［司会］

[第一東京弁護士会]
- 宮川美津子、服部　誠［司会］、牧野　利秋、山口　裕司、田中　昌利

[第二東京弁護士会]
- 松尾　和子、光石　俊郎、辻居　幸一、末吉　亙、早稲田祐美子、伊藤　真、市毛由美子、古城　春実、三尾美枝子、村田　真一、松葉　栄治、小野寺良文

[横浜弁護士会]
- 中道　徹

[埼玉弁護士会]
- 大木　健司

[大阪弁護士会]
- 小松陽一郎、溝上　哲也、平野　惠稔、岩坪　哲、小池　眞一、藤川　義人、池下　利男、室谷　和彦、重冨　貴光

[京都弁護士会]
- 伊原　友己

[金沢弁護士会]
- 二木　克明

[福岡県弁護士会]
- 田中　雅敏

[札幌弁護士会]
- 馬杉　栄一、武部　悟

●開会の挨拶

[司会・市村委員]　それでは、時間になりましたので平成26年度の裁判所と日弁連知的財産センターとの意見交換会を始めさせていただきたいと思います。私は本日の司会を務める弁護士の市村直也です。本日は、服部誠弁護士と二人で司会をさせていただきます。よろしくお願いいたします。

　この意見交換会は、毎年開催させていただいております。その時々の知的財産訴訟の重要課題について議論させていただき、これを公表することで、知的財産訴訟の充実に資するものと考えております。

　本日も知的財産高等裁判所と東京地方裁判所から16名の裁判官の方にお出でいただいておりますので、ぜひ有益な意見交換をお願いしたいと思います。

　それでは、意見交換会の開始に先立ちまして、日弁連知的財産センター担当の浅岡美恵副会長によりご挨拶をお願いします。

[浅岡副会長]　本日はお忙しい中、所長をはじめ多くの裁判官にご参加いただきまして、まことにありがとうございます。貴重なお時間を頂戴いたしまして感謝を申し上げます。

　今年度は、本当にいろいろなことで会合をもたせていただいております。平成26年10月のIBA東京大会では知的財産高等裁判所におきましてお世話になりました。また、知的財産高等裁判所10周年ということで、平成27年4月には記念シンポジウムを開催させていただくことになっております。

　毎年度こうして知的財産権に関する司法の実務に鑑みまして、意見交換をもたせていただいているとお聞きしております。この分野は裁判所も本当にプロといいますか、専門の方々が出席され、集中的・専門的に取り組んでくださっておりますが、弁護士会におきましても大変専門化の進んだ領域でございまして、どちらもがプロとして今回の意見交換をさせていただいていると承知いたしております。

　また、こうした本日の結果が全国の多くの弁護士の目に触れまして、広くいきわたるということにもなっているかと存じます。そうした観点からも、実りある議論が展開されますことを期待申し上げまして、開会のご挨拶とさせていただきます。本日はよろしくお願い申し上げます。

[市村委員]　浅岡副会長、どうもありがとうございました。

　それでは、続いて裁判所を代表いただきまして、知的財産高等裁判所所長の設樂隆一判事にご挨拶をお願いいたします。

【設樂所長】　知的財産高等裁判所が設立されましてからほぼ10年近くが経過しております。この間、みなさまご承知のように特許法の大改正も何度かございましたし、また、知的財産高等裁判所のほうも大合議の判決をたくさんとまでは言えないかもしれませんが、8件、ただしアップル対サムスンを3件と数えると10件になりますが、あれを1件と数えると8件の判決をしてまいりました。

　本日のテーマを拝見しますと、やはり特許法の改正にちなんだテーマ、あるいは大合議判決にちなんだテーマ、あるいは裁判所のホームページでの情報発信の問題とか、さらに最後のほうで、われわれ2回終結方式などと言っておりますけれども、ひとことで言うと集中審理方式かと思いますが、そういったことも議題にしていただいているようでございます。せっかくの機会ですので、充実した議論をしていただけることをお願いしたいと思います。

　また裁判所のほうも、この機会を通じましてみなさまのご意見をよくお聞きし、またこちらからも情報発信させていただいて、今後、より適正・迅速な裁判ができるようにしたいと思っておりますので、よろしくお願いします。

[市村委員]　どうもありがとうございました。

●議題1　意見募集（日本版アミカスキュリエ）

[市村委員]　それでは、早速、意見交換に移りたいと思います。本日の議題は、お手元に、議事次第をお渡ししてございますが、大きく分けて四つございます。例年より若干議題を欲張ったものですから、時間も限られておりますが、活発なご意見交換をお願いしたいと思います。

それでは、まず議題1でございます。平成26年の知的財産高等裁判所の最大のトピックであったのではないかと思います。日本版アミカスキュリエについてということで、(1)アップル対サムスン事件（知財高判平26・5・16（平成25年(ネ)第10043号）（本誌64号80頁参照））で行った意見募集の感想と、今後の活用の可能性。それから、(2)どのような案件において意見募集を活用するのが適当なのか。そして、(3)募集された意見については、書証という扱いをされていますけれども、証拠としての価値に差があるとお考えなのかどうなのか。これは日弁連側から質問申し上げているところでございます。

それでは、裁判所のほうからまずこの点についてご説明を頂戴できますでしょうか。

(1)　意見募集の感想と今後の活用の可能性

【設樂所長】　それでは、最初のアップル対サムスン事件で行われた意見募集の感想と、今後の活用の可能性について、申し上げたいと思います。

まず、ご指摘の大合議事件で行われました意見募集というのは、裁判所と協議のうえで、当事者において一般から情報、または意見が記載された書面を裁判所に書証として提出することを合意して、その合意に基づく証拠収集、書証の提出が行われたというものです。

この事件の判決では、その147頁以下において、意見募集によって寄せられた意見が紹介されていますので、それを紹介しますと、意見の中には、諸外国での状況を提示したもの、詳細な経済学的分析により、望ましい解決を論証するもの、結論を導くにあたり重視すべき法的論点を整理するもの、従前ほとんど議論されていなかった新たな視点を提供するものがある。これらの意見は裁判所が広い視野に立って適正な判断を示すための必要かつ有益な資料であり、意見を提出するために多大な労をとった各位に対し、深甚なる敬意を表する次第であると述べられています。

また、担当裁判官は、大合議事件を紹介する判例タイムズの解説（小田真治「知的財産高等裁判所の大合議事件における意見募集（『日本版アミカスキュリエ』）について」判タ1401号116頁以下）の中で意見書の質につきまして、「提出された意見書は、いずれも想像以上に高い質で説得力のある内容であったと感じた。抽象的な議論については、当事者間でも相当程度尽くされていたこともあって、個人的には企業の知財部等での現実の実務経験に裏付けられた意見書やライセンス実務の実際の状況に言及する意見書、ある見解がなぜ採用できないのかを実務の現場に即して説明する意見書に、より強い説得力を感じたし、従来の議論の枠を出ない意見書よりは、従前の議論と異なる視点から議論をする意見書の方が考えさせられるものがあった。労力については、58通の意見書は、添付資料や重複分を合わせると合計で1500ページほどに及ぶもので、意見書の提出締め切りから判決言渡までの1か月半あまりで、これら全てを検討するのはかなりの労力を要した。意見書の中には、外国法が正文でその翻訳が記載しているものが複数あったが、翻訳文独特の理解の困難さがある。さらには、意見書とは別に数十頁にも及ぶ大部の論文が添付されていたものが複数あり、しかもその内の一部は、翻訳が付けられていない英文で、限られた時間で全文を正確に理解するのは相当の困難がある」との感想を述べています。

これとは別に、また別な担当裁判官は、実際に標準必須特許のライセンサーともなり、ライセンシーともなる立場にある各企業の知的財産部から提出された意見は、標準必須特許についての各社

の立場を前提とはしているものの、真摯なものが多く、特に印象深かったとの感想を述べています。あるいは、学者、弁護士からの意見書は、大部でも議論していくうえで必要であったとの感想を述べる裁判官もおります。以上が感想でございます。

　次に、今後の活用の可能性についてですが、事件の審理は各裁判体の訴訟指揮に委ねられていることは当然ですが、知的財産事件においては、一つの事件における判断が日本社会、場合によっては、この大合議事件のように国際社会にまで大きな波及効を及ぼすことも少なくなく、裁判所としてはそのような事案においては、波及効に十分配慮した質の高い、通用力のある判断をなすべきであると考えています。

　先に行われた意見募集は、現行の枠内でも可能な新たな取組みであって有用であり、今後も社会に対する波及効に十分配慮すべきであって、裁判所および当事者のみでは収集することが困難な資料を集める一つの方法として、意見募集が活用される可能性は少なくないと考えています。(1)については、以上です。

(2) 意見募集の活用に適した案件とその選定方法

【大寄判事】　議題1(2)および(3)につきまして、お答えさせていただきます。まず、どのような案件において意見募集を活用するのが適当だと考えられるか、という点でございますが、先ほど(1)の関係でもありましたとおり、一般的には、社会に対する波及効が大きい事案、そして特に裁判所および当事者が把握しきれない事情、たとえばグローバルな経済活動、知的財産権の利用ないし活用状況、諸外国の法令ないし裁判例等の状況、わが国における業界、実務の慣行などの経済的・社会的事実を踏まえた判断が求められる場合などが考えられます。

　なお、先ほど紹介がありました判例タイムズの記事中でも、当該事案の固有の論点について意見募集がされないのは当然であるとしても、部材の譲渡による消尽という一般性を有する論点について意見募集がされなかったのは、その論点の社会的影響の程度を考慮し、これが特に大きい論点についてのみ意見募集をしたものであると述べられております。

　次に、裁判所の提案によって利用することが望ましいか、それとも両当事者が合意すれば、利用することは可能かという点につきましては、これは意見募集を行う場合に、裁判所、両当事者のいずれがイニシアチブをとることが望ましいかという趣旨の質問と思われます。

　ただ、事件の審理は、裁判所と両当事者が相互に協力しながら進められるものでございますから、どちらが先に提案するかということは重要ではないと考えております。双方協議のうえで適切な事件であれば意見募集を進めることになりますが、裁判所が当事者に意見募集を要請するかどうかということは、訴訟指揮権の行使の一環でございますから、裁判所が当該事案の内容、争点に鑑みて意見募集の必要性があると判断することは、重要な要素になると考えております。

　意見募集については、まだ初めての合意がされたにすぎず、意見募集の対象とする事項をどうするか、意見提出者に何らかの資格制限を設けるか、意見募集の募集期間や提出先等をどうするかなどの方法がまだ全くルール化されておりません。

　また、意見募集は、先ほど申しましたとおり、裁判所と協議のうえで、当事者間の合意に基づいて、当事者が行うものではありますが、裁判所の判断の内容や進行状況と関係するうえ、裁判所が判断をするうえで意見募集の必要性があると考えていない点について、当事者が合意をしただけで裁判所の了解なく行った場合には、意見募集の結果がすべて無駄になり、ひいては、意見募集に対する社会の信頼を損なうことになりかねないと思っております。

　さらに、意見募集を成功させるためには、世間一般にどのように周知するかという課題や、集められた意見書を機械的に書証として提出すると、かえって審理を遅延させるおそれがあるという課題もございます。これらの課題に鑑みれば、意見

(3) 意見募集による書証の証拠的価値

【大寄判事】　最後に、(3)でございますが、募集された意見は当事者の提出した書証という扱いだが、証拠としての評価に差はあるかどうかでございますが、一般的に当事者が書証として提出する意見書にはさまざまなものがございまして、これは意見募集で集められた意見書においても変わるものではございません。

　証拠の評価は、自由心証主義に基づいてされるものですから、一般的には証拠の内容次第で証拠価値が決まるものであって、意見募集によって集められたということ自体が、証拠としての評価に影響するというものではないと思っております。

　先ほどの判例タイムズの記事では、意見募集について、判決の末尾での概括な紹介にとどめ、判決の理由中では、特に意見募集の書証について言及がされておりませんけれども、これは意見募集以外で当事者が提出している鑑定意見書が相当数あったことが影響しているものと思われるとの意見が述べられておりますことを最後にご紹介いたします。以上でございます。

[市村委員]　設樂所長、大寄判事、どうもありがとうございました。

　それでは、日弁連側から、ただいまのご説明に対する質問、または意見等がございましたら、どなたからでもお願いいたします。

■意見募集の位置づけ

[服部委員]　最初、私から質問させていただきます。今、設樂所長から、各裁判官の判断というお話があったかと思いますが、この意見募集を行うにあたって、その事件が特別部、いわゆる大合議部に係属しているかどうかということは、関係がないという理解でよろしいのでしょうか。

【設樂所長】　そうですね。裁判所の訴訟指揮権の一環としてリードがなされ、当事者との協議および合意に基づいてなされたと理解しておりますので、実際になされるかどうかはちょっとわかりませんけれども、個別の裁判体の事件でもそのような必要があればなされることがあり得ると思います。ただし、実際問題としては、そういう大きな事件は、大合議でなされることが事実上は多いのではないかと思います。

[伊原委員長]　日弁連知的財産センター側としても、知的財産高等裁判所がこのような意見募集をされたことに対しては、"あっぱれ"というような好印象をもたれた方も多かったと感じています。現行法でも、こういった工夫で実施できるのだなというふうに。直接的にアミカスキュリエという制度が規定されていない中で、知的財産の分野、世界的になりゆきが注目されている知的財産事件においてこれが初めて行われたということは、知的財産実務にかかわる者としては、本当に誇りに思うぐらいの大歓迎です。もっとも、その意見募集に応じて、個別事件について日弁連として意見を出せるのか、出すとしてどこまで踏み込むべきかという点は、しっかり議論しました。でも、意見募集をされたことに対しては、開かれた司法という観点からも、すごくよかったなと思っています。

【設樂所長】　このアップル対サムスン事件における意見募集は、当事者の労力を考えると相当大変だったと思います。そして、その辺を考えるとそれにふさわしい事件だったのかなと思います。そのぐらい労力をかけてもいい事件で、かつそれなりの法律上の争点があって、かつ裁判所から非常にわかりにくいグローバル経済の一面とか、企業のライセンス業務の一面とかで非常に専門的なところでわかりにくいところについての知見、経験等というのが必要であれば、またやってみたいなという気もしますし、それなりに非常に大変だということを考えますと、米国ほどには使われないだろうなという感じはしております。

　ですから、今のところはまさに事件を選んで一歩一歩やっていったらいいなというような感じが

しております。
[伊原委員長] ありがとうございます。どうも将来もありそうなお言葉だったので、日弁連知的財産センターとしても積極的にこういう手法で、国民、市民の意見を広くお聞きいただいた実例があることを周知し、そして、判決の結論や論理が社会的に大きな影響を及ぼすような事件ではそれが好ましいことだというふうに、いろいろなところで積極評価をしてまいりたいと思いますので、ぜひ続けていっていただければと思います。
[市村委員] ありがとうございます。最初に手が挙がっておりました山口弁護士、お願いします。

■募集時期と訴訟段階の関係性
[山口委員] 1点、アップル対サムスン事件に関しておうかがいしたいのですけれども、意見募集がなされた時期が、知的財産高等裁判所の審理の中ではおおむね最終段階といっていいような段階だったと思うのですが、それは何か配慮があって最終段階になったのでしょうか。それともいろいろな過程で結果的にそういうふうになったということなのでしょうか。当事者の攻撃防御との関係で、最終段階になった理由があれば、教えていただきたいと思い、質問いたします。
【設樂所長】 どの段階で意見募集をするのがいいのかという問題かと思われますが、それはまだ手探り状態でありまして、このケースはたまたまなりゆきでそういうふうになったというところで、その辺も含めてまた検討していきますが、事案によって違うのかなという気もします。その点もいろいろな方にご意見をいただければと思います。
[溝上委員] 大寄判事のご説明で、裁判所が職権に基づいて当事者と十分協議して実施していくということで、逆に合意があってもしない場合があるというご説明だったと思います。

ということであれば、逆に言えば、当事者の片方がちょっと反対すると、やってほしくないといえば、なかなか実施は難しいという理解でよろしいのでしょうか。
【大寄判事】 結局、書証は当事者のほうから出していただく証拠方法ですので、当事者が合意して、こういう形でやるということで出していただくのでないと、裁判所が勝手に収集するわけにはいきませんので、そこは当事者の合意が必要だと思っております。

■意見募集の意義
[近藤委員] 先ほどから弁護士側からは、もっとやってほしいという意見が多いのですけれども、私は必ずしもそうは思っていません。先ほど来裁判所側の説明からみると、やはりこれは書証という形で扱う以上は、何らかの意味での事実認識、裁判所からみえないけれども、企業人であればみている事実を報告してもらうという意味は、結構あるのではないかと思います。けれども、米国の同じような制度ですと、法律解釈そのものについての意見を出す場合もあります。

日本の場合は、確かに民事訴訟学者の、たとえば三ケ月章教授の意見書を証拠で提出するということはありますけれども、裁判所の認識としては、三ケ月教授の意見であっても、法解釈は裁判所の専権事項であるという立場をずっと貫いていたと思います。そういう枠内で今回の事件をみますと、私はやはりああいう実際の規格ができる背景だとか、そういう規格必須特許みたいなものに独占権を認めたときに、社会にどういう弊害があるかというような、それはいわゆる法解釈の前提、あるいは規約解釈の前提となる事実の問題だから使えたのではないかと思っています。大寄判事に私が楯突くというわけにいかないのですけれども、私自身が裁判所のお友達（amicus curiae）のつもりで話をしまして、やはりそういう意味では、消尽論などではそういう意味での、裁判所がみえない事実認識を認識しなければいけないという必要性がなかったのではないのかなと思っています。そう考えると、私は使える場面は限られているのではないのかなという意見をもっていますが、どうでしょうか。私が裁判所のお友達として、お友達になってもらえるかどうか、裁判所の側も同じような感触をもっているかを聞きたいです。
【大寄判事】 先ほど、大合議判決の担当裁判官の一人である小田判事の記事を紹介しましたけれど、

確かにその中でも、一番説得力を感じたのは、企業等の方々が実務の現場に即して、なぜある見解が採用できないのかという点を説明するものであったと述べられており、社会において生じる具体的な不都合等を明らかにするような意見書であったと思われますし、ほかの担当裁判官も、ライセンサーともなり、ライセンシーともなる立場の企業の方々から受けた意見というのが参考になった旨述べられているように、当事者の主張だけでは裁判所からはみえない、裁判所の判断が波及効を与えるそういったさまざまな現場での状況や影響という事実関係を出していただくということが、かなり重要であったということはいえるのかなと思います。

　そういう意味では確かに純粋な法律論だけで、判断の与える影響が当事者限りのものであったり、当事者が波及効の程度や内容を提出できるような範囲内のものである場合には、あまり意見募集の必要性というのは大きくないのかなと思います。やはり、社会的な影響の波及効が大きいもので、特に社会への具体的な影響の内容や程度という全容が裁判所からはみえないものというところについて、必要とされることが多いのかなと思います。

［市村委員］　ありがとうございます。手が挙がりましたので、最後にもう一人だけ、お願いします。

［川田委員］　手短にお聞きしますが、アミカスキュリエに類似のものが、平成26年の大合議判決に先立ち、活用されています。ただ、このような方法は、少し道具としては非常に重いように思います。そういう意味では、活用の機会が非常に限られるように思います。弁護士として訴訟遂行をしていると、当事者ではない同種の事案に対しても意見を述べたいことがあります。そのとき、たとえば、大学の先生の意見書などを、別の同種の事件を担当している弁護士の先生に提出していただくよう働きかけますと、結論は同じだが法律構成が異なると難色を示されることもあります。大合議事件ではなく、普通の事件でも少し軽い感じの方法で、意見書などを出す機会を設けることは可能でしょうか。

【設樂所長】　軽い形と言われますと、やはり書証で出していただければ、任意に出していただくのが一番軽いのかなと思いますし、あとは今おっしゃったご事情で出しにくいと言われたときにどうするかということになりますと、いろいろな雑誌がございますので、そういうところでご意見を出しておいていただければ、裁判官の目にも触れるし、当事者も場合によってはコピーして書証で出すかもしれません。ただ、裁判所として何か特別なことはあまりできないような気がいたします。

［川田委員］　書証で提出するためには、別件の当事者の賛意がないと出しにくいように思います。雑誌に掲載するにしてもタイムラグがあり、短くても半年ぐらいの遅れがあります。将来の検討課題としていただきたいとも思いますが、難しい点があることも承知しました。

●議題２　平成23年特許法改正後の特許権侵害訴訟および審決取消訴訟の運営

［市村委員］　それでは、議題２に移りたいと思います。議題２は、平成23年の特許法改正後の特許権侵害訴訟および審決取消訴訟の運営ということでございます。(1)は、再審事由の制限による影響はどういうものかということ。それから(2)は、審決取消訴訟提起後の訂正審判請求の制度の廃止の影響はどういったものであったのかというものでございます。それから(3)は、控訴審からの均等論の主張の追加ということで、地方裁判所では均等論の主張はされていなかったけれども、高等裁判所で均等論の主張をする場合の問題点はいかなるものかというものでございます。

　まず裁判所からご説明をいただきたいと思います。よろしくお願いいたします。

(1) 再審事由の主張の制限（特許法104条の４）による影響

【大鷹判事】　再審の主張制限の規定は、特許を無効にすべき旨の審決または訂正をすべき旨の審決

が確定した場合には、その効果が遡及するので、特許権侵害訴訟が先行していた場合、その判決確定後に審決が確定したときは、そのことが民事訴訟法338条1項8号の再審事由に該当し、あるいは該当する可能性があると解されていたため、審決の結果によっては、再審の訴えにより特許権侵害訴訟の確定判決の既判力が排除され、損害賠償金の返還や、一度支払う必要がないとされた損害賠償金を後から支払うこととなる事態が発生することになりますが、そのような事態は、特許権侵害訴訟の紛争解決機能、企業経営の安定性等の観点から問題があるとの指摘を踏まえて新設されたものであり、その規定の趣旨自体は、個別の特許権侵害訴訟の審理の促進を図ることをめざしたものではないと理解しております。もっとも、特許権侵害訴訟の判決確定後の再審が制限される結果、全体としての特許紛争が従前よりも早期に解決され得るものと思いますが、そのことは、個別の特許権侵害訴訟の審理の促進を意味するものではないと思われます。また、ダブルトラックとの関係では、従前から、特許権侵害訴訟の係属後に特許無効審判請求が出されてダブルトラックとなった場合でも、特許権侵害訴訟の訴訟手続を中止することなく、特許無効審判請求の進行状況や、先行して審決がされた場合にはその判断内容等を勘案しながら、特許権侵害訴訟の審理を進めており、このことは、再審の主張制限の規定が新設された改正前後で特に変化はないものと思われます。要するに、今回の改正は、個別の特許権侵害訴訟における裁判所の審理方針に特に変化をもたらすものではなかったものと認識しております。ただ、平成25年3月まで1審で審理をしていたときの感想を申しますと、再審の主張制限の規定が新設される改正がされたことと直接の関係はないのかもしれませんが、最近の特許権侵害訴訟では、複数の主引用例による多数の無効の抗弁が提出されるなど争点が増加しているような印象を受けております。

次に、控訴審の審理との関係ですが、控訴審では、1審で主張されなかった新たな無効理由による無効の抗弁が主張された場合、時機に後れた攻撃防御方法として却下すべきかどうかの判断が求められる場合があります。この場合の取扱いですが、再審の主張制限の規定が新設されたので新たな無効の抗弁の主張は何でもオーケーということにはならないでしょうし、かといって、必ず時機に後れたものとして却下するという取扱いにもならず、従来から行われているように、1審の訴訟経緯、控訴審で新たな無効理由が提出された時期、当該無効理由の内容、当該無効理由に係る無効審判請求の係属の有無、その審理の状況等の諸事情を勘案しながら、事案ごとに個別に対応しているのが、私が関与した事件の実情です。

(2) 審決取消訴訟提起後の訂正審判請求の制度の廃止の影響

【田中芳樹判事】 議題2の(2)につきまして、ご説明いたします。審決取消訴訟提起後の訂正審判請求の制度の廃止については、立法担当者の解説書によれば、次のように説明されているところです。

平成23年改正以前の特許法においては、特許無効審判が特許庁に係属している間は、特許権者は訂正審判を請求することはできませんが、特許を無効とする審決に対して、審決取消訴訟を提起した場合には、訴え提起の日から90日の期間内であれば訂正審判を請求することができるとなっていました。その場合、裁判所は、決定によって事件を特許庁のほうに差し戻すことができるとされていました。

このように裁判所のほうの実体的な判断が示されずに、裁判所と特許庁との間で事件が往復することは、手続として非効率であるとともに、裁判所の実体的な判断を得ることのない訴訟に関して、手続上および金銭上の負担が生じて、当事者に無駄な負担を強いているという指摘がありました。あるいは審理が遅延し、ひいては審決の確定が遅延し、紛争が決着しないという問題もあって、このようなキャッチボール現象の解消が望まれていました。

一方で、平成23年の改正前の特許法の下での審

決取消訴訟提起後の訂正審判には、審判合議体が審決において示した特許の有効性の判断を踏まえて、どのような点について訂正をすればよいかを明確に把握したうえで、特許権者が訂正することができるという利点がありました。

そこで平成23年の改正法は、特許無効審判手続において、審決の予告制度を導入して、審判合議体が特許の有効性の判断を当事者に開示し、特許権者はこれを踏まえて訂正の請求をすることができるとしたうえで、審決取消訴訟提起後の訂正審判の請求を禁止することとして、先ほど申し上げたように、特許庁と裁判所との事件の往復、キャッチボール現象を解消することとしました。

なお、審決の予告においては、審決の記載事項の規定を準用してありまして、無効審決と同一の事項が記載され、また審判合議体は特許権者に対して、訂正請求のための相当期間を指定しなければならないとされておりますことから、審決予告制度の導入によって、特許権者は無効審判手続の中で最終的な訂正を行う機会が保障されるようになったと言われております。

そうしますと本問ですが、確かに平成23年改正法施行後は、無効審決後に特許請求の範囲を訂正する方法は存在しなくなりましたが、これに伴って特許法において審決予告制度が導入されたものですから、裁判所が審決取消訴訟において特許権者に訂正の機会を与えるために、あえて審決を取り消すというような運用を行うことは、裁判所と特許庁との間の事件の往復を生じさせるもの、キャッチボール現象を生じさせるものであって、先ほど申し上げた平成23年改正法の趣旨を損なうものであると考えます。

そのため、ご質問のような取扱いも特にみられないのではないかと考えております。以上です。

(3) 控訴審からの均等論主張の追加

【柵木判事】 議題2の(3)について回答させていただきます。控訴審におきまして、1審で主張されなかった均等侵害が新たに主張された場合に、これを時機に後れた攻撃防御方法として却下すべきかどうかということにつきましては、平成23年改正法で再審における主張制限の規定が新設されたということが、直接影響するというものではないと考えられます。

控訴審段階で、新たに均等侵害の主張が追加された場合に、これを時機に後れたものとして却下すべきか否かは、1審における訴訟の経過、控訴審における訴訟の経過、新たに提出された主張の内容ですとか、立証状況等に鑑みまして、民事訴訟法157条1項が規定する要件、すなわち当事者に均等侵害の主張の提出が時機に後れたことにつき、故意または重大な過失が認められるか否か、均等侵害の主張の提出により訴訟の完結を遅延させることとなると認められるか否かということにつきまして、個々の事案に即して判断するということになると思われます。

特許権侵害訴訟におきましては、当初から均等侵害のみを主張する例というのは少なく、文言侵害が認められない場合に予備的にということで主張されることが多いかと思われます。

また、さまざまな配慮から、原告代理人とされましては、均等侵害の主張をするか否か、あるいは主張する場合にどの段階で主張するかということに関心を払われるということもあるかと思われますが、被告の対応を踏まえて検討いただきまして、当該事案が均等論の適用に適する事案であるというめどがつきましたら、1審判決がされる前であっても、可能な限り早期の段階でご主張いただくというのが適切であると考えます。

もとより、控訴審におきまして新たに均等侵害の主張を追加することが、およそ許されないというものではありませんが、民事訴訟法157条1項に該当する場合には、時機に後れたものとして却下されるということにもなりかねませんので、原告とされましては、均等侵害の主張提出の時期が著しく遅くなって却下されるということがないように、早期の段階から、均等侵害を主張すべき事案であるか否かということを検討いただきまして、これが必要な場合には、適切な時期に速やかに主張を提出いただく必要があると考えております。

議題2の(3)であげられていた裁判例である知財高判平26・4・24（平成25年(ネ)第10110号）〈裁判所HP〉、知財高判平26・3・26（平成25年(ネ)第10017号、第10041号）（本誌64号113頁参照）のほかにも、近時の裁判例として知財高判平25・11・27（平成25年(ネ)第10002号）（本誌63号98頁参照）、知財高判平25・7・9（平成25年(ネ)第10003号）（本誌62号91頁参照）等がございますが、これらの裁判例をみてみますと、控訴審段階ではじめて提出された均等侵害の主張を時機に後れたものとして却下すべきか否かというのは、先ほども申しましたように、個々の事案に即して判断されるものではありますが、おおむね、均等侵害の主張がされた時期、すなわち控訴審の審理の当初の段階で主張が提出されているか否か、均等侵害の主張の追加により、新たな証拠調べを要するのか否か、控訴審における審理の経過等を総合して、民事訴訟法157条1項の「訴訟の完結を遅延させる」ものであるか否かを判断していることがうかがわれます。

また、1審の審理の経過におきまして、原告が、被告あるいは裁判所から均等侵害の主張の有無について質問をされまして、均等侵害を主張しないということを明確に表明していた場合などには、1審における審理経過も考慮されることになるものと考えられます。

いずれにしましても、控訴審段階において均等侵害の主張を追加されるという場合には、控訴状、あるいは控訴理由書を提出される段階で速やかに主張を提出する必要があるものと考えております。以上です。

［市村委員］ ありがとうございます。盛りだくさんの内容で、弁護士側からもいろいろな意見があると思いますが、どなたからでもお願いいたします。

■ **東京地方裁判所での審理運用**

［平野委員］ 大鷹判事に先ほど答えていただいているので、同じことを確認するだけになってしまうのですが、地方裁判所で何かいろいろな補充が出てくるみたいなものも増えたような気がするという感想をいただいたのですけれど、われわれ実務家からすれば、主戦場は侵害訴訟になったので、そういう意味では、いろいろなことを地方裁判所段階でやっておかないといけないということで、理由があることとしても、外国に文献が多かったりするものとか、あるいは昨今は、本当にわれわれが技術常識だということについても、文献を見つけてこないといけないということもあって、そういう意味で長く期間をいただくというようなことは、それは事案に応じて十分そういうことはあり得るというふうにお聞きしてよろしいのでしょうか。

【大鷹判事】 ご質問は、1審の地方裁判所における審理のお話かなと思っております。確かに大阪では審理モデルが示されていて、いつまでに無効理由を出さなければいけないとか時期的な制限があったのではないかと記憶しておりますが、個別訴訟における大阪の運用の事情等は存じ上げておりません。この問題は、地方裁判所の方に現状をお聞きしたほうがよろしいのではないかと思いますが、東海林判事、いかがですか。

【東海林部総括判事】 東京地方裁判所は知的財産権部が4カ部ありますので、4カ部それぞれの運用があるということを前提にお聞きいただければと思います。

私の所属する民事第40部では、先ほど平野弁護士からお話があったような、たとえば外国文献が引用例であったり、あるいは技術常識等についてさらなる調査が必要というときに、厳しい提出期間を設けていつまでに出してくださいというのはあまりやっていないかなと。少なくとも当部ではやっていません。

ただ、無効の主張をいつ出すのかということはあると思いますので、たとえば当部の場合、口頭弁論において、答弁書の中に今後の主張として、非充足論のほかに無効論も用意しているというようなことが書いていないような場合については、無効の主張をされるご予定があるのかどうかということは聞く場合もあります。

あと、期日の入れ方については、何カ月何カ月

というように形式的に期日を指定するというよりは、その主張の内容とそれから無効の理由、あるいは提出する引用例等に応じて、必要な期間をあらかじめ裁判所のほうからお聞きして、よっぽど長すぎて困るなと思わない限りは、その範囲内でできるだけご準備くださいというような形で柔軟に決めていると思います。要は、もし無効の主張をするのであれば、できるだけ早い段階でご準備いただき主張していただくということが重要ではないかと思っています。

【嶋末部総括判事】　今、東海林判事がお話されたことに、付け加えることはあまりないというのが、民事第29部での最近1年弱の運用の実態です。

　実際に私どもが特許権侵害訴訟を担当していて問題になるのは、審理の初期の段階で、これから無効主張をしたいので、準備のため、相当な期間をくださいと被告側が申し出たというような場合ではなく、かなりの程度、充足論、無効論の審理が進んで、当事者双方の主張がまとまったという段階になって、たとえば、特許庁の無効審判で請求不成立の審決を受けた被告側が新たな無効主張をしたいというようなことを言い出し、それに対して、原告側が時機に後れた攻撃防御方法として却下せよと言ってくるというようなケースです。そういう場合に裁判所としてどうすべきかというのが、悩みというか、問題となっていることがあるという状況です。先ほどの平野弁護士のご質問については、29部では、いつまでに無効主張をせよということを裁判所から申し上げるというようなことではなく、被告側が非常識に長い期間を要求し、原告側から、それはあまりに不合理ではないかという意見が出されるような状況でなければ、個別事案に応じた合理的な期間が与えられるというのが通常であろうと考えております。

■訂正による関連事件の審理への影響

[小池委員]　無効論の対抗として訂正審判の提起が予想される事件では、ちょうど平成23年改正法の施行時期をにらんで、翌年4月1日、施行日直後に無効審判請求のラッシュになりまして、ためていたものを4月にみなが提起するという流れが

あったかと思います。実際、たまたまやっていた案件では、施行日前の3月に無効審判請求をしてしまったこともあって、無効審決を得ても相手方の訂正審判請求と差戻決定とが繰り返された事件もございました。

　平成23年改正法により無効審判請求事件の係属中はその手続の中で訂正事項を検討することになり、事実上、審決予告を最後の契機として訂正事項が検討される結果、請求項に係る発明に関しては、その特許の有効性の判断が確定するまでの間は、訂正が確定することがなく、無効審判の行方と一体となって判断されます。

　このため訂正の取扱いを検討する機会が侵害訴訟や審決取消訴訟の中でもだいぶ減ったと思うのですが、現実問題としても、平成23年改正後につきましては訂正によるキャッチボールというのですかね、無効審判請求事件が係属している中、ないしは侵害訴訟が係属している中、訂正によって係属中の関連事件の審理が変動するという事情は減りましたでしょうか。印象だけでも教えていただければと思います。

　というのは、平成15年改正も、他の関連事件が係属する中、訂正認容審決によって特許請求の範囲等が変動することがキャッチボールの原因になっているとして、無駄な審理が生じないよう差戻決定を入れたというのが経緯ですが、逆に、それで新たなキャッチボール現象がまた生じているとして平成23年改正に移行しました。このため、訂正による関連事件の審理への悪影響というのですか、そういうのが現実に減ったかについて教えていただければありがたいです。

【田中芳樹判事】　平成23年改正法の施行後は、特許無効審判の審決取消訴訟の係属中に、訂正審決が確定したことを理由として審決の取消しを求めるという主張がされることはなくなりますので、その意味において、いわゆるキャッチボール現象によって審理が遅延するという弊害も減少したのではないか、そのような認識をもっております。

【富田部総括判事】　平成23年改正法が適用されるケースにおいて、ご質問にあるような訂正による

■控訴審からの追加主張が認容される目安
［溝上委員］　控訴審からの均等主張の追加について、裁判所が許されるか否かの判断基準となる要素としてあげた、控訴審の当初に主張されたか否かは、具体的には控訴理由書に書いてあるかどうかというようなことだと思うのですが。それから新たな証拠調べをする必要があるか否かという要素。それから１審で均等論の主張をしないと表明していたか否か。この三つぐらいを踏まえて民事訴訟法157条１項の要件を吟味して判断すると言われたかと思いますけれども、弁護士の立場からすると、まず３番目の１審での表明の有無ということになると、それで後日却下されるリスクが生じるのであれば、１審では、調書に書くと言われても絶対書かないでくださいと抵抗するしかないです。危なっかしくてスムーズに言えない。仮に調書に書いてもいいですよと言っても１審ではしないと書いてもらって、控訴審に影響しないようにせざるを得ないのかなという印象です。

それから、新たな証拠調べをする必要があるか否かというのは、ここで例示した裁判例で言うと、清水裁判官が担当されたものですが（前掲知財高判平26・３・26）、証拠調べを要しないから却下しないと明確に書いていただいているので、知的財産事件の場合は基本的に書証だけですので、控訴理由書と同時に均等論にからむ書証も全部出るのであれば、書証を取り調べるだけなので、却下する必要はないのではないかと思います。

もちろん、第２回口頭弁論等においてこれから均等の要件についての書証を出しますとかというのんびりした主張は、ちょっとまずいとは思うのですけれど、実務家の立場からしたら、第１回の控訴理由書、あるいは附帯控訴状の提出までに均等論の主張をすればいいのではないかと思います。

特に、１審で当事者のそれぞれの言い分ではない第三の解釈を１審裁判官がされたときには、それは前提事実として１審で主張するというのは無理なわけですから、ほとんどの事案は、控訴理由書の提出期限までに主張された均等の主張は却下するべきではないと思うのですけれど、この認識はちょっとまずいかというのが質問です。

【柵木判事】　個人的な意見ですが、１審において、均等侵害の主張をしないことを表明していたという事情は、民事訴訟法157条自体に当事者間の信義則という趣旨もありますので、いろいろな判断要素の中の一つのファクターにはなるのだと思います。１審で均等侵害の主張をしないことを表明したので、控訴審での均等侵害の主張の追加はすべて許されないというようなことではないと思いますが、先ほども申しましたように、当事者間の信義則という趣旨が同条にはあるということからしますと、やはり１審における訴訟経過も含め訴訟経過全体をみた中で、時機に後れたものであるかどうかというのを判断することになると思われます。

それから、新しい証拠調べを要するかどうかという事情は、最近の裁判例をみますと、「訴訟の完結を遅延させる」という要件との兼ね合いで、一つの判断要素になってくるであろうと思います。従前提出されている証拠で判断できる場合には、均等侵害の成否について、中身に入った判断をしているものも多いかと思います。また、ご指摘されているように、速やかに主張が提出されたものかという点は、個々の事案や審理経過に応じた考慮がされることになるのではないかと個人的には思います。

［寒河江委員］　１審で実質侵害論という形で特許権侵害の主張をしたのですけれども、棄却され、それで控訴審で均等論に変えたのですが、均等論という法理論はそもそも難しい論法と私個人的に考えておりまして、実質侵害論で主張したけれど、控訴審で均等論に変えたのですが、内容的には実質的に変わりがなく、新しい証拠も出ていないので、控訴審の最初の控訴理由書で主張し、それをご判断をさらにいただいたという事例です。

●議題2－2　特許要件を審理するうえでの審査基準および判決の位置づけ

[**市村委員**]　それでは、時間の関係で次の議題に移りたいと思います。

議題の2－2ですが、特許要件を審理するうえでの審査基準および判決の位置づけに関する問題です。(1)は、知的財産高等裁判所からみて特許庁の審査基準をどのように評価されているかという点です。

(2)は、審査基準に踏み込んだ判決がみられますけれども、そのことについては知的財産高等裁判所として積極的な影響を及ぼすことを念頭におかれているのかどうかということ。

そして、(3)は、知的財産高等裁判所の設立から10年間の判決の積重ねについては、専門裁判所の判決として特別の考慮がされると理解してよろしいかどうかという点です。

若干抽象的な質問になっておりますが、まず裁判所のほうからご説明をいただきたいと思います。

(1)　特許・実用新案審査基準による影響

【**神谷判事**】　私から、(1)から(3)の各質問についてまとめてご説明申し上げます。

まず、(1)でございます。

この問題につきましては、「特許・実用新案審査基準」（審査基準）の性質が問題になろうかと思います。

一般的に、行政庁が定める審査基準は、許可・認可を判断するための基準として理解されております。そして、その法的性質は、講学上の行政規則であり、法律の委任を要しない行政庁の内部基準であるから、外部的に法的効果をもたらすものではないものとされております。今回問題となっている特許庁の審査基準が、このような一般的な審査基準と同様のものであるかについては、必ずしも明らかではございません。ただ、出願の審査が、一定の基準に従って、公平妥当かつ効率的に行われるように、現時点で最善と考えられる特許法等の関連する法律の適用についての基本的考え方をまとめたものであり、審査における判断基準として利用されることを想定したものであって、内容としては、審査官のガイドライン的なものといえようかと考えられます。中山信弘『特許法〔第2版〕』134頁が、「一種の通達のようなもの」と述べているのも、同様の認識ではないかと考えられます。

なお、行政手続法には、審査基準の定めおよび公表に関する規定がおかれていますが、特許法は行政手続法の同部分の適用を除外しております（特許法195条の3）。したがって、特許庁の審査基準は、公表はされていますが、これは行政手続法の規定に基づくものではなく、出願者の便宜、審査の円滑等に対する配慮によるものと解されます。

いずれにいたしましても、特許庁の審査基準は、法律の委任に基づいて定められたものではなく、その法的性質は、一般的な審査基準と同様、行政規則（行政庁の内部基準）であって、国民に対して、直接法的効果を及ぼすものではないと考えられます。

このように、特許庁の審査基準は法規範ではなく、対国民との関係で裁判所において基準として用いられるものではございません。そうすると、裁判所は、独自の立場で法令解釈、適用することになりますから、ご指摘いただきましたとおり、裁判所が法的に審査基準に拘束されることはございません。裁判所の立場からは、審査基準の記載にかかわらず、各裁判体がそれぞれ独立して法律を解釈・適用し、個々の事案ごとの結論を導き出すことになります。

そうすると、裁判所は審査基準の内容を評価すべき立場にはないものと思料するところでございます。

他方、特許庁内部では、審査基準が特許要件の審査にあたる審査官にとって基本的な考え方を示すものであること、また、それ自体公表されており、出願人にとっても、出願管理等の指標として

広く利用されているものであることもまた事実でございます。このような意味におきまして、審査基準は実務上有用なものであるといえます。また、審査基準については、特許法上の特許要件について種々の判例、裁判例の集積を踏まえつつ、これらを一般化、抽象化したものが、現在の基準となってきたものと理解されます。内容をみましても、たとえば裁判所における進歩性の判断、枠組みなどは審査基準と裁判所の判断の枠組みとが合致する部分も多々みられるところでございます。

そういたしますと、審査基準は、出願およびその審査の範囲を超えて、より一般的に実務の考え方を運用するうえで参考となり得るものといえ、その意味で、裁判官、弁護士、弁理士などの関係者にとっても有用なものであると言えようかと存じます。

(2) 知財高裁判決による現行審査基準への影響

【神谷判事】 次に(2)でございます。

裁判所は、司法権に与えられた権限に基づきまして、各裁判体において特許法を解釈・適用して、個別事案に対する結論を導き出しております。他方、審査等は行政庁である特許庁が行う事柄でございますので、それらについて裁判所において干渉すべきものではございません。

もっとも、裁判所が行った法律の適用に基づく結論が、審査基準を適用した審決のそれと異なることは当然にあり得ます。とりわけ、法律の解釈に直接かかわる事項に関する場合には、裁判所の判断の結論が、審査基準と相いれないものとなり、結果的に審査基準の改訂などにつながることはあり得ると考えられます。

しかし、これは①審査、審判の適否が最終的には裁判所の取消訴訟に対する判断で決せられるという制度であること、②審査基準は制度の改正、新たな判例、新技術の発展、国際情勢の変化などに伴い、必要に応じて逐次改訂されているものと考えられますが、その改訂が、これらの動きに追いつかない場合もあると考えられること、③審査基準が判例を取り込みつつ形成されるものであること、などから、結果的に生じるのであると考えられます。裁判所としては、そのような結果をもたらし得ることは認識しつつ、個別の事案ごとに適切に判断を下しているところでございます。

ご指摘いただきましたように、裁判例の中には、審査基準に触れて判示がなされているものがございますが、それはあくまで当該個別事案において、当事者が審査基準に基づく主張をしたとか、あるいは判断内容の理解に資する目的でなされたものと解され、傍論的なものでなかろうかと存じます。

(3) 知的財産高等裁判所の過去の判例の蓄積の影響

【神谷判事】 最後に(3)でございます。

知的財産高等裁判所は、知的財産に関する事件について、裁判の一層の充実および迅速化を図るため設けられたものでありますが（知的財産高等裁判所設置法1条）、あくまでも東京高等裁判所の特別な支部でございまして、憲法により司法権を与えられた裁判所の一機関でございます。そして、憲法上、裁判の独立の原則があるほか、ご指摘いただきましたとおり、わが国では憲法上一般に最高裁判決を除いて、先例拘束性を認める法制度を採用しておりません。

以上を踏まえると、知的財産高等裁判所設置法の趣旨を考慮いたしましても、法律上、知財高裁判決を他の下級審裁判所の判決と異なる特別のものと理解することは困難であろうと考えます。

もっとも、法律上、知的財産高等裁判所においては、大合議体による審理判断をなし得るものとされております（民事訴訟法310条の2、特許法182条の2、実用新案法47条2項）。その趣旨は、特許等の訴訟が高度に専門的な事項について扱い、かつ、その判断が企業活動等に大きな影響を与えることから、慎重に判断を行う必要がある場合があることにあるとされております。さらに、大合議体が社会的な注目を集める事件や高度な専門技術的事項が問題となる事件等を取り扱うという運用がなされれば、事実上、高等裁判所の段階にお

いて裁判例の統一を期待することができるものと考えられる、との指摘もされているところでございます（以上、小野瀬厚＝武智克典編著『一問一答平成15年改正民事訴訟法』74頁）。

そして、従前、大合議体により判断された事案は、いずれも今申し上げましたような運用に沿う形のものであったと考えられますし、実際にも知的財産高等裁判所通常部の合議体により、大合議体の判断基準に沿った判決がなされているところでございます（たとえば、知財高判平26・5・30（平成24年（行ケ）第10399号）〈裁判所HP〉〔粉末薬剤多回投与器事件〕、知財高判平26・9・25判時2241号142頁〔キナゾリン誘導体事件〕）。

また、大合議体は、各部の部総括裁判官4名全員（またはこれに準じる陪席裁判官）が構成員となっておりますので（「知財高裁歴代所長座談会」牧野利秋ほか編『知的財産訴訟実務体系Ⅰ』63頁〔篠原勝美発言〕参照）、この点からも、事実上の影響は大きいものといえようかと存じます。

そういたしますと、大合議体による判決は、下級裁判所によるものであり、かつ厳密な意味での先例拘束性のないものであるとしても、他の知財高裁判決とは重みが異なってくるものと言えようかと存じます。

なお、これまで申し上げました説明は、各裁判体におきまして、過去の知財高裁判決や他の判決を全く考慮しないという趣旨ではございません。個別の事案において、むしろこれらを検討したうえで判断をしていることは当然のことでございます。過去の判決等を理由中に引用することが多いというご指摘のご趣旨が、他の判決の判示と同様の理由づけで判断しているものが多いというものであれば、そのような事例がどの程度あるのか把握しているわけではございませんけれども、いずれにいたしましても、先例拘束性の問題ではなく、あくまで当該裁判体が結論として同様の判断をするに至ったことを意味するものであろうかと存じます。

引用が多いというご指摘のご趣旨が、たとえば事件番号等を示して、そのまま判示事項を引用し

ているというようなご趣旨であれば、そのような事例が多いという認識は、あまりございませんでした。私からは以上でございます。

[市村委員] どうもありがとうございます。この点について、弁護士側からご質問、ご意見があればお願いします。

[川田委員] 神谷判事、的確なご説明をいただき、ありがとうございます。審査基準には拘束力がないことは、たとえば、平成17年の大合議判決（知財高判平17・11・11（平成17年（行ケ）第10042号）（本誌30号83頁参照）〔偏光フイルムの製造法事件〕）で、その趣旨を傍論で述べてはいますが、今のご説明ですと、審査基準が特許庁と国民の間において、事実上の影響力があるとしても、知的財産高等裁判所はそれに直接関知するものではないとのご趣旨と理解しました。ただ、知的財産高等裁判所の判断の影響はあるように思います。一つには、個々の事案で審査基準に即した当事者の主張に対し判断を示す場合と、大合議判決のように、ある程度、一般性のある判断を示す場合があるように思います。話を大合議に絞りますと、たとえば平成17年の大合議判決は、審査基準は拘束力がないと述べてはいますが、平成20年のソルダーレジスト事件の大合議判決（知財高判平20・5・30（平成18年（行ケ）第10563号）（本誌40号84頁参照））ですと、審査基準の当否を議論しているように思います。また、平成24年のプラバスタチン事件の大合議判決（知財高判平24・1・27（平成22年（ネ）第10043号）（本誌55号78頁参照））では、審査基準に反するような判断を示しています。明確に言及はしないとしても、大合議の審査基準に与える影響、すなわち、特許庁を介して国民に影響を与えることまで考えると、審査基準を意識する姿勢も必要ではないかとも思います。この点、設樂所長に、ぜひ、ご意見をうかがいたく思います。

【設樂所長】 先ほど、神谷判事が言われたように、たまたまその事件で裁判所が法律的解釈をして判断をしたことが、審査基準と同じであったり、違ったりしているということかなと思います。審査基準は、われわれの判断の直接の対象ではあり

ません。裁判所が示した条文の法的解釈について、審査基準がこちらの判断と整合していないときには、その後、特許庁に独自に検討していただくということなのであろうと思います。特許庁のほうは、あくまでも審査基準をどうすべきかを検討し、裁判所は、あくまでも法律解釈をしていく、そういう関係にあると理解をしております。

[川田委員] ありがとうございます。たとえば、ソルダーレジスト事件の大合議判決では、審査基準において問題のある点を一部指摘しながらも、結論としては、審査基準を支持しています。その判示に対応して、特許庁も審査基準を改めています。それは、特許庁の問題だといえばそれまでですが、プラバスタチン事件の大合議判決では審査基準を直接には取り上げていないので、特許庁はどのように対応していいのかわからない状態にあるように思います。現在、最高裁判所に係属しているので、触れがたい面はありますが（編注：平成27年6月5日最高裁判所第二小法廷で判決が言い渡された（平成24年(行ヒ)第1204号等）〈裁判所HP〉）、審査基準に対する判断を明確に示さないと方向性がみえないという問題があるように思います。最終的には特許庁の判断だとしても、審査基準にかかわる判断を大合議判決でするときは、ある程度、明示的な判断をしたほうがよいのではないかと思っています。これは個人的な意見です。

●議題3　知的財産関係判決の最高裁HPへの掲載

[市村委員] 次の議題は、知的財産関係判決の最高裁HPへの掲載についてです。最高裁HPへの知的財産判決の掲載方法の改善を協議したいということでございます。(1)は、意匠、不正競争防止法、著作権等の判決で別紙が掲載されていない場合が多いが、これらの判決は、別紙がないと判決内容を理解するのが困難な場合があるので、改善していただきたいという点です。

(2)は、損害論部分において伏字の箇所が多いので、判断過程がよくわからない場合があるので、この点について、書き方に工夫の余地はないかということです。これはむしろ当事者のほうの協力も必要なのではないかという感じもいたします。

(3)は、控訴審判決が原判決に引用形式で記載されている場合が増えているところ、判決が省略された場合に引用する頁や行が一致しなくなり、内容の理解が困難になっているので、改善の方法はないだろうかということです。

当事者側に対する意見や指摘等があれば、あわせてご説明を頂戴したいと思います。よろしくお願いします。

(1)　判決別紙の掲載が省略される基準

【中武判事】　議題3の(1)から(3)について、まとめて回答させていただきたいと思います。

まず、(1)の判決別紙の掲載が省略される基準についてです。

前提として、議題3(1)では「別紙掲載が省略されている場合が多く」とされているのですが、最高裁判所の検索システムにおける検索結果の表示方法によっては、別紙が表示されないことがありますので、この点について少しご説明させていただければと思います。みなさんすでにご承知のとおりで、失礼にあたるかもしれないのですけれども。

最高裁判所の「判例検索システム（知的財産裁判例集）」を利用する際に、検索のキーワードや事件番号などを入力して検索することがあるかと思います。そうすると、「検索結果一覧表示画面」というのが、まず表示されます。一例でいいますと、当該画面の左側に「知的財産裁判例」とあって、真ん中に事件番号、商標等侵害差止請求事件、民事訴訟、平成何年何月何日、東京地方裁判所などとの表示があり、右にPDFのアイコンで「全文」と表示されます。この画面右の「全文」というPDFアイコンをクリックすると、ワンクリックで当該判決の本文にいけるのですけれども、この場合には別紙は表示されません。一方、同じ「検索結果一覧表示画面」で、左にある「知的財産裁判例」というところをクリックした場合には、「検索

結果詳細画面」というものが出まして、当該1件分の裁判例に関する情報が表示されるのですが、その画面の一番下に「全文」との欄があり、「別紙1」「別紙2」……というふうに別紙が表示されることになります。つまり、もし、「検索結果一覧表示画面」の右欄の「全文」アイコンからワンクリックで裁判例本文を表示する場合には、別紙がアップされているにもかかわらず、表示されないという場合があります。本来、このPDFアイコンの名前を「全文」ではなく「本文」と表示するのが正確なのでしょうけれども、最高裁判所の「判例検索システム」上、そのようになっています関係で、ご不便をおかけしているかもしれないです。

　本題に戻りまして、判決別紙の掲載基準についてですけれども、従前、東京地方裁判所知的財産権部では、本文のみを掲載していたこともあったというふうに聞いています。しかし、現在の東京地方裁判所知的財産権部では、裁判体ごとに個別事件に応じて判断する運用がなされております。おおむねの傾向としては、商標や意匠など、視覚的な情報が添付されていたほうがわかりやすい場合には、原則として可能な限り別紙を掲載するという運用をしているようです。大阪地方裁判所知的財産権部でも同様だと聞いています。

　従前、東京地方裁判所知的財産権部において別紙を不掲載としていた理由としては、一つは、別紙が当事者の作成によるものであったり、ほかの書面の写しを利用したりしている場合が多く、裁判所が一から電磁データを作成しているものではないので、素材となる電磁データがなかったということがあります。もう一つは、インターネットウェブサイトの容量上の問題があったと聞いています。その後、時の経過とともに、最高裁判例以外の裁判例情報へのアクセスの重要性がより認識されるようになったこと等に伴い、システムも改善されてきまして、さらに、裁判所や当事者側で別紙をデータ化するスキルやツールが増えてきたということで、徐々に別紙の掲載が拡大されてきたということです。

　知的財産高等裁判所の状況は、地方裁判所とは少し異なっております。知的財産高等裁判所では、原則として、判決に図面等の画像データを用いる場合には、判決の作成段階で本文と同じファイルにこれらを盛り込むという運用にしています。これは、知的財産高等裁判所が、最高裁判所の「判例検索システム」とは別に、知財高裁HP内での「裁判例検索データベース」というのをもっておりまして、システム上、本文ファイルと別紙ファイルを別個に保存できないためです。その結果、知的財産高等裁判所の判決書については、原則として別紙図面が掲載されていることが多いということになります。逆に、別紙図面を判決本文のデータに貼り付けられないとか、データが重すぎるという場合には、掲載を断念しているというのが現状です。

　ですので、代理人のほうでも、本文への別紙電磁データの貼付けのために、データが重くなりすぎないような工夫などについてご協力いただけますと、図面等が掲載できる場合が増えるかと思いますので、よろしくお願いします。

　それから、控訴審で1審判決を引用している場合には、そもそも原本自体に別紙を添付していないことがあります。その場合には、ホームページ掲載における別紙省略の問題ではございませんので、ご留意いただければと思います。

　知的財産高等裁判所で別紙を不掲載とする場合の理由に関してですが、一つは、電磁データが存在しないという場合。二つ目は分量が大部、これは対象となる別紙枚数が大部である場合とデータ容量上の問題とがあります。あと三つ目に、閲覧が禁止されている場合。四つ目は、内容として掲載が不適切な場合、たとえばわいせつな図画等です。議題3(1)でお尋ねのように、対象物の著作権に対する配慮からホームページへの掲載を差し控えたという例は聞き及んでいません。

　判決別紙を不掲載にする場合に関し、この意見交換会を機に内部で改善の余地について検討しましたところ、まず、電磁データが不存在の場合についてですが、判決作成にあたってこちらでデータ読込みツールを利用して掲載することが考えら

れるのですけれども、原本との同一性の照合が困難で煩雑であったり、正確性の問題もあることから、裁判体ごとに、別紙作成の難易、分量、当該事案の把握における必要性の程度などを勘案して、事案ごとに判断するのが適切であろうということでした。

また、分量大部に関しても、作業の問題としては今申し上げたとおりで、あとはデータ容量上の制限についてはシステム上の問題ですので、直ちに改善は難しい面があることをご了承いただければと思います。もっとも、大部の別紙をすべて掲載することについては、かえって利用者側の便利を損ねる場合もあると考えており、必ずしも必要性が高くない場合もあると考えています。

閲覧制限決定の場合には、当然のことながら掲載はできないのですけれども、個々の事案について、閲覧制限の申立てが真に必要最小限のものに限られれば、おのずから別紙掲載ができる場合が増えると思われますから、閲覧制限の申立てにあたって、代理人のほうでも大局的な見地からご配慮いただけるとありがたく思います。

裁判所としては、自らもユーザーですので、利便性を高め、また訴訟の充実やクオリティの向上を図るためにも、一層の情報提供の充実をというふうに望んでおります。先にも申しましたとおり、東京地方裁判所知的財産権部と知的財産高等裁判所で合同で内部の検討会を設けまして、知的財産高等裁判所のみならず、東京地方裁判所知的財産権部でも、前に述べましたような不都合がある場合を除いて、原則として可能な限り別紙を掲載するという方向で検討しているところです。

(2) 判決理由の閲覧制限

【中武判事】 次に、議題(2)の損害論の部分に閲覧制限が入っていて判断過程がよくわからないために、何か工夫はできないかというものですけれども、その内容の把握が困難であるというのは容易に想像できるところです。ただ、準備書面等での閲覧制限の申立てによって、秘密の範囲について大体の予測はつくとしても、判決作成の段階で判決書のどの文言に閲覧制限の申立てがなされるかを、逐一予測して、その前後の書きぶりを工夫するというのはなかなか困難です。

また、判決書の作成というのは裁判内容そのものであり、当該裁判体が当該事案ごとに最も適切でわかりやすいと考える判決書を作成しておりますので、この場では今後、このようにいたしますとお答えしかねるところがあります。

ただ、趣旨はよく理解できるところですので、そのような要望があったことについては、各裁判体に周知したいと思っています。また、知的財産訴訟以外の判決書であっても、よい工夫がなされた判決があれば、ご紹介いただければ参考としたいと思います。

(3) 引用判決の記載方法の課題

【中武判事】 最後に、議題(3)の引用判決に関してです。

引用判決は、民事訴訟規則184条に基づいております。控訴審の判決書というのは、請求の当否を最終的な審判対象とはしつつも、控訴人が控訴理由において指摘する1審判決の事実認定や法律判断、および控訴審における新主張に対する明確な判断が求められていますので、重複を避けるとともに、控訴審の問題意識や1審判決書の変更点を明らかにするというメリットを有する引用判決は、有用なものと考えられています。

一方で、引用判決は、1審判決を参照しながら読み進めなければならないので、煩雑であるうえ、頁や行の特定のもとに原判決の付加、訂正等がなされるために、原判決がホームページ上で、原本と同一の頁、行が表示されるという場合でなければ、わかりにくいという問題があります。

そこで、これを解決する知的財産高等裁判所側の工夫として、ある程度まとまった単位で訂正をする方法、重複を厭わずあらためて重要争点について書き下ろすという方法、訂正した部分、頁、行のほかに項番号の明示や、挿入箇所の指摘部分を長めに引用して、行が多少ずれたとしても、特定できるようにする方法などが考えられます。

ただ、この問題についても判決書作成の問題ですので、先ほどと同じように裁判体ごとの工夫によることになります。

一方、地方裁判所における改善の方法ですけれども、現在多く行われている工夫としては、当事者の表示欄を削除しても、文字数や行を詰めずに空白として残すことにより、頁ずれや行ずれをできる限り回避するというものがあります。

そのほか、仮名処理に伴う頁、行ずれについて、原本の文字数と仮名処理の文字数を一致させるとか、行がずれないよう空白行を設けることなども方法としては考えられます。閲覧制限部分に関しても、閲覧制限箇所と原本の文字数をそのまま「●」で置き換えるなども考えられます。ただ、これらの工夫は、かえって公開の便宜をそぐ場合や、損害額の桁数のように文字数によって閲覧を制限した内容に見当がつく場合もあることから、あえて判読できないようにするほうが望ましいということもあります。

この問題についても、知的財産高等裁判所と東京地方裁判所知的財産権部で合同で検討していたのですけれども、正確なマスキング・仮名処理の徹底や、できるだけ迅速に公開するという要請も重要でして、また、ほかの裁判事務の適切迅速な処理の要請もありますので、必ずしもこれを最優先で、というところまでには至らないということは、ご理解いただけるとありがたく思います。以上です。

[市村委員] どうもありがとうございました。すでにこの意見交換会を契機に、検討会までつくっていただいてご検討いただいているということです。それをお聞きしただけでもこの意見交換会の意義があったと思います。それでは、弁護士側から、ご意見やご質問をお願いします。

[松葉委員] 非常に詳細な事項をいろいろ教えていただきまして、ありがとうございます。弁護士としても、目からうろこという話が多かったように思います。

先ほどおっしゃっていただいた、判決の別紙のデータに関しての制約についてですが、電磁データがないということに関しては、代理人側も協力しなければいけない部分だと思います。それを前提としつつですけれども、容量の制限という観点に関して申し上げると、たとえばメールで送付する場合の容量など、いろいろと制約が多い。そういった点を含めて、システムの強化ということをぜひ進めていただければと思います。これは要望です。

次に、最高裁HPでの書式、つまり裁判例の載せ方についてですが、今のご説明だと、実際判決された裁判体のほうで全部つくられているというふうにお聞きしたのですが、その認識でよろしいでしょうか。

というのは、ほかの分野の裁判所の判決の書式と結構整合がとれているようにみえるので、最高裁判所のほうで全部調整されているのかと思っていたのですけれども、そういうわけではなく、知的財産高等裁判所なり、東京地方裁判所のほうで工夫さえすれば、それはすべて最高裁HPにそのまま載せられる、というような運用状況になっているということなのでしょうか。

[中武判事] 知的財産高等裁判所においては、事件部の担当者のパソコンから直接最高裁HPに裁判例をアップロードしていますので、最高裁判所が掲載裁判例の選定や書式の調整などに関与することはありません。

あと、システムの改善に関しては、掲載可能な容量も徐々に増えるようになってきています。メールの容量は2メガバイトという縛りがあり、準備書面をメール送付する際には、工夫していただいていると思うのですが、ホームページ掲載上2メガバイトという縛りはありません。ですので、別のリムーバブルディスク等で保存していただいて、それをちょっとお借りするような形での受渡しであれば、ホームページ掲載について、2メガバイト以上の容量のものを掲載することも、可能かと思います。

[松葉委員] ありがとうございました。

[川田委員] 本日のご説明と少しずれる話かもしれませんが、よく当事者から聞かれることなので

すが、たとえば、ホームページへの不掲載を申し出れば、当事者の意思を尊重して不掲載の扱いになるのでしょうか。
【中武判事】　それは閲覧制限の申立てをせずにということでしょうか。
［川田委員］　はい。訴訟記録は何人でも閲覧できますが、謄写は当事者か利害関係人しかできない扱いになっています。ここで、ホームページに掲載されますと、あたかも誰でも謄写することができる状態になります。そうすると法の趣旨に反していないかという懸念を感じています。そのとき、当事者から、謄写は認めないのが建前だから、ホームページには載せないようにしていただきたいということを申し出た場合の扱いについておうかがいします。
【中武判事】　原則として判決は掲載するという方向でして、当事者からの個別の要望にはお応えしていません。
［伊藤委員］　今のお話で、できるだけ画像を載せていただけるように考えているというお話をうかがって、大変いいなと思っておりました。逆に、載せるようにお願いします。私たちも裁判体から、カラーのコピーではなくて、あわせて別紙の部分についても電磁データをくださいと言われたら、極力電磁データをお持ちして、勝つ事件でも負ける事件でも、載るように協力はさせていただきたいなと思っております。

　ただ、最近、昔の判決を検索したら、一部カラーだったはずなのに、白黒になっているような例を2件ぐらい見まして、あれっと思って、全体の容量のせいなのかなというような気がしています。これは知的財産高等裁判所にお願いすべき事柄ではないのかもしれないのですが、そういうお願いを、たとえば日弁連知的財産センターとしての要望書みたいなものを知的財産高等裁判所にお届けすれば、弁護士会も言っているんだから、予算をとって容量を増やしてほしいというように最高裁判所につないでいただけるのであれば、そんなこともしてみたいなと、個人としては思っているのですが、いかがでございましょうか。

【設樂所長】　ご要望があったということの話をお伝えすることはできます。ユーザーとしては、別紙のカラー画像はあったほうがいいと思いますので、できるだけそのように善処したいと思います。

　あとは、メールの添付のファイルのサイズというのは、私も詳しくは知りませんが、たぶんウイルス対策で、あまり大きくはしていないのだろうと、そのように私は理解しています。正式に聞いたわけではないのですが。
［寒河江委員］　個人と法人の名前を出す、出さないというように、最高裁HPの当事者の掲載方法では分かれているわけですが、一律にこれは個人は何かの理由で出さないとなっておるのでしょうか。
【中武判事】　仮名処理については一律の取扱いということで、個人名は基本的に載せてはいないと思うのですけれども。そういう取扱いですので、個別に掲載の要望があったからとか、出さないでと言われたからとか、そういうことには左右されないで、一律に取り扱っているということです。

●議題4　審決取消訴訟（特許・実用新案）の審理方法

［市村委員］　それでは、ほかにございませんでしたら、議題の4、最後の議題に入りたいと思います。審決取消訴訟（特許・実用新案）の審理方法についてということでございます。議題1から3までについては、弁護士会からの質問に対して裁判所にもお答えいただくという形式をとらせていただきましたが、議題4については、知的財産高等裁判所のご質問に対して、まず弁護士会側でご説明をさせていただくということにいたします。では、この点について、小松弁護士、お願いできますでしょうか。

■準備書面および書証の提出

［小松委員］　後ほど飯田弁護士、あるいは重冨弁護士に補足していただきたいと思います。1回審理方式、2回審理方式があった時代から、2回審理方式で統一されました。それ以降かなり時間が

経っておりまして、手続の流れとか、あるいは書証をこういうふうに出してくださいというのを知財高裁HPでかなり詳細にお書きいただいていて、大変ありがたいと思っております。

できるだけ、私どももそこに記載されているとおりに書証等を提出させていただいて、ご迷惑かけないようにとは思っているのですけれども、時々いくつかの疑問点を感じることがございます。まず、基本的書証の提出の関係で、一応審理要領のところには、原告が必要な範囲で出してください、となっているのではないかと思います。全部出すとは書いてない。

ただ、原告としてどこまでセレクトしていいのか、実際に。特に弁護士ですので、自分に有利なものを出したときに、被告がそれに対応するものを出してくると、さらにそれに対応するものを出さないわけにはいかないなということもあったりして、だんだんややこしくなってくる。無効審判で被告が膨大な証拠を出しているときにどうするのか。依頼者から、先生こんな何cmにもわたるのをうちの費用で出すのですかと言われることもあります。そういうことを考えていくと、基本的に原告が出しなさい、原告が出さないものは被告で出しなさいというよりも、最初からもう少しそれぞれの役割分担みたいなものをより具体的に提示していただいたほうがありがたいかなと思うこともあります。そのあたりの、各当事者から提出を促すことについて、ご検討をいただけるのかどうかと。あるいは、問題点があるよ、ということならご指摘いただけたらと思います。

二つ目は、手続の流れに関してなんですが、基本的には、第1回の弁論準備手続までに原告が準備書面を提出しますと、そこで今後の方針について、争点等について整理をされて、第2回弁論準備手続までに被告側が提出します。第2回で被告側が提出したときに、原告がもう一度提出したい場合もある。このようなことを要請した場合には、大体応じていただいているのかどうかというところをお聞きしたい。それから、多分原則原告2回提出可だったと思うのですけれども、それに対して被告がもう一度提出したいと思うと、だんだんだんだん長くなってきます。被告から2回主張しておきたいという要請があったときに、それに対して実務上、提出してはいけないとは言われないと思うのですけれども、もう少しルーティン的に、被告側に2回提出するチャンスぐらいまでは与えてもらえないかなと。

特に審決取消訴訟は、ほとんど上告受理申立理由にもなりませんので、被告側としては最後の機会になると思います。もちろん、被告は審決と同じ結論どおりに勝てばいいのですけれども、審決取消としてひっくり返ることもあるわけですから、そのあたりで準備書面の提出のチャンスをどういうふうにみていくのかなということについて、もう一度見直していただける可能性はないでしょうかというのが、私の意見でございます。

それから、飯田弁護士のほうで技術説明会等について補足をお願いします。

■**技術説明会**

[飯田委員] 技術説明会が行われることは、当事者には非常にありがたいことだと思います。

技術説明会の準備は当事者には相当の負担です。なるべくわかりやすく、パワーポイントで視覚的に見やすいように工夫をするために大きな労力を要します。もっとも、この過程では、事案をよく吟味し争点の明確化が不可欠なため、事案の審理のために非常に有益だと思います。

この事案の焦点を明確化するために代理人は精いっぱい努力をしておりますが、必ずしも裁判所のお考えと合わない場合も想定され、また、当事者本人からは、何でそんなに内容を絞ってしまうのか、もっとこういうことも説明すべきではないかと要請されることも多々あります。そうすると説明予定時間がたとえば40分であっても、仮にその資料全部を使って説明をすると3倍もかかるようなものを用意せざるを得ないこともあります。総花的な資料になることがままあるようです。

そういう点で、最近は時々経験しますが、裁判所から技術説明すべき重点事項のご指示をいただけると、大変ありがたいと思います。当事者から

すると、裁判所が何を技術説明会でお求めになっているのかということを把握しづらいというところがございまして、資料としては包括的であるかもしれないけれども、実際の説明の段階では重点事項に絞れるような工夫ができれば、審理の充実になるのではないかなという気もいたしまして、ご質問をしたところでございます。

また、技術説明会では、専門委員あるいは調査官からいろいろとご質問をいただきます。通常は訴訟代理人が事案の中身を把握したうえでお答えをするようにしているのですけれども、いかんせんその技術の専門家でないということもあって、準備が不足しているような場合もあろうかと思います。このため、たとえばこういう点について、質問をするかもしれないなどの質問事項のようなことがあらかじめわかっていれば、それについての対応が可能であると思います。

しかし、専門委員の先生方がどういうご質問をされるかというのは、直前になるまでわからないこともあるかと思いますので、現実にどのように運用できるかは、難しい面があるとは思います。

[重冨委員] 私から、簡単に2点ほど補足的に意見を述べさせていただきます。1点目ですが、技術説明会について、技術説明後のフォローアップのあり方についてご検討いただきたいと思っております。

技術説明会当日になされる専門委員のご質問・ご意見については、いくら事前準備をした場合であっても、完全にその場でフォローしきれない部分が出てくることは、私自身の経験からしましても常であると感じております。その場合に、技術説明会の後に依頼者と協議を行う中で、専門委員が指摘された技術事項は当該対象技術分野そのものの話ではなくて、若干異なる分野に関する指摘であることから、その点を裁判所に指摘してくださいといった要請を依頼者から受けることもあるのですが、そのような場合があるにもかかわらず、技術説明会開催期日にて審理終了となった場合にフォローアップできないまま、裁判所が判断してしまうケースがあります。したがいまして、フォローアップの機会付与についてご検討をお願いできればと思います。

■**弁論準備手続期日**

[重冨委員] 次に、異なる観点からのフォローアップについてですが、第1回の弁論準備手続期日の運営としまして、原告主張の取消事由をきちんと整理をしたうえで、被告の認否・反論を促す審理方式の徹底をお願いできればと思っております。原告主張の取消事由の整理が十分にできている場合には、第1回弁論準備手続期日の後すぐに被告による認否・反論という進行で足りると思っておりますが、時として、審決の説示を頁ごと、段落ごとに引用して、逐一間違いであると指摘するような原告準備書面が提出されることがあり、そのような準備書面では原告がいかなる点をもって取消事由として主張しているのかが判然としないケースがございます。被告側としては、原告準備書面の主張内容をおいて審決の結論が正しく誤りがないという主張を記載する書面を書くことは可能ですが、充実した審理を促進する観点からは、いったい、原告がどういうところを問題にしているのか（証拠による事実認定を問題としているのか、事実に基づく法的評価を問題としているのかなど）についてよくわからないまま被告が反論せざるを得ないという不完全燃焼のような事態を防ぐことが好ましいと考えております。この点につきましては、おそらく裁判所におかれてもそういったことを経験されておられると思いますので、その場合にはきちんとした取消事由の整理をしていただきたいと思っております。具体的には、第1回弁論準備手続期日の後2〜3週間程度を期限として、原告が取消事由の再整理を促されて、その後に被告が反論するなどといった運用もご検討いただければなと思います。

[市村委員] ありがとうございます。かなりいろいろな要望が出ました。では、裁判所からご説明をいただけますでしょうか。

■**審理の運営**

【中村判事】 この点について、回答をさせていただきます。回答というか、説明程度になってしま

うかもしれませんけれども、ご了承ください。

　まず、貴重なご意見をうかがい、これらを参酌して、反映できるところは今後の審理の中に活かしていきたいと考えております。それで、今のご質問の関係で若干補足説明をさせていただきます。ただ、説明と言っても個別事案にかかわる部分が多いものですから、あくまで総合的な観点からということと、あくまで私個人の意見ということでお聞き願いたいかと思います。

　まず、審理要領のほうで各種類型の基本的書証を定めていまして、それについて、いろいろご提出をお願いしているということがあります。これは裁判所が審決の内容を理解するのにこれら書証が必要であるということと、それから、なるべく審決で使われたとおりに書証が出ていないと、裁判所のほうとしては、審決の内容を早期に理解することができないからであります。

　そして、審決の内容を早期に理解するためには、被告または被告代理人と接点を有しない第1回弁論準備手続期日前の訴訟提起直後の時期には、訴訟を提起した原告のほうから提出をお願いせざるを得ないという事情がありますので、この点はご理解をいただきたいと思います。

　それから、審決取消訴訟における審理手続の関係ですけれども、ご存じのとおり、弁論準備手続期日を原則として2回、また技術説明会を施行した場合には、これは3回になることも最近多いのかなとは思っておりますが、このように2、3回の弁論準備手続期日と1回の口頭弁論期日を施行したうえで、弁論を終結させるという方式を採用しております。

　この点についても、弁護士会のほうからご協力をいただきまして、社会一般からも一定の評価、支持を得ていると理解しております。実際にも、平成15年度は、平均審理時間が12.4カ月だったものが、一昨年の平成25年度は7.6カ月まで短縮されております。これもひとえにみなさまのご協力のおかげかと思っております。

　ただ、審理方式は、的確な裁判の実現を目的としているものであり、迅速さだけを目的としているわけではありませんので、事案の内容、性質なり当該事案の個別の事情を踏まえて審理がされるべきものであります。したがって、一律に、弁論準備手続期日を2回で打ち切るというような取扱いはされていないと理解しております。ひとえに、当該個別事案の審理状況と担当裁判体の判断によるものと考えております。

■技術説明会の運営

【中村判事】　それから技術説明会についてですが、技術説明会の実施にあたっては、その直前の弁論準備手続期日で、その内容とか説明事項についての協議がたいていの場合はされているかと思います。場合によっては、総体的にすべての部分について説明をしていただきたいというようなこともあるかと思いますが、それはひとえにその裁判体の判断でありまして、多くは、どのあたりについて集中的にやるか、あるいはどこら辺に絞るかというような協議がなされているものと理解しております。このような場合には、当然、裁判官は同じような進行予定を専門委員にしておるかと思います。

　私個人の経験といたしましても、特定の争点だけ説明をしてくださいというようなお願いをした経験もあります。

　それで、そのような場合では、おのずとどこら辺に専門委員の質問がされるかということは、ある程度は予想できるかと思いますが、時には専門委員から意外な質問をされるということもあるかもしれません。

　ただ、専門委員がまさにこれから行う技術説明会でする個々具体的な質問の内容であるとか、そのような質問による技術説明会のその後の展開などは、それは裁判所としても事前に把握することは困難という場合もありますので、この点については、ご理解をいただくしかないかと考えております。

　それから、個別事案として、専門委員の説明内容の結果、技術説明会後にさらに裁判所が審理すべき点があると判明した場合には、その期日で必ず主張証拠整理が終結しているわけではなくて、

続行期日という形で弁論準備手続が続行されているか、口頭弁論期日での主張立証が許されているものと理解しておりまして、技術説明会後の主張立証が全く許されていないというものではないかと考えております。

裁判所としては、引き続き代理人のご協力をいただき、適切かつ迅速な知的財産訴訟の審理に努めてまいりたいと思っております。以上です。

[市村委員] 中村判事、どうもありがとうございました。これに対して、古城弁護士お願いします。

■書証の提出

[古城委員] 先ほどの書証の出し方の点なのですが、私どもが審判手続をやるときには、審決取消訴訟に上がったときに、なるべく取消訴訟での証拠番号とそれから審判での証拠番号がずれないように、たとえば特許明細書などは、甲1号証として出すというようなことをやっております。

ところが、これが審決取消訴訟に上がった途端に、審判で甲号証として出したものは、甲1から順に番号が揃うのですが、乙号証のほうは、その後の番号が付くということで、そのために乙1号証は審判の甲何号証という形で対照表を出さなければならないのですね。これは書いているうちに間違えたりして、非常に厄介です。それを考えるとむしろ審判で乙号証として出されたものは、そのまま番号が揃って、審決取消訴訟でも乙号証として扱われるような工夫というのはできないものだろうかということを常々考えております。

一度、試みとして、乙号証は甲号証が終わった段階、たとえば甲20号証から始まるとすると、枝番を付けて甲20号証の1、甲20号証の2というような形で乙号証だけを全部枝番で出してみたら、書記官からの指示で全部番号を付け直したという経験がございます。

実際の手間を考えてみましても、記録にある乙号証という番号の付いた書証をそのままコピー機にかけて出せるのであれば楽なのですが、原告が甲号証として出すということになりますと、全部番号を付け替えなければいけませんし、審決と見比べるときも不便です。そこで、わかりやすいように、コピーをするときに乙号証の元の乙号証番号を残したままで、甲号証は赤いハンコを押すとか、変な工夫をしたりしています。

証拠番号の付け方は単なる取扱いの問題だと思いますので、できれば乙号証は乙号証として、事実上原告が出せるようにするか、あるいは訴訟の早い段階で被告が乙号証を出してくださいということで、被告のほうで重要だと思う乙号証を選んで出すというような扱いをしていただけないものかと考えております。ご検討いただければ幸いでございます。

[市村委員] ありがとうございます。今の点について、裁判所から、この場でお答えいただけることはございますか。

【中村判事】 内部で事前に検討したものではないので、個人的な見解として申し述べさせていただきます。

古城弁護士がおっしゃるような工夫というのは、私も見たことがありまして、いちがいにすべて拒否されるというわけではないのかなという気はいたしております。証拠番号の点については、いろいろな工夫があり得ますし、ホームページに載っているように、甲号証の末尾の番号＋1でやるという方式がすべてではないものと、あくまでも個人的には理解しております。いろいろな工夫は考えられると思いますので、この点、裁判所のほうの検討事項とさせていただきたいなと思っております。以上です。

[市村委員] ありがとうございます。ほかに弁護士会側から、意見なり、質問なりございませんでしょうか。

[松葉委員] 今の書証の出し方について、小松弁護士からの質問の内容にも関係しますが、審判の段階で非常に書証が多い場合に、審決取消訴訟において証拠をピックアップして提出することを考えたことがあります。原告として全部出す必要はないだろうという場合ですね。原告が訴訟提起直後に基本的書証を出さないといけない一番の理由は、審決の内容を理解するためというふうに言われています。であるならば、審決の判断の理由中

に引用されている甲号証・乙号証だけを基本書証とするだけで、審決の理解には足りるはず、という考え方もあり得ると思います。そういうふうに、審決が明示的に援用している文献だけを基本的書証とする考え方について、ご意見をおうかがいできればと思います。

【中村判事】 これも内部で事前に検討していないので、全く私の個人的に考えていることで聞いていただきたいのですけれども、審決で明示的に引用された証拠はそこだけであるとしても、その証拠の評価として、審決には明示的にはあげられていないけれども、ほかの証拠を参酌してその明示された証拠を評価したという部分ももしかしたらあるかもしれません。そういう面で、もともと審決の検討を第1回期日前にするという裁判所の立場は、審判の状況を全く知らない状態から検討を始めているということですから、あらかじめどの証拠が不要であるか、明示されたもので足りるのかというのは事前にわからないという状況がありますので、ご了解をいただきたいと存じます。以上です。

［市村委員］ ありがとうございました。ほかに、この点について、ご意見、ご質問はございますか。特にないようでしたら、予定の時刻がすでに経過しておりますので、このあたりで平成26年度の意見交換会を終了させていただきたいと思います。

●閉会の挨拶

［市村委員］ 本日は、非常に闊達なご意見をいただきまして、非常に充実した議論であったと思います。どうもありがとうございました。

それでは、閉会の挨拶を日弁連知的財産センターの伊原友己委員長から申し上げます。

［伊原委員長］ 本日は、貴重なご意見をいろいろとありがとうございました。われわれ日弁連知的財産センターとしては、知的財産というものは、社会の中でますます重要度を増していくものと思っておりまして、われわれも当事者側の立場において社会一般の期待に応えていかなければいけないと思っております。

知的財産高等裁判所も平成17年4月の設立以来、めでたく10年が経つというこの時期に、日本版アミカスキュリエの試みなどいろいろ頑張って社会に向けてよい風を送っていただいているというふうにも感じております。特許紛争をはじめとする知的財産紛争は、司法判断と行政処分とが交差する複雑な法領域を形成し、いろいろ法制的には難しい話もありますが、「法の支配」や「社会正義の実現」というものを目標にわが国の知的財産司法システムは、長い時間をかけて磨き上げられてきたものであります。そして今日、ASEAN諸国をはじめとして、わが国の知的財産司法システムを手本にして、自国のシステムを構築しようとする動きも活発です。そういういろいろな国からみて、知的財産高等裁判所や地方裁判所の知的財産専門部というのは、その専門性の高さや適正・迅速な紛争解決を実現できる組織であるという点で憧れの裁判組織であろうかと思われますし、知的財産司法のシステムとしては、ほとんど完成型に近いものと思っております。いろいろプラクティスの部分については、今日の議論にもありましたとおり、多少改善を検討すべき部分もあるのかもしれませんが、今まで磨き上げられてきた知的財産司法制度を、より一層磨いていって知的財産の保護や活用等に寄与してまいりたいと思っております。本日は、どうもありがとうございました。

大阪地方裁判所第21・26民事部と大阪弁護士会知的財産委員会との協議会

平成26年度

(平成26年10月29日(水)開催)

出席者(肩書きは協議会当時)

【大阪地方裁判所】
- 谷　　有恒（第21民事部部総括代理判事）
- 山田　陽三（第26民事部部総括判事）
- 田原美奈子（第21民事部判事）
- 松阿彌　隆（第21民事部判事）
- 林　啓治郎（第26民事部判事）
- 佐々木秀次（第21・26民事部裁判所調査官）
- 田守　睦美（第21民事部主任書記官）
- 松浦　秀史（第26民事部主任書記官）

【大阪高等裁判所】
- 小松　一雄（第8民事部部総括判事）
- 本多久美子（第8民事部判事）

［大阪弁護士会］
- 副会長＝西出　智幸

［大阪弁護士会知的財産委員会］
- 委員長＝白波瀬文夫
- 副委員長＝井上　周一、岩原　義則［司会］、坂本　優、田上　洋平、辻　淳子、辻村　和彦、松井　保仁、松本　智子、松本　好史、横尾　和也
- 委員＝藤原　正樹、松田　誠司、山田威一郎、井﨑　康孝、池下　利男、井野邊　陽、岩谷　敏昭、岩坪　哲、小木　丈生、清原　直己、小池　眞一、小松陽一郎、芹田　幸子、髙橋　幸平、滝井　朋子、辻本希世士、鳥山　半六、永田　貴久、長谷川　裕、速見　禎祥、平野　和宏、福田あやこ、藤川　義人、古川　智祥、溝上　哲也、三山　峻司、室谷　和彦、森本　純、谷井　健一、山上　和則

［知的財産法実務研究会会員］
- 川村　和久、関根　幹雄

［弁護士知財ネット］
- 伊原　友己

●開会の挨拶

[岩原弁護士] 時間になりましたので、ただいまより平成26年度大阪地方裁判所第21・26民事部と大阪弁護士会知的財産委員会との協議会を始めさせていただきます。

本日、司会進行を務めさせていただきます大阪弁護士会知的財産委員会の岩原義則です。よろしくお願いします。

開会にあたり、大阪弁護士会副会長西出智幸弁護士からご挨拶をよろしくお願いします。

[西出大阪弁護士会副会長] 本日はお忙しい中、大阪地方裁判所第26民事部の山田陽三部総括判事、第21民事部の部総括代理の谷有恒裁判官をはじめとして、多数の裁判官、書記官、調査官の方々に本会の知的財産委員会との協議会に出席いただきまして、まことにありがとうございます。さらには、大阪高等裁判所第8民事部から小松一雄部総括判事、本多久美子裁判官にもご出席いただきまして、まことにありがとうございます。

さて、本協議会は、これまで知的財産訴訟にかかわる実務上の問題点等につきまして、当会の知的財産委員会と裁判所の専門部との間で自由闊達な意見交換を行い、それによって知的財産訴訟の充実、問題点の改善に役立てることを目的としておりまして、これまでも十分な成果を残してきていると思っております。今回ですでに16回目となっていると聞いております。

本年度は、「物のデザインを対象とする訴訟について」をテーマとして、特に意匠権侵害訴訟、不正競争防止法違反に基づく訴訟について意見交換を行いたいと思っております。物のデザインというものについては、目に見えるため判断が容易かといいますと、かえって難しい側面もあるのかなと思っております。これまでと同様、これらの訴訟についての意見交換によって有益な成果が生まれることを期待しております。

長時間ではございますけれども、本日はなにとぞよろしくお願いいたします。どうもありがとうございます。

[岩原弁護士] ありがとうございました。

続きまして、大阪地方裁判所第26民事部部総括判事山田陽三裁判官、ご挨拶をよろしくお願いします。

【山田部総括裁判官】 本協議会の開会にあたりまして、ひとことご挨拶申し上げます。

大阪弁護士会知的財産委員会のみなさまには、本日の協議会の開催のためいろいろとご尽力いただきまして、ありがとうございます。また、日頃より知的財産権訴訟における適正・迅速な審理の実現にご協力いただき、感謝申し上げます。

本協議会は、今回で16回目となりました。日頃知的財産訴訟の審理を担当するにあたって感じますことは、審理のあり方について、当事者の代理人と裁判所、代理人同士、これらの間に共通の認識、共通の理解を形成していくことが非常に重要であるということであります。本協議会の役割は非常に大きいものがあると思っております。

本日は、意匠と不正競争防止法上の形態模倣の事件を中心に問題が出題されております。両事件の審理のあり方につきましては、これまで必ずしも十分な議論がされているわけではない状況にあるといえます。特許の事件ですと、はじめに言葉（「クレーム」）ありきでございますが、意匠の事件では、図面に記載された意匠の言語化をはじめとし、特許の事件と比べいろいろな違いがありますので、これらの事件について審理のあり方を協議することは、大変有意義であると考えております。

本日は活発なご議論をいただき、実り多い協議会となりますよう願っております。よろしくお願いいたします。

[岩原弁護士] ありがとうございました。

続きまして、大阪地方裁判所第21民事部部総括代理判事谷有恒裁判官、ご挨拶をよろしくお願いします。

【谷部総括代理裁判官】 日頃は、知的財産権訴訟のためにご協力いただきまして、ありがとうございます。ひとことご挨拶をさせていただきます。

私は、大阪地方裁判所で通常民事部での審理を

しばらくさせてもらった後、知的財産権部にまいりました。そこで強く感じましたことは、関西近辺で知的財産事件を担当される弁護士のみなさんと大阪の裁判所の知的財産権部が良好な関係を維持して、迅速・適正な審理を両方の努力で築き上げているということです。その一つの柱となっているのが本協議会であると感じております。

今回は、実際に係属する事件を離れて一つのテーマ設定をすることで、自由闊達な協議をし、それによって知的財産訴訟の審理の充実を図ることができるとともに、また現在実務として行われていることについて何か見直すべき点はないかということを考える、大変よい機会であると考えております。活発な議論により、大阪の知的財産訴訟がより適正なものとなり、みなにとってより利用しやすいものであるように変えられていけばと願う次第です。

本日はよろしくお願いいたします。

●物のデザインを対象とする訴訟

1　意匠権侵害訴訟

［岩原弁護士］　それでは、まずは、「物のデザインを対象とする訴訟」の中の「意匠権侵害訴訟」の議論を進めたいと思います。大阪弁護士会知的財産委員会の山田威一郎弁護士から趣旨説明をしていただきたいと思います。よろしくお願いします。

［山田弁護士］　意匠については、3点に絞ってお聞きしたいと思います。1点目が意匠の構成の特定と対比の仕方、2点目が意匠の要部の認定、3点目が利用侵害とさせていただいておりますので、一つずつご説明したいと思います。

（1）　意匠の構成の特定および対比の主張

［山田弁護士］　まず、意匠の構成の特定ですが、意匠は基本的に図面で表されるわけですが、通常、意匠権侵害訴訟を起こす場合には、原告側で登録意匠およびイ号の構成を図面および文書で特定することになると思います。そのうえで対比に進んでいくわけですが、その構成を特定するときには、通常は基本的構成態様と具体的構成態様に分けたうえで構成を文章で説明していくという形が一般的ではないかと思います。

判決をみても、ほとんどの事案でそういう形で論じられていると思いますが、案件によってはあえて基本的構成態様、具体的構成態様を分けて論じなくてもよい場合があるのかなという気がしますし、極端に言えば、「図面に示すとおり」のような形で省略することも場合によってはあってもよいのかなと思っております。

〔別紙2〕（50頁参照）の裁判例は人工歯事件の知財高裁判決（知財高判平24・11・26（平成24年（行ケ）第10105号～第10119号）（本誌59号82頁参照））ですが、判決の中では構成を基本的、具体的と分けて特定していますが、たとえば、この意匠をもとにした侵害訴訟を原告代理人で受けたときに、文章で特定するのが非常に難しいように思いますので、何か簡便な特定方法がないのかなというのが一つ目です。そもそも基本的構成態様、具体的構成態様に分けることが必須なのかという点と、当事者が形態の特定の主張をしたときに、裁判所の側で当事者の主張に拘束されるのか、弁論主義が適用されるのかについても協議をさせていただきたいと思います。

次に、対比の方法に関しては、私がわかりやすいと思った例として、〔別紙1〕（49頁参照）〔別紙2〕に補助図が使われた判決の補助図の部分をあげております。

〔別紙1〕の裁判例は、角度調整金具事件という大阪地方裁判所の事件ですが（大阪地判平24・5・24（平成23年(ワ)第9476号）（本誌57号98頁参照））、これは判決も非常にわかりやすく書いていただいているなと思いました。まず、原告の登録意匠の説明図とイ号の対比図があって、判決の中の説明で各部位の名前を書いていただいていたり、あと被告製品のイ号のほかロ号、ハ号とあったわけですが、違う部分を示すのに、「改変・切除部分を示す参考図面」という形で、イ号との対比で、ここが違うだけだよという補助図が付いていたりし

ます。

　また、〔別紙2〕の裁判例は、人工歯の意匠に関する知的財産高等裁判所の審決取消訴訟の判決ですが、かなり多数の補助図を利用して、補助線を引いたり、違う部分の線の曲がり方を強調する形で対比しています。

　たとえばこの事案のような形で補助図面を使うなど、当事者の側としてわかりやすく対比をするための工夫すべき点があれば、裁判所のご見解をお聞かせいただければと思います。

[岩原弁護士]　それでは、意匠の構成の特定および対比の主張について、裁判所からのご回答をお願いしたいと思います。

　㋐　意匠の構成の特定

【林裁判官】　意匠の構成の特定について述べていきたいと思います。

　登録意匠、イ号意匠が特定されますと、これをどんな言葉でいかなる形で表現するのかということが問題になるかと思います。構成の表現としましては、なるべく文学的な表現を避けて、幾何学上の用語や客観的に形態を特定できる用語を用いて表現することが好ましいと考えています。

　「図面に示すとおりである」という主張でもよいのではないかということですが、そういった記載による場合、構成の段階ではもちろんのこと、その構成を前提とした、要部の認定、対比の判断が感覚的、恣意的なものになるおそれがあると考えています。

　意匠の構成につきましては、まずは言葉によってご説明いただき、図面等につきましては補助的な手段としてご利用いただけたらと思います。

　㋑　基本的、具体的構成態様の区別

【林裁判官】　次に、基本的構成態様と具体的構成態様の区別の必要性というところに進んでいきたいと思います。

　基本的、具体的構成態様の認定が、その後の要部認定、対比の判断のプロセスの前提の作業として行われていると思います。そして、基本的構成態様の相違が顕著だという場合には、理屈としては、具体的構成態様について認定あるいは対比するまでもなく、非類似という結論に至ることになるかと思います。

　ただし、実際には、登録意匠とイ号意匠の構成態様に共通点が全く見当たらない事案が訴訟に至るというのは想定しづらく、具体的構成態様の特定に入る前提として、このあたりは共通するでしょうということで基本的構成態様が共通するという事案は少なくないと思います。

　効率的な思考、思考の道筋の便宜という観点から、具体的構成態様の特定に入る前に、まずは基本的構成態様として大づかみな特定を行うことも有用な手法であって、有意義なことではないかと考えます。基本的構成態様、具体的構成態様という区別をぜひご活用いただきまして、構成の特定をしていただけたらと存じます。

　㋒　構成の認定

【林裁判官】　続きまして、構成に関する主張を原被告がおのおの主張している場合についてのご質問です。

　前提として、意匠の構成に関する主張に裁判所が拘束されるわけではないと思いますが、構成について、争いのない箇所については、争いのない内容で構成を特定することが多いと考えています。

　ご質問は、構成に関する主張について、争いがあるという場合だと思います。この場合には、裁判所は、当事者の主張を考慮しながら、登録意匠やイ号物件を撮影した写真などといった証拠に基づいて構成を特定するということになるかと思います。もっとも、審理において裁判所が原告と被告の主張のいずれとも異なる内容で構成を特定すべきではないかという心証を抱きつつある場合もあるかと思います。その場合には、不意打ち防止の観点から、裁判所が心証を抱きつつある内容で特定することについて、当事者が主張立証を尽くす機会を設けるのが望ましいです。

　㋓　効果的な対比主張の方法

【林裁判官】　続いて、わかりやすく効果的な対比主張の方法についてのご質問です。

　補助図を用いるというのもアイデアだと思います。たとえば、両意匠を突き合わせて対比観察す

るということを忠実に再現する場合には、主張書面上に引用したり、書証上で同一の紙に左右に並べて両意匠の写真を貼り付けるなどの工夫が考えられると思います。肉眼による観察という点では、どのような位置でどのような状態で観察されるかに配慮するという工夫も必要になると思います。

実際にあった事案の中では、登録意匠とイ号意匠で、最初は写真の向きが違っていたものを、同じ向きにして対比しやすい形で写真を並べた事案もありました。対比する際に、写真で足りる場合もあるかもしれませんが、登録意匠の実施品あるいはイ号意匠の実施品、イ号物件がある場合には、そういった物品を参考品として提出する方法もあるかと思います。

図や写真に書き込む方法としましては、部位の名称、番号を特定する、該当箇所を色分けするという方法もあると思います。長さの比率が問題となる場合には、図や写真に長さを書き込む方法もあるかと考えております。

(2) 意匠の要部の認定

[岩原弁護士] 次に、意匠の要部の認定について、山田弁護士から趣旨説明をいただきたいと思います。

[山田弁護士] 通常、意匠権侵害訴訟における意匠の要部の認定の手法について若干議論はあるのかもしれませんが、法改正後は、おおむね新規な部分はどこか、需要者の注意をひく部分はどこかという観点から要部を把握して、要部が共通するかどうかで美感の対比をするというのが大きな枠組みかなと思っています。

審決取消訴訟とか無効審判など査定系の事案でも、基本的に判断の枠組みは大きくは変わらないのだと思いますが、査定系の事件では、必ずしも「要部」という言葉は使わずに論じていることも多いのかなと思っています。判断自体は大きく変わらないのかもしれませんが、そもそも侵害訴訟において要部がどこかということを論じることがまず必須なのかということと、必要であるのであれば、その理由について協議させていただきたいと思います。

2点目は、要部の特定のタイミングです。要部認定が必須だと考えた場合、侵害だと主張する原告側で、自分の登録意匠の要部がどこかということを主張することが必要になってくるだろうと思います。訴状段階からきちんと特定すればいいのだとは思いますが、たとえば両意匠の共通点がA、B、C、Dとあったときに、どこまでを要部というかというのは若干悩むところかと思います。特に公知意匠との関係でどこが新規かという点が問題になる以上、被告の側からどのような先行意匠が出てくるか読めない段階で、要部をあまり特定したくないということが場合によってはあるのかなという気がしています。

たとえば、訴状段階では「要部」という言葉をあえて使わずに、共通点と差異点を述べて、「差異点は共通点を凌駕していなくて、美感が共通する」といった若干ふわっとした主張にとどめておくことが可能なのか、または要部の主張が必要なのであれば、どこのタイミングで必須なのかについても協議させていただきたいと思います。

3点目は弁論主義との関係についてですが、原告が主張する要部と裁判所の考える要部が異なる場合に、裁判所が、原告の主張する要部と異なる要部認定をして類似との判断をすることがあるのかについても協議させていただきたいと思います。

(ア) 要部認定の必要性

【林裁判官】 まず、意匠の要部がどこであるのかを論じることは、必要であると考えています。

意匠が、類似しているか否か、法的判断を示すにあたりまして、単に似ている、似ていないといった感覚的、恣意的な判断になることを避ける必要があると思います。論理的な説明をして類似性について法的判断を示す際に、有用な概念として要部というものが実務上用いられてきたのではないかと考えております。

(イ) 要部特定のタイミング

【林裁判官】 要部特定のタイミングについてですが、要部が対比の判断を行う際に重要な役割を果たしているという点から、訴訟提起の段階から要部を特定明示していただく必要があります。原告

も、登録意匠の出願過程で公知意匠の内容をある程度検討済みであると思われますので、訴訟提起段階において公知意匠を参酌して要部を特定することは可能ではないかと考えています。

　もっとも、被告からの公知意匠の指摘によって、原告の要部の主張に変更を要する場合もあり得ると思います。そういった場合には、その段階で要部の主張を変更するという対応もできるのではないかと思います。実際に経験した事案でも、被告の指摘を受けて、その後に要部の主張を変更したという事案がございました。

　㋒　要部認定と弁論主義

【林裁判官】　要部認定と弁論主義に関するご質問ですが、まず、裁判所が要部の主張に拘束されるわけではないというのが前提になるかと思います。ただし、原告の主張とは異なる要部の認定を裁判所が行って、類似するという判断を行う事案には、具体例としてどういった事案があるのか、すぐには思いつかないところです。原告の主張する要部と異なる要部認定によって類似するという心証を抱きつつあるという事態がもし生じた場合には、そもそも当事者の主張内容に不適切な部分がないのかといった問題や、当事者双方にとって不意打ちとならないのかといった問題が生じ得るであろうと考えております。したがいまして、こういった事態が生じた場合には、裁判所が心証を抱きつつある要部のとらえ方について、当事者に主張立証を尽くしてもらうよう、慎重に審理を進める必要があるかと考えています。

　㋓　訴状段階での要部の主張

【谷部総括代理裁判官】　今キックオフスピーカーが問題意識として出されたようなことを、弁護士会の側でも問題として思っておられるのかどうか。たとえば、訴状の段階では図面だけを出し、見たとおり美感が共通するというだけの主張で済ませるような訴状を出したいというニーズが本当にあるのかということと、弁論主義のところで問題とされましたけれども、両方の当事者が主張するところと違うところで裁判所が認定をしてきて困った、不意打ちみたいなことがあった、そういう問題意識をおもちなのか、そこら辺をざっと議論したうえで次に進みませんか。

［岩原弁護士］　わかりました。それでは、ご指摘がありましたように、ここまでについて弁護士会側からご質問等があればお願いします。

［岩坪弁護士］　不意打ちを食らって困ったという事案を具体的にあげることはできないんですけれども、今、ご指摘のありました、要部の主張は訴状でやってくださいということと、ただしその要部の主張に裁判所は拘束されないということとの関係について考えなければならないことは、要部とは請求原因なのかということです。特許権の場合は、特許侵害訴訟の請求原因については、まずクレームに何が書いてあるかを主張し、イ号物件の構成を主張しなければならない。それが請求原因事実だというところは争いがありません。構成要件充足性については、たとえ自白が成立しても、それは権利自白だから撤回が許されるとした知的財産高等裁判所の判決があります。裁判官の方とも話をしていると、クレーム解釈およびイ号に対するあてはめは法的評価が伴うので、理屈のうえでは弁論主義事項ではない、ただ、不意打ち防止の観点は大事だけどねとおっしゃることもよくあります。

　意匠の場合は、意匠法により、意匠の範囲は図面と願書の説明に基づいて定める、意匠権者は侵害者に対して停止と予防を請求できるとしか書いてありません。図面だけぽんと両方並べて、あとは好き放題煮たり焼いたりしてくれというのが訴訟の進行として甚だ不適切なのはわかるのですけれども、要部の主張というのは請求原因なのでしょうか。請求原因なのだとすれば、請求原因事実について弁論主義が働くという理屈になるのではないでしょうか。

［岩原弁護士］　まさしくここのところが今回のテーマの核心でもあると思うのですが、裁判所から、確定的な回答でなくてもよろしいかと思いますので、何かご回答いただければと思います。

【谷部総括代理裁判官】　裁判官同士で議論したときも、難しいねという話だったのですけれども、

この意匠が権利になっていることは事実そのものだと思います。それから、被告がこんなものを売っているということも事実そのものだと思います。だから、弁論主義の適用になる、認否の対象となる事実としてはそこまでなのかなという感じがします。

　ただ、権利侵害があるかどうかを判断するための手法として編み出されているのが現在のようなやり方で、イ号の製品を、この部分を言葉で特定するというのがありますね。原告は、ここはAになっていると言い、被告は、いや違います、Bになっていますと言うというのは、請求原因の欄には書きますけれども、請求原因事実として弁論主義が適用される事実とは違うと思います。やはり主張だろうと思います。その中のいくつか特定された部分、意匠のこの部分が要部です、それとこれとが一致するというのも、いわゆる事実ではなく、主張になるのかなと思います。その意味で、さっき林裁判官が言われたような形で、必ずしも裁判所がそれに拘束されるものではないのだけれども、当事者の主張と全然違うところで判断してしまうと不意打ちになりかねないから、そこはちゃんと釈明をしてというスタンスなのかなと思います。

［伊原弁護士］ 今の関連で、たとえば訴状で要部を特定した後で、要部は全部この公知意匠に入っているという反論の主張が被告から出てきたときに、その要部は違いますということで後で撤回を認めるというのが今のお話なのだろうと思いますけれども、無効の抗弁が絡んだときに、まさに発明の要旨を自分で言っておきながら、公知技術が出てきたときに、その要旨は違いますと言うようなものですから、禁反言が働くのではないでしょうか。無効の抗弁の主張との絡みで簡単に撤回を許すのかどうか、そこはどうなのでしょうか。

【山田部総括裁判官】 禁反言を理由に撤回は許さないとはしていないのではないかと思います。要部というのは、類否の判断の前提といいますか、そういう意味で、岩坪弁護士がおっしゃった構成要件の充足性についての主張といえます。また、基本的構成態様と具体的構成態様というのは便宜的なものですけれども、構成態様を請求原因として主張していることになるのかなと思います。

　そして、こういう理由で構成要件に充足しますという主張について、訴状の段階における主張から変更できないということはないと思いますが、いかがでしょうか。

［伊原弁護士］ もしそこをフレキシブルに対応されるというのであれば、まさにそれは評価に関する主張であって、訴状で特定しなければならないという話にはならないのではないかという気もします。要するに、要件事実だと考えるのであれば、原則として自白の撤回が許されないという話になり、フレキシブルに対応できるというのであれば訴状の段階から必ずしも記載する必要のない法律上の主張や評価ではないかと思うんです。原告、被告双方の代理人になり得る弁護士の立場としては、フレキシブルに対応可能というのであれば、訴状においても山田弁護士の言葉で言うとふわっとした書きぶりが許されるほうが、代理人としてはありがたいと思っています。

【谷部総括代理裁判官】 受ける立場としてみたときに、そういう形でふわっと書かれることはどうなのですか。

［伊原弁護士］ 被告側としては、似てないと考える部分をピックアップして、そこが意匠のポイントであり、美感上の大きな相違点だと主張していくしかないので、そこは構わないと思います。原告側としては、ここが本質的部分ですよと言ってしまうと、自縛行為になってしまうという感じがしてしまうのです。無効の抗弁が出てきた段階でそこは確定させていきたいなというのが原告側の立場だろうと思います。

(オ) 訴状の記載内容と要部認定

［山田弁護士］ 最初に発言した責任もあって、1点申し上げたいと思います。意匠の要部に関し、裁判所より、原告は出願の過程で公知意匠を調査しているのではないかという話をいただきましたが、意匠については先行意匠の調査が容易ではないとの問題があるように思います。登録意匠以外

の公知意匠に関しては、特許庁が使っているデータベースを使えるわけではありませんので、市場にある公知意匠を、完全に公知意匠を調べ切れない中で訴訟を提起することが多いように思います。

　私自身も普通に訴訟を起こすときには要部をある程度記載すると思いますが、共通分がA、B、C、Dとあるときに、Dはちょっとありふれているな、怪しいなと思ったときに、要部をふわっとぼかして書いておくというのも一つの方法なのではないかと思い、質問をさせていただいたものです。

[小松弁護士]　当事者の主張と違う裁判所の要部認定の事例というのは、自分の経験としては今までになかったと思います。

　訴状で最初から要部を書くかということですが、効力範囲については創作説と混同説と修正混同説があって、それによって要部の考え方はいろいろ変わってくると思います。

　原告としては、今、伊原弁護士も言われましたように、公知意匠があっても、最初はあまり言いません。これは特許でも同じだと思いますが、内心では思っていても最初の時点では、一致点はここここ、相違点は少しあるが、一致点のほうが凌駕している、だから類似ですよぐらいの主張をすることが実務的には多いような感じがします。最初から、公知意匠や周知意匠はこんなのがあります、だから登録意匠の要部はこれですというようなことは、少なくとも原告としては訴状では書かないのかなと。そういう感覚は代理人にはあると思います。

[岩原弁護士]　両者とも言っていることは、ふわっとしたという形でやりたいということでありますので、一致はしているのかなとは思います。

(3) 利用侵害

[岩原弁護士]　利用侵害について、山田弁護士から趣旨説明をお願いします。

[山田弁護士]　実体法的な内容なのでお答えしにくい点もあるかと思いますが、意匠の侵害の事案においては、類似侵害という概念のほかに、利用侵害という概念を認めている裁判例がそれなりにあると思います。それは特許にはない概念だと思いますが、利用侵害の類型としては、学習机の大阪地方裁判所の非常に古い事件がありますが（大阪地判昭46・12・22無体集3巻2号414頁）、形状のみの意匠があって、それに模様が付加された場合というのが一つ目のパターン、二つ目のパターンが、部品の意匠があって、それを組み込んだ完成品の意匠、学習机のパターンがこれかなと思っています。そういう類型があると一般的に言われていますが、そもそもそういう考え方の枠組みで考えてよいのかというのが一つ目の質問です。

　二つ目は、形態要素付加型、形状のみの意匠があって模様を付加した場合についての質問です。通常、意匠登録出願をする場合、あまり模様等は図面に描かずに形状のみの意匠として出願をすることが多いように思います。これに対し、被告が販売しているイ号製品には模様が付されているということがよくあると思います。こういったときに、利用侵害を論じる前提の話かもしれませんが、イ号の特定をするときに、イ号に模様が付いているということも含めて特定して対比しなければいけないのか。そういう特定をしないでイ号を形状のみで特定していいのであれば、利用侵害などそもそも考える必要はないのではないかというのが質問です。また、仮に、イ号に模様を付加した形でイ号について特定しなければいけないと考えたときには、そういった場合に利用と考えるのか類似と考えるのかというのが、次の質問になります。

　最後の質問は、部品・完成品型の利用侵害についての質問です。登録意匠の公報をみると、部品系の意匠が非常に多く登録されていると思いますし、私自身もそのような意匠を頻繁に出願していますが、このような場合の部品完成品型の利用侵害が問題になるわけです。たとえば、鍋つかみの登録意匠があり、イ号は鍋つかみを含む鍋の蓋というような場合です。もちろん鍋つかみだけ取引されるのであれば、それを侵害というのは単純なことかと思いますが、実際には鍋つかみ単体で流通するのではなく、被告は鍋つかみを取り付けた鍋の蓋を製造し、さらには鍋本体とセットで売っ

ているときに、完成品の製造・販売の差止めを求めることができるのかを協議させていただければと思います。また、その場合、利用侵害との構成でいくのか、類似でいくのかが問題になると思います。

さらに、製造の過程で部品をつくる工程があるのだとすると、その部品の製造を差し止めるという形での差止請求が認められるのか。請求の趣旨をどう書くべきかについて協議をさせていただきたいと思います。

(ア) 利用侵害の考え方
【林裁判官】 まず、利用侵害の考え方についてです。

意匠法26条で「利用」という用語が出てまいりますが、「利用」という用語について、定義規定はございませんで、解釈に委ねられているところかと思います。仮に利用侵害という考え方を肯定する場合に、ご指摘の考え方でよいかという問いに、一義的に回答することは難しいかと思います。

意匠に係る物品が異なる場合には、部品・完成品型、意匠に係る物品が同一である場合には形態要素付加型というふうに説明をした文献も中にはありました。この点をとってみても、部品と完成品が同一とまではいえそうにはないまでも、類似とはいえそうなのかどうか、あるいは逆に類似とはいえなくても異なるということになるのか、こういった判断が微妙な場合もあるかもしれません。そういった場合に、部品・完成品型と形態要素付加型のどちらに属するのか、明確な線引きを行うのが難しいことも、考えられると思います。

(イ) 形態要素付加型
【林裁判官】 次に、形態要素付加型の事案です。

ご指摘の事案で、一つの可能性として考えられますのが、イ号意匠について、原告は模様を含めずに構成を特定して意匠権侵害であると主張し、被告が、模様も含めたうえでイ号意匠の構成を特定して意匠権侵害を争うという事態も予想されます。そういった場合には、主張立証を進めていく中で、その模様の内容にもよるとは思いますが、イ号意匠の特定の仕方を見極めていくということ

になるかと考えております。

そして、模様も含めて特定することが必要な場合に、類似ととらえるべきか利用ととらえるべきかという点ですけれども、この点も、まず前提として、イ号意匠の特定の際に模様も含めるかどうかは当事者の構成の仕方にもよるところですので、当事者の構成の仕方を踏まえるということになるかと思いますし、構成を踏まえたうえで、登録意匠とイ号意匠との関係を類似ととらえるべきなのか、それとも利用ととらえるべきなのかといった点についても、当事者の構成の仕方にまずは委ねられるところなのかなと思います。その後、模様の中身といいましょうか、状況によると思いますけれども、類似の場面で判断されるべき事案もあるかもしれませんし、利用関係という場面で判断される事案も中にはあるのかなと思っております。

(ウ) 部品・完成品型
【林裁判官】 次に、部品・完成品型の事案です。

類似している、あるいは利用関係にあるということで意匠権侵害が肯定されることになりましたらば、完成品の製造・販売を行っている被告に対して、完成品の製造等の差止めを求めることができる場合もあるだろうと考えます。部品の製造の差止めにつきましては、部品の製造業者を被告とすることによって、部品製造の差止めを求めることもできるのではないかと考えます。その場合の主文は、通常の「被告は、別紙物件目録記載の〇〇を製造し、販売してはならない」という〇〇の箇所に、完成品や部品を特定して対象物を明らかにすることになると考えます。

(エ) 形状のみの意匠
[岩原弁護士] それでは、意匠権侵害訴訟について弁護士会側からご質問等ありましたら。
[山田弁護士] 最後の利用の点について1点質問なのですが、当事者の主張によるということになると、おっしゃるとおりなのですけれども、たとえば、包装容器の形状のみの意匠があって、被告の製品に文字や図柄が表されているときに、イ号を形状のみで特定する形で主張することもあり得るという理解でよろしいでしょうか。

【谷部総括代理裁判官】　原告の主張としてという意味ですか。

［山田弁護士］　当事者の主張によって特定の仕方はいろいろあり得るという議論でしたので、そういう認定もそもそもあり得るのか。案件によるのかもしれませんけれども、どうでしょうか。

【谷部総括代理裁判官】　さっき林裁判官が言われたように、原告の側は形状だけで言ってくる可能性があると思いますけれども、被告の側は、模様の美感が圧倒的で、形状よりも模様で区別できる、違って見えるでしょうと必ず言ってきますよね。だから、どこかの段階で、形状それ自体が与える美感みたいなものがどれくらい強いか、模様自体が与える美感がどれぐらい強くて、いわばどっちがまさっているかの判断はせざるを得ないのだろうと思います。それを当事者双方が主張してきて、裁判所が判決をどう書くかという問題ではないか、そうであれば、普通の類否の問題ではないかと思うのですが。

［山田弁護士］　ここで議論することではないのかもしれませんが、形状のみの意匠という概念を認めるかどうかというのに若干ややこしい議論があって、形状のみの意匠という概念を概念上認めるのであれば、模様が付加されたときには必然的に利用になるという考え方もコンメンタールとかに若干書いていたりしていますので、気になったので質問しました。裁判所のご趣旨はよくわかりますし、それがおかしいと言うつもりはありません。

　　　(4)　意匠権侵害訴訟についての協議全般

［小松弁護士］　先ほどの話題に戻りますが、意匠の要部の認定について、説が基本的に三つありますね。ところが裁判官が書かれる論文などには、「最近の傾向はこうです」という指摘がなされていないと思います。ここに出てくる大阪地裁判決や知財高裁判決でも最近はこういう表現をしているのですが、実質的には修正混同説といわれている公知意匠を参酌して要部を抽出し、需要者をベースにして全体的印象がどうなのか、という判断枠組みだと思います。創作説は基本的には、プロというか、需要者として取引業者なりを重点におく。混同説はその分野についての素人も対象にする、その違いがあると思います。意匠法24条2項ができたときも、そこはどうなるのかということを日弁連でも大分議論したのですが、結局よくわからないままで終わってしまったので、差し支えなければ、裁判所はこういう傾向ですというような印象的なものをお聞かせいただけたらと思います。

【山田部総括裁判官】　何年か前のこの協議会でも似たようなことが議論になったと思います。かつて、比較的はっきりと混同説かなと思われる判示をした裁判例はあったように思いますが、最近の判決で、明確に、創作説であることや混同説であることを示したうえで判断をした判決は把握しておりません。

　ちなみに、形態要素付加型は、創作説的に考えていくと類似の問題に帰着するのかなと思います。部品完成型につきましては、最近は部分意匠があるので、そちらのほうで処理されていることが多いのかなという感想をもっております。

　この程度でご勘弁をお願いします。

［伊原弁護士］　被告製品の特定の問題については、特許と同じように、とりあえず対象物は型番で特定して、中身は図面を付けて具体的な意匠で対比するという二段階的な特定で考えておけば間違いないということでいいのでしょうか。

【松阿彌裁判官】　今ご指摘の点は、後の問題（3(1)）にもかかわってくるかと思いますけれども、対象物は型番や製品名で特定して、具体的構成は請求原因レベルで特定するというプラクティス自体はおっしゃるとおりではないかと思います。

［伊原弁護士］　そうしますと、模様を全部捨象してしまって、基本的な形態部分だけで特定するということは許されるのでしょうか。現実の被告製品は模様が付いているわけですから、その意匠の構成の一部を除外して特定しているような形になってしまうようにも思うのですが、それでいいのかという趣旨です。

【山田部総括裁判官】　イ号物件を請求原因レベルで特定するときに、100％完璧な特定をされてい

るかというと、必ずしもそうではないと思います。いろんなところを省いてご主張されているのではないでしょうか。そこで模様まで省いてしまっていいかどうかという問題はあるかと思いますけれども。

[岩原弁護士] ありがとうございます。

2 不正競争防止法2条1項1号ないし3号違反に基づく訴訟

[岩原弁護士] 不正競争防止法に関する協議事項について、大阪弁護士会知的財産委員会の藤原正樹弁護士から趣旨説明をお願いしたいと思います。よろしくお願いします。

(1) パッケージデザインに関する1号および2号の商品等表示性および類似性

[藤原弁護士] まず、パッケージデザインの不正競争防止法2条1項1号および2号の商品等表示性、パッケージデザインの類似性の判断手法について協議させていただきたいと思います。

まず、パッケージデザインの2条1項1号および2号の商品等表示該当性に関して、〔別紙3〕(51頁参照)をご覧ください。有名な正露丸事件（大阪地判平18・7・27（平成17年(ワ)第11663号）（本誌35号111頁参照））と黒烏龍茶事件（東京地判平20・12・26（平成19年(ワ)第11899号）（本誌43号133頁参照））の商品写真の一部ですけれども、正露丸事件では、〔別紙3〕1の原告製品のパッケージデザインの一部の箇所であるラッパのマーク部分が商品等表示として認められました。他方、黒烏龍茶事件では、原告商品のパッケージデザイン全体が商品等表示なのかという点は争点にはなっていませんでしたが、その後の類否の判断で、パッケージデザイン全体を一つの商品等表示として判断しています。実際の事件では、原告と被告のパッケージについては、一つひとつ取り上げると自他商品識別機能に乏しい文字とか色彩、図柄、これらの配置・構成等が共通するだけという場合が多かろうと思います。原告としては、このような場合でも類似性が認められやすいよう、パッケージデザイン全体について商品等表示性を獲得

したいところだと思います。

そこで、このパッケージデザイン全体が商品等表示と認められるためにはいかなる事実が重要であるのかについて、裁判所のご見解をうかがいたいと思います。

次に、パッケージデザインの類似性の判断手法についてです。黒烏龍茶事件では、パッケージデザイン全体が一つの商品等表示であることを前提として、原告、被告双方のパッケージの「共通点から生じる印象の強さと相違点から生じる印象の強さを比較衡量して、需要者又は取引者において両表示が類似するものと受け取られるおそれがあるか否かを検討すべきであり、前提において特定の部分を除外して判断すべきものではない」と判示しています。

そこで、このような類似性の判断手法が、パッケージデザイン全体が商品等表示である場合において一般的に妥当するものであるのか。それから、このような判断手法をとった場合、どのような要素が比較衡量において重要となるかについて、裁判所のご見解をうかがいたいと思います。

[岩原弁護士] ありがとうございます。

それでは、パッケージデザインの商品等表示該当性について裁判所のご回答等をいただきたいと思います。

【松阿彌裁判官】 協議事項がパッケージデザインの商品等表示性、パッケージデザインの類似性の判断手法と分けられていますが、一括してお答えします。それと、二つの判決をあげていただきましたが、具体的な事件の論評にわたるとお答えしにくい部分もございますので、一般論としてご理解いただければと思います。

どのような場合に、パッケージデザイン全体が商品等表示になるかということを一般的に述べることはなかなか難しいかと思いますが、不正競争防止法2条1項1号が予定する商品等表示に関しては、講学上、概説書等を参照いたしますと、「特定の出所より出たことを弁別させる、全体として一体性を有する独立の個別化力を有する表示」といわれておりますから、そういった機能を果たす

表示がどの部分なのか、あるいは全体なのかという観点で検討することになると思います。その際、単に双方のパッケージデザインを対比するのみならず、周知性の獲得の経緯、流通形態、商品の性質といった要素も考慮されるものと思っております。

　具体的な判断においては、外観、称呼、観念に基づく印象、記憶、連想等の類似性を念頭において、類否を判断していくわけですが、前提として、どの部分を観察して商品等表示と認定するかという問題があります。

　オーソドックスには、原告商品のパッケージデザインを観察して、商品等表示として機能する部分はどこかということを認定して、次に被告商品のパッケージデザインについても、同様に商品等表示として機能する部分を認定し、その特定された表示が類似するかを考えることになると思います。しかし、双方のパッケージデザイン全体を対比しながら、共通の特徴をもつ部分が商品等表示として機能し、相違点がその共通点の機能を阻害していないという判断手法も考えられ、セカンダリー・ミーニングが問題となるような事件では、後者の手法をとることもあり得るかと考えているところです。

　また、セカンダリー・ミーニングが問題になる事案や、パッケージデザイン全体について商品等表示性を獲得したかが問題になる事案では、周知性の獲得の点も、別個の要件といいながらも、相応に重要になってくるのかなと感じております。

［藤原弁護士］　パッケージ全体が商品等表示と認められるにはどこが大事なのかという点について私見ではありますが、結局、原告のパッケージデザインと共通の特徴を備えた同じようなパッケージがあるのかないのか、そこが重要であると考えております。ただ、周知性を獲得しているかどうかも重要だという点については、確かにそうだなと思いながら聞いておりました。

(2)　不正競争防止法2条1項3号における商品形態の実質的同一性の主張立証方法

［岩原弁護士］　それでは、これも不正競争というくくりの中で最後に質疑応答をすることにして、「不正競争防止法2条1項3号における商品形態の実質的同一性の主張立証方法」について、引き続き藤原弁護士から趣旨説明をお願いします。

［藤原弁護士］　不正競争防止法2条1項3号における商品形態の実質的同一性の主張立証方法については、特にこういった手法でしましょうというような手法は確立されていないとは思いますが、一般的には、先ほど意匠のところでも出てきました基本的構成態様と具体的構成態様に分けて商品の形態を文章で表現して主張するといった主張立証がなされていることも多いのではないかと思います。

　ただ、ここも意匠のところでも出てきたのですが、商品の形態をもっぱら文章だけで表現すると、かえってどのような商品形態なのかが非常にわかりにくくなっている場合も少なからずあるのではないかと思います。それから、完全なデッドコピーの事案の場合などであれば、あえて基本的構成態様と具体的構成態様に分けて商品の形態を文章で表現する必要もない場合もあるのではないか、極端な例としては、訴状段階では商品形態の構成を文章で特定せず、図や写真だけで特定することで足りる場合もあるのではないかと思っています。

　そこで、まず、不正競争防止法2条1項3号違反と意匠権侵害の場合とを比較して、主張立証方法で何か違いがあるのかどうか。次に、望ましい主張立証方法、わかりやすい主張立証、たとえば商品形態は文章でしっかり表現したほうがいいのか、それとも図や写真を多用して主張してもいいのか。さらに、図や写真を用いて主張する場合の注意点等について裁判所のご見解等何かあれば、おうかがいさせていただければと思います。

【田原裁判官】　まず、不正競争防止法における商品の形態は意匠権と異なりまして、訴状における原告の主張それ自体が対象の形態を特定するという関係にありますので、一般的には、意匠権侵害と同様、商品の形態については、最初から客観的に形態を特定できる用語を用いて表現し、その対象を特定していただくのが一般的と思われます。

ご質問の完全なデッドコピーのような場合、あえてそういう具体的なご主張が必要ないこともあるのではないかとの点につきましては、たとえば、訴訟前の交渉において、被告側が形態については全く争っておらず、販売時期等形態には関係ないようなところが争点になっているような事例につきましては、図や写真をつけて、デッドコピーであるという主張をすることでも足りる場合があるかなとは思われます。

ただ、そういった事例というのはあまり多くなく、被告が形態についてここが違う、あそこが違うと言ってくるのが一般的だと思われます。そういった場合、実質的同一性をご主張されないといけなくなるということになると、やはり実質的同一性のためには、基本的構成態様をどこまでやるかは別ですけれども、具体的にはこういう形態があるんだというご主張が必要になってくると思われます。ですので、原告代理人が見て、これは完全なデッドコピーだなと思われることも多いかと思いますが、たとえそういう場合であっても、争いが予想される場合には、訴状で主張をせず、争いが出てきてから主張して期日を費やすことを考えれば、最初に図面や写真を用いて適宜ご主張いただくことが訴訟経済に資するのではないかと考えております。

望ましい主張立証の方式とかあまり具体的に申し上げられませんけれども、以上になります。

[岩坪弁護士] これもいつも悩む話で、観念的な話なのですけれども、意匠における類否と商品形態模倣における実質的同一の有無というのは、裁判をやっていて主張立証するのは同じようなことですけれども、明らかに実質的同一のほうが似ている近似性のレベルが高いという法概念だと思っているのですが、その点はどうなのでしょうか。

【谷部総括代理裁判官】 意匠権があって、一定の幅で権利行使が認められているものと、3号の場合は、立証のテーマが模倣したということなので、そこのシチュエーションの違いではないかと思います。

[岩坪弁護士] でも、模倣は依拠性と実質的同一性という主観的要素と客観的要素が問題で、客観的要素の実質同一を立証命題にした場合に、それは意匠の類似よりももっと似ていないといけないのかという疑問です。

【山田部総括裁判官】 おそらく岩坪弁護士のお考えと同じじゃないかと思います。実質的同一のレベルのほうが高いというか、ハードルが高い、意匠の類似のほうが広いということだと思います。

[岩坪弁護士] ただ、実務でわれわれも相談を受けるときに、確かに相手方の商品を見た、そういう意味ではアクセスしたけれども、デザイナーがこことこことここを変えた、だから実質的同一じゃないという主張は通らないのですかと言われても、ぱっと見たらやっぱりよく似ているね、だからもうやめておきなさいというケースがよくあるのです。でも、本音を言うと、自分の中では、意匠の類否の基準で決めているみたいだなという気がして、裁判所の目からみて、どうなのかなと思ってご質問させていただきました。

(3) 不正競争防止法2条1項3号の「当該商品の機能を確保するために不可欠な形態を除く」

[岩原弁護士] それでは、「不正競争防止法2条1項3号の〔当該商品の機能を確保するために不可欠な形態を除く〕」について、引き続き藤原弁護士からお願いしたいと思います。

[藤原弁護士] 平成17年の不正競争防止法の改正前は、3号の他人の商品の形態から除外される形態として、「当該他人の商品と同種の商品……が通常有する形態を除く」と規定されていましたが、平成17年改正によって、「当該商品の機能を確保するために不可欠な形態を除く」という規定に変更されました。

ただ、この改正後の規定、「当該商品の機能を確保するために不可欠な形態」に、先ほどの「同種商品……が通常有する形態」、いわゆるありふれた形態も含まれるのかどうか等、改正前後の規定の関係が一般的に十分に整理されていないように思います。

そこで、いくつか裁判所のご見解をうかがいた

いと思います。

　まず、現行規定の「当該商品の機能を確保するために不可欠な形態」と、平成17年改正前の「同種の商品……が通常有する形態」というのは同義であるのかどうか。

　それから、仮に同義でないとすると、原告商品と被告商品の共通部分が「当該商品の機能を確保するために不可欠な形態」とはいえないけれども、「同種の商品……が通常有する形態」であるといえる場合、それは3号の保護対象とならないのか。

　仮に保護対象とならないとして、それは3号の趣旨から保護されないということなのかどうか。

　「当該商品の機能を確保するために不可欠な形態」、「同種の商品……が通常有する形態」に関する主張立証責任は、原告、被告のいずれにあるのか。

　次に、少し話は変わるのですが、近時の御庁の判決の中で、「不正競争行為が成立するためには、保護を求める商品の形態が、従前の同種の商品にはない新たな要素を有し、相手方の商品がこれを具備するものであると同時に、両者の商品を対比し、全体としての形態が同一といえるか、または実質的に同一であるといえる程度に酷似していることが必要」であるという判示がございます（大阪地判平26・8・21（平成25年(ワ)第7604号）（本誌66号86頁参照））。

　この商品の形態が、「従前の同種の商品にはない新たな要素を有」するという意味が、平成17年改正前の「同種の商品……が通常有する形態」が、3号で保護される商品の形態から除外されることと同義なのかどうか。

　また、御庁の同判決の表現からすると、「商品の形態が、従前の同種の商品にはない新たな要素を有」することの主張立証責任が原告にあるようにも思われますが、実際にはどちらにあると考えるべきなのか。仮に原告に主張立証責任があるとした場合、原告が具体的にどのような主張立証をすべきなのか。

　従前の「従前の同種の商品にはない新たな要素」の立証というのは原告からすると少し大変なのか

なと思いましたので、以上の点について裁判所のご見解をうかがいたいと思います。

(ア)　平成17年改正に伴う文言解釈

【田原裁判官】　今お話にありましたとおり、平成17年改正の前後で文言が変わった点につきましては、これを同義と解するのか否かについては、現段階でも明確なものがあるわけではないところだと思われます。

　ご承知のとおり、平成17年の改正では、「通常有する形態」という文言が明確でないということから、これまでの裁判例の蓄積等を踏まえて明確化するという方向で議論が進められておりました。

　産業構造審議会知的財産政策部会の平成15年2月の「不正競争防止法の見直しの方向性について」と題する報告書によりますと、従前、「通常有する形態」の意義については、少なくとも先ほどの「不可欠な形態」およびいわゆる「ありふれた形態」を含むものというふうに解したうえで、この二つの形態を除外事由として規定すべきという方向性が示されていたようです。ただ、それにもかかわらず、「ありふれた形態」を除外形態として現行の規定に記載しなかった経緯については、明らかではありません。

　ただ、改正後の経済産業省知的財産政策室編著『逐条解説不正競争防止法〔平成16・17年改正版〕』によりますと、「平成17年の改正前に『商品の形態』から除外された形態については、改正後も除外される」と記載されておりますが、この記載内容もその趣旨が明らかではありませんが、結局、この趣旨をどのように考えるかということではないかと思います。

(イ)　3号による保護対象

【田原裁判官】　これまで除外されていた形態について、改正後の規定である「不可欠な形態」という文言にかかわらず、その趣旨に基づいてこれまで同様、除外規定が適用されるというふうに解するのであれば、結局は同義なのではないかという結論になります。他方で、通常の形態を明確化して「不可欠な形態」という文言に規定された経緯があるのだから、そもそも除外事由には本来的に

「不可欠な形態」以外のものは含まれないと解すると、「不可欠な形態」という文言と従前「通常有する形態」とされていたものについては同義ではないというふうに考えられるということになると思います。

　ではどちらなのかと言われてもなかなか難しいところですが、全体的に同じようなご回答になるかと思われますので、順番にいきたいと思います。まず、仮に同義でないと考えると、原告の商品と被告の商品の共通部分が当該商品の機能を確保するために「不可欠な形態」とはいえないものの、「通常有する形態」であるといえる場合、3号によって保護されないのかとのご質問については、当然これまで通常有する形態に含まれると解されていた形態については、仮に不可欠な形態に該当しないとしても保護されないというのは、みなさん同じ結論になるのではないかと思います。改正の趣旨からしても、それまで保護されなかったものが保護されるようになるというわけではないと考えられます。

　(ウ)　3号による保護対象外となる条文根拠と主張立証責任

【田原裁判官】　次に、仮に保護されないとして、それは条文に規定がないことから、3号の趣旨から保護されないということかという点につきましては、除外規定の文言である「不可欠な形態」に含まれると解するのでなければ、二つの考え方があります。一つは、除外規定の文言にかかわらずその趣旨に基づき除外規定を適用して除外事由にあたるという考え方。もう一つは、3号全体の趣旨からそもそも保護対象とならないとする考え方です。

　このように保護されないという根拠をどの条文に求めるかということは、結局当該商品の機能を確保するために「不可欠な形態」であるとか、これまでの規定である「通常有する形態」に関する主張立証責任はどちらが負うのかということと、絡んでくるところがあると思います。本来的な「不可欠な形態」につきましては、主張立証責任は被告にあると一般的に考えていいのではないかと思います。これは、「不可欠な形態」は条文上除外事由とされておりますし、商品の形態であることと「不可欠な形態」であることというのは基本的に両立するものであって、ただ保護の対象であることを否定するという意味では、抗弁にあたるのではないかと考えております。

　では、今までの通常有する形態については、どちらが主張立証責任を負っていたのかということになると、これは曖昧なところがございまして、本来的な不可欠な形態であれば先ほどと同様と考えられますけれども、それ以外の「ありふれた形態」等について、絶対にこれが抗弁だったといえるのかというと、それも疑問なところがあるのではないかと考えております。

　結局のところ、模倣の対象となる原告の形態を具体的に請求原因として主張し、これは自分が開発した商品であるというご主張を請求原因レベルでされた以上は、通常それは原告が開発した商品であって、ありふれた形態ではないということを言っているのと同義ではないかと考えております。そういうものが請求原因として述べられているのに対し、抗弁になるのか、理由つき否認になるのかという問題はあるのかもしれませんけれども、それを被告側が否定して、こんなふうに同種のものでは同じような形態がいっぱいありますよ、ありふれた形態ですよというご主張をするという形になるのではないかと考えております。そういう意味で、原告商品が3号において保護される形態であるという事実は原告の請求原因であり、ありふれた形態については3号の趣旨から保護されないことになるのではないかと考えているところです。

　(エ)　大阪地裁判決に関して

【田原裁判官】　最近のこちらの裁判例に関する協議事項ですけれども、「保護を求める商品の形態が従前の同種の商品にはない新たな要素を有し」云々という記載が、通常有する形態を除いたものではないかというご趣旨だと思いますが、これは、文字どおり請求権者として保護されるべき形態をこういうふうに開発しましたということが少なく

とも必要ですという趣旨とお考えいただければと思います。

「商品の形態が、従前の同種の商品にはない新たな要素を有」することについての主張立証責任の問題については、これは先ほど述べたとおり、基本的に請求権者だということを基礎づける事情として、請求原因にあたり、主張立証責任は原告側にあると思っております。

(オ) 原告の具体的な主張立証責任

【田原裁判官】 仮に原告に主張立証責任があるとした場合、原告は具体的にどのような主張立証をすべきかという点についてですが、請求権者だということや原告商品の形態をいうことが、結局のところ、ありふれたものではないということを言っているのと同義ということになる、原告側が請求原因として主張すべき事実だというふうに考えています。しかし、訴状段階におきましては、原告側でこれまでどおり請求原因として主張立証していたことで当初は足りるのではないかと考えております。最初から、これはありふれた形態ではないとか、こういうところが違いますということを具体的に述べなくても、実際の進行では、被告が、他人の商品の形態ではない、要するにこんなありふれたものですよとか、この人がつくったものじゃありませんということをおっしゃってくるんだと思いますので、それについて具体的なご主張が出た段階で、原告としてはさらに具体的な事情を主張立証することになるのが通常ではないかと考えております。

原告側でどういった事情を言えばいいのかということですけれども、請求権者を基礎づける事情としては、原告の商品の形態について、一定の開発経緯とか、これまで同種のものについてはこういうものしかなかったとか、加えて原告商品の形態の主張立証がこれまでどおりなされていれば、大体の主張立証としてはいいのかなと思います。

ありふれた形態でないということにつきましても、被告側で、他の同一商品についてどれだけ同様の商品形態があるのかを具体的に主張立証されると思いますが、これについては原告のほうで、原告の具体的な商品形態が、これまでの同種製品と同じように見えてもここが違うといった具体的なご指摘、それから同一商品がどうやってこういう形態になってきたかという推移など、具体的なご主張を出していただければいいのかなと思っております。ですから、どの程度するのかというのはなかなか難しいところだとは思いますけれども、被告の主張立証の程度をご覧になってやっていただければいいのかなと考えております。

(4) 不正競争防止法2条1項3号の請求主体

[岩原弁護士] それでは、「不正競争防止法2条1項3号の請求主体」に移ります。引き続き、藤原弁護士から趣旨説明等、よろしくお願いします。

[藤原弁護士] 不正競争防止法2条1項3号違反による請求主体についての協議事項ですけれども、同号の趣旨は、費用・労力を投下して商品を開発した市場先行者の利益を保護するという点にありますから、一般的には同号の請求主体は費用・労力を投下して商品を開発して市場に置いた者に限られると解されているのではないかと思われます。

ただ、商品の開発者に対して開発の対価を支払ったうえで独占的販売権を取得して販売する者、海外から当該商品を独占的に輸入して販売する者、当該商品に係る事業を譲り受けた者等、請求主体性が問題となる事案はなお少なくないように思います。

そこで、3号違反による請求主体となり得る者について、裁判所のご見解をおうかがいしたいと思います。

【田原裁判官】 設問の具体例につきましては、独占販売権を取得して販売する者とか、独占的に輸入して販売する者、事業を譲り受けた者など、現実に商品の開発は行っていないけれども、商品開発を行った者から何らかの形で独占的に当該商品を販売する権利を得た者というふうにうかがえますけれども、こういう事例につきましては、請求主体として認めうるのではないかと考えております。

結局のところ、独占的販売権などを取得する際に、商品化した先行者、商品を開発した者に対し

ては相当の対価を払い、商品化のための先行者、商品を開発した者の労力、資金などがその対価として回収されているような場合には、独占的な販売権者などを保護の対象とすることが本条項の趣旨に合致するのではないかと考えられるからです。

この点につきましては、牧野利秋＝飯村敏明編『新・裁判実務大系(4)〔知的財産関係訴訟法〕』で髙部眞規子裁判官が「営業上の利益」で述べておられます。

(5) 不正競争防止法についての協議全般

[岩原弁護士] それでは、不正競争防止法に関して、弁護士会側から質疑応答等の時間をとりたいと思います。

[岩坪弁護士] 先ほど田原裁判官から、不正競争防止法2条1項3号の形態模倣の請求原因事実に新たな形態だということが含まれるやにご発言があったと思いますけれども、条文をみればわかるとおり、同号は「他人の商品の形態……を模倣した商品を譲渡し、貸し渡し」なので、読みようによっては、これは模倣の模倣をやった被告に対し模倣者が原告として権利行使をしてもよいように思えます。たとえば、どう見てもディズニーの「白雪姫と7人のこびと」なんだけれども、これはグリム童話からとったんだ、それをまねられるといった例が考えられます。原告は独自に開発したと主張するが怪しいものです。新たな形態（独自に開発された形態）であるということは、はたして同号の請求原因事実なのかというのが1点と、あと、ありふれた形態であることは抗弁ではないかと私は考えているんですけれども、いずれにしても周知意匠とかありふれた意匠であるから形態模倣が成立しないと被告が主張する場合に、「ありふれている」ことの基準時は、いつと考えればよいのかという点についてご意見をお聞かせいただければと思います。

【谷部総括代理裁判官】 回答にはならないかもしれませんが、この条文は単純なので見方は人さまざまです。他人の商品の形態という形なので、原告が裁判を起こすときには、自分の商品の形態です、それを被告は模倣しましたということをまず言うんだろうと思います。つまり、原告の商品の形態ということで、議論を切り出すのですけれども、それに対し、それはあなたの形態じゃない、今までもみんなが同じものをつくっていたという反論が出てくるわけです。それをどう主張立証を整理するかということで、原告の形態ですということを言うために、こういう形で開発をしました、こういう形でつくってきました、だからこれは私の形態ですと主張するのに対して、岩坪弁護士は、今まであったというのは抗弁だとおっしゃったんだけれども、自分の整理からすると、これは原告が開発した形態なんだというのは、基本的には請求原因の話と思っているところです。それを否認する材料として、ありふれているという主張があって、それに対して原告は、従前の商品にはこういうものがあって、自分はここをこういうふうに変えて従前にはない商品をつくりましたという主張をして、じゃ認めましょうかという流れになるのではないかと思います。

3号の請求原因の読み方と、不可欠な形態を除くという条文の読み方も難しい問題ですが、原告の商品形態ですといえるところは請求原因としてみて、今回新しい商品の形態をつくりましたという原告の主張が成り立ったとしても、それは商品の機能を確保するための不可欠な形態でしかない、いわばその技術なり機能は特許では保護されていなくて、パブリックドメインであるものを、形態を理由に3年間保護することはできませんよと決めているのが、この「除く」なのかなというふうに自分は理解しています。

[岩坪弁護士] あえて議論のためにする質問だと私も自白してしまうのは、もともと平成5年にこの条文ができたときのたてつけも、商品サイクルがくるくる早くなっているのに、意匠出願してもなかなか登録査定が出ないから3年に限ってやってしまおうという創作保護だという立法解説だったと思います。そういう意味からして、谷裁判官がおっしゃったのは非常に理解できるし、私も模倣の模倣で裁判をやったのは、内心忸怩たるものがあったのですけれども、そういう実例も思い出

3 物のデザインを対象とする訴訟全般

[岩原弁護士] それでは、次に、全般についてということで、趣旨説明を大阪弁護士会知的財産委員会の松田誠司弁護士からよろしくお願いします。

[松田弁護士] ただいまご紹介がありましたように、物のデザインを対象とする訴訟全般につきまして、複数の法的根拠に基づいて訴えを提起する場合の請求の趣旨および請求原因の記載についてお聞きしたいと思います。

まず、①複数の法的根拠（具体的には意匠権、商標権、著作権および不正競争防止法といったあたりが問題になると思いますが）を請求原因として差止請求訴訟を提起する場合、請求の趣旨をどのように記載すべきかについて協議させていただきたいと思います。

具体的には、ⓐ商標権、著作権および不正競争防止法2条1項1号ないし3号（以下、単に「不正競争防止法」という）を根拠とする場合、次に、ⓑ意匠権および不正競争防止法を根拠とする場合、それからⓒ商標権および不正競争防止法を根拠とする場合などが考えられます。このようなケースにおいては、差止対象となる被告の行為自体は社会的にみれば同一であるとしても、訴訟物が複数ですから、請求の趣旨に掲げる差止対象行為もこれに対応して複数掲げるべきであるというようにも思われます。しかし、根拠となる法律が異なっても、各法律の規定する差止対象行為は、「製造」「使用」「譲渡」等共通することも多いといえますので、あえて複数掲げる必要はないとも考えられます。

次に、今あげましたⓐ～ⓒの三つの例を想定した場合に、各権利の性質上、イ号の特定方法は異なり得るものと思いますが、これを共通の特定方法とすることは望ましいものでしょうか。

そこで、請求の趣旨における差止対象行為の記載およびイ号の特定方法について協議させていただきたいと思います。

続きまして、②請求原因の記載についてですが、複数の法的根拠を請求原因として主張する場合に、主張すべき事実が重複することも多いように思われます。その場合に、構成の特定の仕方、類否、実質的同一性等の主張の仕方等はある程度統一してもよいものでしょうか。

具体的に申しますと、先ほどのⓒ商標権および不正競争防止法に基づく請求の場合であれば、類否の判断基準自体は異なるものの、その判断の要素は、たとえば外観、称呼、観念といったように事実上重なり合うものと思われます。また、実質的同一性についても、着目すべき点や当該訴訟において具体的な争点となりうる事実関係はおおむね共通するようにも思われます。そこで、請求原因としての主張が重複する場合、統一的に記載することの是非について協議させていただきたいと思います。

[岩原弁護士] ありがとうございます。

訴状段階もしくは訴訟提起段階の記載内容という形で、①②の趣旨説明をしていただきました。裁判所からご見解をいただければと思います。よろしくお願いします。

(1) 「請求の趣旨」の記載方法

【松阿彌裁判官】 まず、①の前段ですけれども、差止請求における対象の特定は、請求の趣旨のレベルでは、近時、製品名や型番等、対象を特定するに足りる情報をもって特定するという実務が定着し、被告製品の具体的構成や、被告標章・商品等表示の具体的使用態様は、請求原因のレベルで主張するという実情にあると思います。

この運用を前提としますと、たとえば意匠権に基づく請求と、不正競争防止法2条1項3号に基づく請求が併合提起される場合には、請求の趣旨のレベルでは、型番などで特定される特定の製品の製造・販売等の差止めということになるので、差止めの対象となる行為としては全く同じになります。このような場合に、請求の趣旨としてまとめて記載するということもなくはないように思いますし、実際そのように処理された裁判例もあるようです。

ただ、各法によって、権利者が有する排他的権利の内容は本来異なり（たとえば、特許法では「実施をする」こと（特許法2条3項1号ないし3号・68条）、商標法では「使用をする」こと（商標法2条3項1号ないし8号・25条）、著作権では、「複製する」こと等（著作権法21条等））、他者が禁止される行為態様もそれに応じて異なります。ですから、たとえば設例ⓐのように、商標権、著作権および不正競争防止法2条1項1号ないし3号を同じ商品に適用して差止めを求める場合でも、商標法に基づく場合には、当該標章を使用して販売等することが禁止されるだけなので、そこを一括して被告製品の販売等の差止めという請求の趣旨にすると、過剰差止めになる場合も考えられるように思います。そういうおそれがあることも考えると、あるいは請求異議事由が何かを考える観点からも、権利ごとに具体的に禁止される行為を特定して請求の趣旨に掲げるというのはそれなりに意味のあることだろうと思います。

したがって、少なくとも区別する必要、実益がある場合には、なるべく分けて記載していただくのが望ましいのではないかと思っているところです。

(2) イ号の特定方法

次いで、①の後段に関しては、今申し上げたようなところで、差止対象としては型番等で特定して、その構成や使用態様は請求原因で特定していただくということになるので、そのレベルでは各法の要件を充足するに足りる特定を個別にしていただくということになろうかと思います。

(3) 「請求原因」の記載方法

【松阿彌裁判官】 その足で②のお話ですけれども、請求原因のレベルで重なる要素がある場合にどのように記載すべきかは、やや漠とした答えですが、個々の請求原因に要求される要件の違いが意識、区分されているのであれば、適宜兼ねる主張をしたり、引用したりすることは、構わないのかなと思います。

[岩原弁護士] ありがとうございます。

●大阪高等裁判所第8民事部からのコメント

[岩原弁護士] 本日予定していた協議事項はすべて終了いたしました。

ここで、大阪高等裁判所第8民事部からオブザーバーとして出席いただいております小松一雄部総括裁判官から、ご挨拶もしくは感想という形でも結構ですので、ひとこといただきたいと思います。よろしくお願いします。

【小松高裁部総括裁判官】 ひとことということですので、ご挨拶申し上げます。

本日は、大阪高等裁判所第8民事部から私と本多裁判官がオブザーバーということで出席させていただきました。本日のテーマは、特許関係は出ていないところが特徴的でしたけれども、意匠権侵害と不正競争防止法2条1項1号から3号の事件の関係の問題が中心で、これは大阪高等裁判所でも担当する事件類型でございますので、非常に興味深く議論を聞かせていただいたところでございます。非常に活発な意見交換が行われまして、参加者のみなさまにとっても非常に意義が大きかったのではないかと思います。高等裁判所の裁判官の私たちにとりましても、非常に勉強になったところです。

地方裁判所の裁判官が説明したところは、私などが考えているところと大体同じだと思って聞いておりました。ただ、今日の問題は非常に難しい問題も多くて、解釈に争いのある問題とか、個別具体的な状況を前提として議論をする必要がある問題とか、具体的な事件の審理の中で議論を尽くしていただいて、裁判所が判断を示すという性格の問題がおありになったのかなと思いました。そういう意味では、地方裁判所のほうも一般的な形で意見を述べるというのがしにくいというか、苦労もあったのではないかと推察しております。

今日の意見交換を通じてお互いに理解が深まって、この種の事件の今後の審理に資するところが大きかったのではないかと思っております。この

協議会も16回目というお話がございましたけれども、回数を重ねて、そのつど大阪の知的財産訴訟の審理の充実に有益な役割を果たしてきたところだと思っております。今後もこの協議会がそういう意義のあるものとして継続していかれることを期待しております。

本日は高等裁判所からも出席させていただくという貴重な機会を与えていただきましたことに御礼を申し上げます。どうもありがとうございました。

[岩原弁護士]　小松裁判官、本多裁判官、ありがとうございます。

●閉会の挨拶

[岩原弁護士]　それでは、最後に閉会の挨拶として、大阪弁護士会知的財産委員会白波瀬文夫委員長からご挨拶をお願いします。

[白波瀬知的財産委員会委員長]　本年で16回目、16年連続の協議会となるのですが、いつもながら和やかに、またいつもながら熱心にご討議いただきました。本年は、物のデザインをめぐる訴訟という、例年にない、変わったといいますか、近来扱っていないテーマについて、充実した討議をいただいたと思います。

知的財産訴訟をめぐる原告と被告と裁判所の間には利害対立があります。原告と被告はもともと利害対立しておりますし、裁判所も、心証を開示された瞬間からは少なくとも一方当事者とは利害が対立するという、ある意味緊張関係をもった三者の関係ですが、審理の充実ですとかあるいは審理の迅速という面では、三者で信頼関係をもって訴訟を遂行していきたいものです。そういう信頼関係のある訴訟遂行にとって、この16年続いている協議会は大いに役立っていると感じております。

本日、ここに出席されたみなさん方、どうもありがとうございました。裁判所におかれては、大阪地方裁判所第21・26民事部と大阪高等裁判所第8民事部の裁判官の方々、また書記官や調査官の方々、本日のご出席ありがとうございました。それから、裁判所と弁護士会両方ですが、本日のこの2時間の協議会のために、数カ月前から入念に準備いただいてこの協議会の機会がもてたということで、この準備をいただいた双方のみなさんに感謝申し上げます。

これをもちまして、委員長の挨拶とさせていただきます。どうもありがとうございました。

[岩原弁護士]　ありがとうございました。これをもちまして、本年度の協議会を終了いたします。みなさまありがとうございました。お疲れさまでした。

〔別紙１〕 角度調整金具事件対比図

原告の登録意匠の説明図

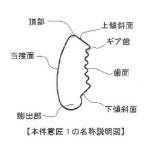
【本件意匠１の名称説明図】

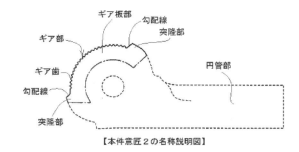
【本件意匠２の名称説明図】

被告意匠の構成の説明図

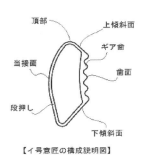
【イ号意匠の構成説明図】

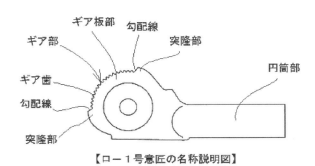
【ロー１号意匠の名称説明図】

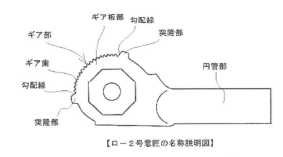
【ロー２号意匠の名称説明図】

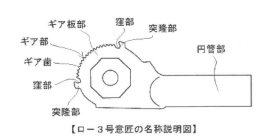
【ロー３号意匠の名称説明図】

改変・切除部分を示す参考図面

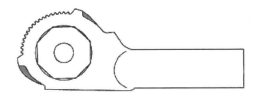

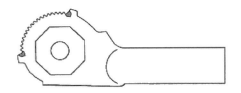

大阪地方裁判所第21・26民事部と大阪弁護士会知的財産委員会との協議会　平成26年度

〔別紙２〕　人工歯事件対比図

本件意匠Ａの引用意匠の対比説明図

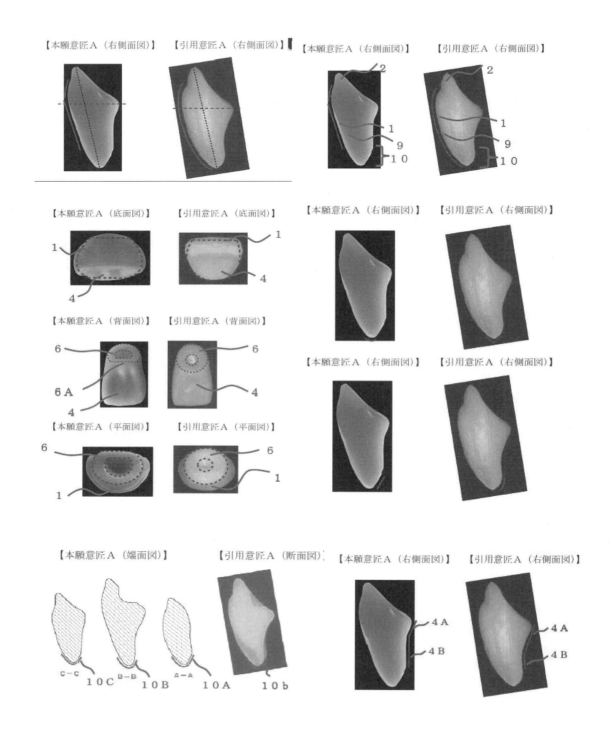

〔別紙3〕 商品等表示該当性判断比較写真

1 正露丸事件

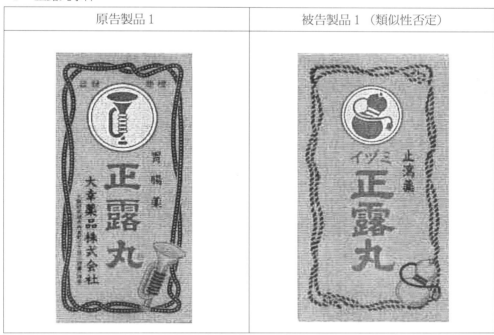

2 黒烏龍茶事件

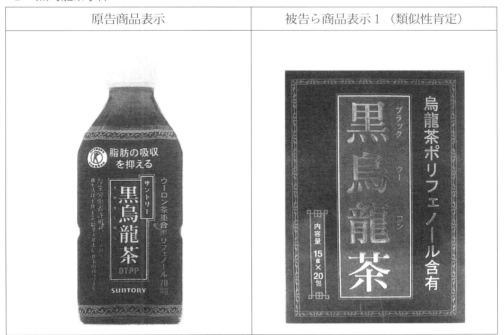

●これまでの理論と実務を総括し、平成23年特許法改正後を展望する！

【専門訴訟講座⑥】
特許訴訟

大渕哲也・塚原朋一・熊倉禎男・三村量一・富岡英次　編

上巻：Ａ５判・833頁・定価　8,085円（税込、本体7,700円）
下巻：Ａ５判・755頁・定価　7,140円（税込、本体6,800円）

本書の特色と狙い

▶斯界最高の67名もの執筆陣により、法理を研究者が、実務を弁護士が、裁判と要件事実を知的財産部の経験を有する裁判官が著した決定版！

▶平成23年改正特許法も織り込み、新法下での研究・実務にも最適！

▶裁判手続をはじめ無効の抗弁・クレーム解釈・消尽論・均等論・冒認・間接侵害・職務発明等複雑を極める重要論点を法律・実務・裁判と立体的な視点で解析！

▶特許権侵害訴訟、審決取消訴訟をはじめ保全訴訟、複数当事者訴訟等を網羅！

▶弁護士、裁判官、企業特許部・知財部、弁理士、法科大学院生必読の１冊！

本書の主要内容

第1部　特許訴訟の法理
第１章　特許訴訟の実体面―客体関係／第２章　特許訴訟の実体面―主体関係／第３章　特許訴訟の手続面／第４章　特許権の性質・効力と侵害／第５章　特許権の侵害に対する救済／第６章　特許権の救済手続／第７章　その他

第2部　特許訴訟の実務
第１章　特許権侵害訴訟概論／第２章　特許権侵害訴訟の提起／第３章　特許権侵害訴訟におけるクレーム解釈等／第４章　特許権侵害訴訟における被告の防御／第５章　特許権侵害訴訟における権利者の救済／第６章　特許権侵害訴訟の特殊形態／第７章　その他の特許訴訟／第８章　審決取消訴訟の実務

第3部　特許訴訟の裁判と要件事実
第１章　特許権侵害訴訟の訴訟物と要件事実／第２章　特許権侵害訴訟の手続／第３章　審決取消訴訟の手続

発行　民事法研究会
〒150-0013　東京都渋谷区恵比寿3-7-16
（営業）TEL. 03-5798-7257　FAX. 03-5798-7258
http://www.minjiho.com/　　info@minjiho.com

特許無効の現状と将来の課題

東京大学教授 大　渕　哲　也

1　序　論

　特許無効というのは、特許法（以下、「法」ともいう）の最大論点の一つである。この特許無効については、平成12年最判（キルビー最判）[1]、平成16年改正[2]、平成23年改正[3]、平成26年改正[4]という判例・立法上の一連の世紀の大改革が進行してきたが、昨年の平成26年改正でひとまず一段落している。そこで、上記を振り返りつつ、特許無効についての現状（平成23年改正後・平成26年改正後）を把握するとともに、将来の課題について論じることとしたい。平成16年改正（あるいはキルビー最判）は、我が国特許法（特に、特許無効）における「コペルニクス的転回」（Kopernikanische Wende）点といえる。

　特許無効に関しては、特許無効のための無効手続（無効審判）以外の、侵害裁判所の特許無効の判断権限（の有無）という論点が、中核となってきた。平成16年改正により、侵害裁判所の特許無効の第一次的判断権限が明示され、さらに、平成23年改正により、侵害裁判所の特許無効の最終的判断権限（＝侵害訴訟の確定判決の、審決確定理由の再審による不覆滅）が明示されるに至っている。特許無効の本質等と侵害裁判所の特許無効の第一次的判断権限（平成16年改正）については、拙稿「特許権侵害訴訟等と特許無効のための基盤的検討序説」設樂隆一ほか編『飯村敏明先生退官記念論文集 現代知的財産法 実務と課題』（発明推進協会・2015）（以下、「前稿」という）で論じたが、本稿では、これを踏まえた上で、上記に引き続き、侵害裁判所の特許無効の最終的判断権限（平成23年改正）につき論じる。その上で、無効審判請求人適格についての平成26年改正および同改正後の特許無効の現状について検討し、これらを踏まえて、特許無効の将来の課題についても論ずる。本稿は、前稿の続編という位置付けであり、これを前提としているため、前稿も合わせてご参照いただきたい。

　なお、後記3の侵害裁判所の特許無効の（第一次的）判断権限の有無という問題は、特許法固有の問題（特許権無効の問題）であって、行政法総論の問題（行政処分無効の問題）ではない。また、後記4の再審問題も、無効審決・訂正審決の遡及効の合理的制限という特許法固有の論点であり、民事訴訟法自体の問題ではない。民事訴訟法は、上記再審問題の「器」にすぎず、その「内容物」は、無効審決・訂正審決の遡及効の合理的制限である。再審制限を明確化する立法にあたって、民事訴訟法の規定は一字も改正する必要はなく[5]、民事訴訟法理論自体にも変更の必要はなかった。

2　大前提──特許無効本質論等

　特許無効本質等については、前稿Ⅲ 3をご参照いただきたいが、前稿で論じた特許無効本質等についての要点は、以下のとおりである。

　大前提として、特許権は、（特許処分という行政処分から生まれるものの）私権である。前稿Ⅱ 1参照。民事訴訟法6条だけからでも、そのことは明らかであり、特許権侵害訴訟の管轄規定は、行政事件訴訟法におかれているわけでは決してない。

(1) 特許無効の本質は、特許処分の無効ではなく、（無効審決による）特許権の無効化である。この点を前提として、侵害訴訟において特許無効の抗弁（法104条の3の抗弁）を主張することの可否は、

---

1) 最三小判平12・4・11民集54巻4号1368頁〔キルビー事件〕。
2) 平成16年法律第120号。
3) 平成23年法律第63号。
4) 平成26年法律第36号。
5) この点は、刑事訴訟法についても、同様である。

特許処分の法効果である権利有効拘束性（一旦特許庁によって付与された特許権は、無効審決確定までは（侵害訴訟裁判所も含めて）有効な特許権として取り扱われなければならないという拘束。これは、構成要件的効力（Tatbestandswirkung）の肯定の結果である。また、これは、無効手続の排他性の肯定、侵害訴訟・無効手続の（厳格な）権限配分のコロラリーでもある）の有無の問題であり、これは立法政策の問題である。

(2) 特許無効の場合、通常の行政処分とは全く逆に、救済を行政処分自体についての攻撃のみに集中せしめるどころか、かえって、行政処分（特許処分）自体の取消訴訟の途は封じられて[6]、特許処分の法効果たる特許（権）自体を争う救済手段だけを認めているのである。よって、行政処分取消訴訟排他性の例外としての行政処分無効論も、特許法は想定していない。他方で、特許処分無効論よりもはるかに手厚くかつ合理的に、特許法は、無効手続（無効審判）と無効抗弁という形で救済手段を提供しているのであって、（特許無効事由（法123条1項各号）に基づく）特許処分無効論など不要である。それどころか、特許無効事由に基づく特許処分無効論などといったものを認めると、特許法が本来想定する救済手段等の手続全体を破壊してしまうこととなる。

(3)(ア) そもそも、まず、判例通説による限りは、重大明白瑕疵論[7]にせよ、根幹瑕疵論[8]にせよ、特許無効事由では、特許処分は無効にはならない。

(イ) この点をひとまずおいて、仮に、特許処分自体が行政処分無効となると仮定すると、特に、一部無効の場合と冒認の場合では耐え難い弊害を生ずる。

すなわち、①クレーム（請求項）の一部の無効の場合でも、特許処分全部無効となってしまう（我が国特許法では、特許（請求項）の一部無効という制度はない）、一部無効以外のクレーム（請求項）部分の権利行使も一律に否定となるのであって、訂正再抗弁が一律に否定となってしまう。②権利自体が全くの無効となるので、冒認の取戻請求（法74条）自体が一律に無意味となる。③特許処分無効論は、明白性要件を賦課することを伴うようであるが、そうであれば、第2種本来的帰結乖離危険[9]を不可避的に招来してしまう。

そもそも、以上とは全く逆に、特許無効事由があることを理由としては、特許処分自体は無効とならず、特許処分自体は有効であって、特許権自体だけが（必要かつ適切な範囲でのみ）無効（＝差止請求権、損害賠償請求権等を生じない）となるということこそが特許法上の特許無効制度（無効審判および無効抗弁）を支える極めて枢要の大前提である。

(4) 無効手続排他性（無効抗弁否定）を前提とすれば、再審肯定となるのも自然といえるが、他方、逆に、無効手続非排他性（無効抗弁肯定）を前提とすれば、当然に再審否定となるべきものである。平成16年改正では、無効手続非排他性（無効抗弁肯定）が明示されたため、平成23年改正の再審制限はむしろ当然の理の明示であるが、後述のように、再審制限の明示の範囲が不十分な点が問題なのである。

3 侵害裁判所の特許無効についての第一次的判断権限（平成16年改正で明示）──前提問題

(1) ドイツ型では、侵害裁判所が特許無効成立の心証のときには、無効手続の結論を待つべく、侵

---

6) 拙稿「特許処分・特許権と特許無効の本質に関する基礎理論」日本工業所有権法学会年報34号（2011）（以下、「拙稿・工所法」という）83頁、122頁、140頁（注80）参照。なお、無効審判請求は、審査請求（行政不服審査）ではないことについては、拙稿・工所法83頁〜86頁、拙著『特許審決取消訴訟基本構造論』（有斐閣・2003）（以下、「拙著・基本構造論」という）284頁〜287頁参照。また、最大判昭51・3・10民集30巻2号79頁〔メリヤス編機事件〕では、特許査定自体に対する取消訴訟が認められないことが明示されている。

7) 最三小判昭30・12・26民集9巻14号2070頁、最大判昭31・7・18民集10巻7号890頁、最三小判昭34・9・22民集13巻11号1426頁、最三小判昭36・3・7民集15巻3号381頁、最一小判昭37・7・5民集16巻7号1437頁参照。拙稿・工所法80頁〜81頁参照。

8) 最一小判昭48・4・26民集27巻3号629頁等参照。拙稿・工所法81頁参照。また、以上につき、拙稿・工所法79頁〜95頁も参照。

9) 第2種本来的帰結乖離危険とは、明白性要件要求のために、明白とはいえない無効の事案につき、侵害訴訟において、権利行使を肯定する結果となってしまう危険である。仮に名目的でない（真の）明白性要件が課されるのであれば、侵害裁判所は、無効理由が存在するが、明白とまではいえないという心証のケースであれば、キルビー抗弁等の抗弁が不成立となり、請求認容判決となる。他方で、審判・審決取消訴訟では、明白性要件は無関係なので、上記と同様の心証（すなわち、無効理由が存在するが、明白とまではいえないという心証）でも、無効審決・無効審決維持判決となる。このように、明白性要件は、侵害訴訟と審判・審決取消訴訟との間で、本質的な判断が大きく齟齬する類型的危険を内包する。前稿Ⅲ5（164頁）、拙稿・工所法144頁〜145頁参照。

害訴訟を中止することが不可欠の大前提である。かかるプラクティスによる限りは、侵害裁判所が特許無効成立の心証の特許権について権利行使を肯定する結果となることはあり得ない（上記のように中止するので、特許権侵害訴訟の判決に至らないためである）。このようにして、ドイツ法では、ドイツ型を潜脱する便法たる公知技術除外説や公知技術抗弁説等を必要としないし、裁判実務は、かかるものによっていない。ドイツでは、ドイツ型が忠実に遵守されている[10]。

　上記のように、ドイツ型は、中止ができることが不可欠の大前提である。この意味では、かかる中止など一般的におよそ考え難い我が国の実務現状からして、ドイツ型は、およそ採り得ない立場である。しかるに、このような最枢要の点を正解することなく、ドイツ型を漫然と当然視した上で、（ドイツ型からは本来あり得ない）公知技術除外説・公知技術抗弁説等の便法により潜脱することに終始してきた。平成16年改正で、非ドイツ型（無効抗弁肯定・無効手続排他性否定）が明示されたが、ドイツ型（無効抗弁否定・無効手続排他性肯定）であることが条文の文言上明示されていたわけでもないのであって、実は、平成16年改正前の解釈論でも、非ドイツ型（無効抗弁肯定・無効手続排他性否定）の可能性もあり得たと解される。そもそも、逆に、ドイツ型は、客観的には、我が国では、実は採り得なかったのである。その旨を含めてドイツ型の本質についての認識が乏しかったために漠然とドイツ型が当然視されていたというにすぎない。平成16年改正は、当然の理の明示であって、歴史の必然である。

（2）ドイツ型も、上記のような中止可能という実務的大前提さえ満たされるのであれば、あり得る一つの法政策ではあると解される。なお、ドイツ型法制を採用するためには、無効手続の機能不全が存在しないということが不可欠の実務的前提であるが、前述のように、日本では、これが完全に欠落していた点には、極めて注意を要する。このような実務的前提の十分な充足があればこそ、ドイツ型法制も立法政策的可能性の一つといえるが、かかる充足がなければ、そもそも採用自体が本来は考え難いものであった。ドイツでは、侵害裁判所が、特許無効の可能性が少なからず存在するという心証を抱くときは、侵害訴訟を中止するという実務[11]のため、実際上は、無効な特許権の行使が肯定されることはなく、ドイツ型法制も実害はないといえる。ただ、日本では、無効手続（のうちの審決取消訴訟（前掲〈注6〉最大判昭51・3・10〔メリヤス編機事件〕等参照））の著しい遅延のために、このような中止などは全く非現実的である。そうすると、（法律上または事実上の）訴訟の中止というドイツ型法制の安全弁も現実には使えずに[12]、ドイツ型法制の弊害が現実化してしまう。そこで、このような弊害を回避するために、公知

---

10) かつては、公知技術抗弁説に対応する見解を採る特殊な見解もなくはなかったが、少なくとも通説では全くない。我が国の論文では、かかる特殊な見解を過大視して紹介し依拠するものもなくはないようであるが、少なくとも、ドイツ法の学説判例の全体の的確な描写・紹介とはいい難いように思われる。

11) 拙稿「ドイツ法及び欧州法（条約等）における特許侵害訴訟と特許無効等の関係」知的財産訴訟外国法制研究会『知的財産訴訟制度の国際比較——制度と運用について』別冊NBL81号（2003）（以下、「拙稿・別冊NBL」という）206頁参照。

12) 最高裁判所事務総局行政局監修『知的財産権関係民事・行政裁判例概観』（法曹会・1993）87頁（注1）は、「本来の理論的観点からすれば、特許権（実用新案権）の有効・無効は、無効審判の専決事項であり、審判の結果を待たずに侵害訴訟の受訴裁判所がその点について判断を行うことは相当ではなく、法令の規定（特許法168条2項、実用新案法41条）に従って審決の確定まで受訴裁判所が職権で訴訟手続を中止するのが本筋というべきであろう。しかしながら、審判の結論が出るまでに相当長期間を要するという実務の現状の下では、そのような訴訟運営を行うことにはなかなか困難な面があることは否定できない。そうした難しい実情を踏まえ、判例、学説は多様な解釈論を提唱しているのであるが、本文後出の①ないし④の説は、いずれもその出発点において前述の理論的な問題点を抱えていることは否定できない」という基本的に極めて的確・妥当な描写・評価をなしているのであって、極めて高く評価される。平成16年改正前の我が国現行法について、ドイツ型と解する限りは、このようにならざるを得なかったのである。すなわち、無効な特許権による権利行使を否定する途は、無効審決の確定を待つしかなかったのである。これこそが、ドイツ型法制の眼目である。これによる限りは、無効な特許権による権利行使は回避できるのである。
　なお、上記の「本文後出の①ないし④の説」とは、①広義の限定解釈説、②狭義の限定解釈説、③自由技術の抗弁説（公知技術の抗弁説）、④権利濫用説の各説である。④権利濫用説を含めて、その出発点において理論的な問題点を抱えていることを明示している点も大いに評価できる。かかる出発点からの理論的な問題点を遂に全く解消することもできずに、最終的には、ドイツ型自体の完全な否定に至るしかなかったのである。かかる最終否定の原点は、1993年の時点ですでに公的に明示されていたのである。また、上記文献は、特許処分（自体の行政処分）無効論には全く陥っていない点でも高く評価に値する。特許権の無効としているのである。

技術除外説等という便法が採られてきたが、そもそも、公知技術除外説等はドイツ型法制の潜脱にほかならない。なお、公知技術除外説等は、ドイツでは否定されている[13]。
(3) また、次の2点のためにも、非ドイツ型の方が、(少なくとも) 我が国法制としては、そもそもはるかに優れていると解される。

① コインの表裏のごとく極めて密接に関連する、被侵害物件がクレームに属するか否かという問題と特許が有効か無効かという問題とを、分断することなく一体として扱うことができる点で、非ドイツ型の方がより優れていると解される。ちなみに、英国の裁判官には、特許の有効性と侵害の有無の問題を同一の手続において審理判断することによってのみ、正義が行われ、訴訟当事者間において公平に均衡が図られ、同時に公衆・第三者の利益が適正に保護されるという確固たる信念があるとされる[14]。このように、特許の有効性と侵害の有無とが同一手続(裁判所)で判断される一元型の方が望ましいという強い確信が背景となっている。この点では、米国法も同様であるように思われる。かかる確信は、英国ないし米国のみならず、我が国等にも共通する本質的な普遍の真理を物語るものと思われる。紛争の分断(ないし紛争解決の分断)は、そもそも、紛争解決の本義に本質的に反するものと解される。かかるものは極力避けるべきである。

② ドイツ型では、(国際的にみて)特殊な法政策により、侵害訴訟での無効判断権限が奪われていることの反面、無効審決等確定の場合には、侵害訴訟確定判決が再審によって取消されてしまうのが原則となってしまう。司法判断たる民事訴訟(侵害訴訟)の確定判決の終局性・安定性の観点からも、特許権の安定性ないし特許権による正当な既得利益の安定性の観点(これが企業経営の安定に連なる)からも、審決確定を理由とする確定判決の再審取消しという、法的安定性を毀損する過度にドラスティックな事態の発生は厳に避けるべきであると解される。

平成16年改正(無効抗弁明示)・平成23年改正(再審制限明示)という経緯を経て、ドイツ型から離脱して非ドイツ型(明示)となったのも歴史の必然であると解される[15]。

(4) 特許処分無効説=当然無効抗弁説は、不真正無効抗弁に帰してしまう。明白性要件の点では、第2種本来的帰結乖離危険を招来し、再審による矯正を必要とする。訂正再抗弁破壊性の点では、再審による矯正の途もないのであって、不当性がより深刻である。また、公知技術除外説は、第1種本来的帰結乖離危険[16]を招来する。さらに、公知技術抗弁説は、第1種と第2種の双方の本来的帰結乖離危険を招来する。その他、公知技術除外説と公知技術抗弁説は、無効実体糊塗危険[17]も招来する。以上すべて、法的根拠に欠ける各種便法の宿命というべきものであろう。平成23年改正後の現行法は、上記3便法のような再審による矯正を必要とする不当な手法は全く想定していないことは明らかである。そうであればこそ、前記不当帰結の矯正のための再審は不要であると考えてこれをも含めて、極めて一般的に再審制限を行ったのである。

---

13) 拙稿「クレーム解釈と特許無効に関する一考察——公知部分除外説についての検討」日本弁理士会中央知的財産研究所編『クレーム解釈論』(判例タイムズ社・2005) 28頁~30頁参照。
14) Patrick Graham, The Patents Court in the United Kingdom, 11 IIC 585 (1980).
15) ただし、無効手続と侵害訴訟手続の二元性と無効手続の排他性のドイツ法でも、クレーム解釈については、両手続を通じてシングルスタンダードがきちんと貫かれている点には、大いに注意を要する。拙稿「クレーム解釈と明細書等」別冊パテント67巻13号 (2014) (以下、「拙稿・別冊パテント」という) 160頁参照。なお、我が国においても、直近の2件の最二小判平27・6・5 (平成24年(受)第1204号、平成24年(受)第2658号)〈裁判所HP〉により、クレーム解釈のシングルスタンダード(特許請求の範囲と発明の要旨認定の両者を通じて、クレーム解釈は同一になされるべきこと)が示されたことの意義は、極めて大きい。
16) 第1種本来的帰結乖離危険とは、クレーム(請求項)の一部についての無効(事由該当)のケースにつき、本来は、(新規事項追加禁止違反等の理由により)訂正不能ゆえに、クレーム(請求項)全部につき無効とならざるを得ない事案にもかかわらず、その点を看過・無視して、クレーム(請求項)の残部分についての権利有効性ひいては、権利行使を肯定してしまう危険である。拙稿・工法144頁参照。
17) 拙稿「統一的クレーム解釈論」中山信弘ほか編『牧野利秋先生傘寿記念論文集 知的財産権 法理と提言』(青林書院・2013) 207頁~209頁、拙稿・別冊パテント154頁~155頁参照。

4 侵害裁判所の特許無効についての最終的判断権限——特許侵害訴訟についての（審決確定理由の）再審の制限——平成23年改正[18]

(1) 特許無効審決および訂正審決が確定した場合、その効果は遡及する（特許法125条・128条・134条の2第9項）。このため、特許権侵害訴訟（専用実施権侵害訴訟および補償金支払請求訴訟の場合もあるが、議論の錯綜を避けるべく、以下では特許権侵害訴訟のみを念頭におく）における判決が確定した後に、特許無効審判や訂正審判において判決の前提となる特許権の内容が変更された場合には、民事訴訟法338条1項8号が定める再審事由に該当し得ることが問題となる[19]。他方、侵害訴訟において被告は、法104条の3に基づき、無効抗弁を提出でき、原告（特許権者）は、その無効を争うとともに、訂正再抗弁[20]を提出できるのであり、判決の基礎となる特許権の有効性およびその範囲につき、主張立証をする機会を有している。それにもかかわらず、後でなされる特許無効審決や訂正審決によって、再審の訴えにより侵害訴訟の確定判決の既判力が排除され、損害賠償金を不当利得として返還したり、一度棄却された損害賠償金の支払いを命じられたりすることになるのは、紛争の蒸し返しであって妥当でないということが問題となっていた。

そこで、平成23年改正で新設された法104条の4において、侵害訴訟の当事者であった者は、当該侵害訴訟の判決確定後に、特許無効審決、または、訂正審決であって特許法施行令旧13条の4（現8条）（以下、「政令」という）[21]で定めるものが確定したことを、再審の訴えにおいて主張できない旨を定めることにより、再審を制限することとされた。

平成23年改正では、無効審決確定に関する限り、

---

18) 平成23年改正のための審議を行った産業構造審議会知的財産政策部会特許制度小委員会での審議には、委員長として関与する機会を得た。また、この改正の源流となった、特許法の全面的な見直しの要否の検討のために、平成21年に特許庁長官の私的諮問機関として設置された特許制度研究会での検討についても、委員として関与する機会を得た。

19) 民事訴訟法338条1項8号が定める、後の行政処分による「変更」とは、遡及的な変更であることを要すると解されている。斎藤秀夫ほか編『注解民事訴訟法⑽〔第2版〕』（第一法規出版・1996）243頁、石川明＝高橋宏志編『注釈民事訴訟法⑼』（有斐閣・1996）51頁〔上村明広〕等参照。

20) クレーム（請求項）の一部についての無効のケースにつき、ⓐ訂正が可能であり、ⓑ同訂正により無効理由の回避が可能であり、ⓒ被疑侵害物件が、無効部分以外のクレーム（請求項）部分にある場合に、訂正により無効理由が回避できる旨の主張（訂正再抗弁）が成立する。東京地判平19・2・27判タ1253号241頁（本誌36号127頁参照）〔多関節搬送装置事件〕等参照。

なお、訂正再抗弁を主張するために、ⓓ訂正手続をとる必要があるかについては、必要説と不要説の両説であるが（訂正再抗弁が問題となるのは、訂正の効力発生前である）、必要説が実務的に有力である。ちなみに、近時の裁判例として、知財高判平26・9・17判時2247号103頁（本誌66号75頁参照）〔共焦点分光分析事件〕が大いに注目される。特許権者による訂正請求等が法律上困難である場合には、公平の観点から、その事情を個別考慮し、適法な訂正請求を行っているとの要件を不要とすべき特段の事情が認められるときには、当該要件を欠く訂正の再抗弁の主張も許されると判示する。必要説を原則としつつも、訂正手続をとることについての現実の困難性に鑑みて、例外の余地を認める点で評価できる。なお、上記事案については、平成23年改正による訂正の時期的制限の厳格化が背景となっている。この点については、大渕哲也ほか『知的財産法判例集〔第2版〕』（有斐閣・2015）82頁～83頁〔レファレンス欄・筆者執筆部分〕も参照されたい。この点の詳細については、別稿によりたい。

21) 特許法施行令旧13条の4（現8条）（主張の制限に係る決定又は審決）
「特許法第104条の4第3号の政令で定める決定又は審決は、次の各号に掲げる場合についてそれぞれ当該各号に定める決定又は審決とする。
一　特許法第104条の4に規定する訴訟の確定した終局判決が当該特許権者……の勝訴の判決である場合　当該訴訟において立証された事実以外の事実を根拠として当該特許が同法第114条第2項の取消決定により取り消されないようにするためのものである決定又は特許無効審判により無効にされないようにするためのものである審決
二　特許法第104条の4に規定する訴訟の確定した終局判決が当該特許権者……の敗訴の判決である場合　当該訴訟において立証された事実を根拠として当該特許が同法第114条第2項の取消決定により取り消されないようにするためのものである決定又は特許無効審判により無効にされないようにするためのものである審決」
下線部分は、平成27年政令改正（平成27年1月28日政令第26号。平成26年法改正（特許異議（取消決定）の復活的創設）に伴う政令改正）により付加された部分である。ただし、同下線部分は、本稿の議論に関係しない。また、平成23年法改正についての従前の議論は、平成27年政令改正前の政令条文が前提となっている。

上記条文のように、訂正審決については、政令1号における「当該訴訟において立証された事実以外の事実（無効理由）に対処するための訂正クレーム（請求項）に係る訂正審決」と政令2号における「当該訴訟において立証された事実（無効理由）に対処するための訂正クレーム（請求項）に係る訂正審決」に関しては、再審制限が明示されている。法104条の4と政令については、中山信弘＝小泉直樹編『新・注解特許法別冊』（青林書院・2012）101頁～104頁〔松山智恵〕参照。

完全な形で侵害訴訟確定判決の再審制限が明示された。訂正審決については、やや不徹底な面はあるが、再審制限から漏れた部分（政令で定められたもの以外のケース）も、実際上はほぼ無意味なものにすぎない。少なくとも、無効審決に関する限り、完全な形で侵害訴訟の再審制限が明示されたことの意義は極めて大きい。

しかし、本来は、訂正審決についても、完全な形で再審制限が明示されるべきものと解される。平成23年改正についての産業構造審議会知的財産政策部会特許制度小委員会報告書（以下、「特許制度小委員会報告書」という）の立場は明確にそうであり、無効審決・訂正審決ともに完全な再審制限となっており（法律構成は、無効審決・訂正審決の遡及効の制限（または遡及効の主張の制限）が提案されている）[22]、これが本来はるかに望ましいと解される。しかし、特許制度小委員会報告書の結論が、すべて完全には条文（法律・政令）上明示されてはおらず、諸般の事情により、一部明示漏れの状態となっている。ただ、解釈論的努力の結果、再審制限（の条文的明示）から漏れた部分（政令で明文で定められたもの以外のケース）についても、裁判実務としては、再審否定（再審開始決定否定）となるのは、必定と解される[23]。この意味では、政府全体としては、審議会報告書（特許制度小委員会報告書）の結論に基づいて（＝同報告書の結論に従って）条文化する責任をぎりぎりのところでは基本的には果たしたとはいえよう。

(2)　再審制限が問題となる実例としては、以下の３つのケースが考えられる。

①　侵害訴訟の請求認容判決確定後の無効審決確定（法104条の４第１号）。無効審決確定（の抗弁）を理由とする再審。
②　侵害訴訟の請求認容判決確定後の訂正審決確定（政令１号（法104条の４第３号））。訂正審決確定（の抗弁）を理由とする再審—被疑侵害物件（イ号物件）の非捕捉化を理由とする再審。
③　侵害訴訟の請求棄却判決確定後の訂正審決確定（政令２号（法104条の４第３号））。訂正審決確定（の再抗弁）を理由とする再審—無効抗弁の排斥を理由とする再審。

(3)　後記(8)(イ)の再審肯定・否定についての真正民事訴訟法ロジック[24] は、あくまで、当該侵害訴訟の要件事実となることを大前提とした上で、主張の可能性を論じているものであって、要件事実とすらならないようなものは、そもそも、本来、想定もされていないと解される。すなわち、あくまで、要件事実の範囲内で、主張できなかったものについては、再審を肯定し、主張できたものについては、再審を否定する（狭義民事訴訟法ロジック）。それ以外のそもそも、要件事実にすらならないものは、主張できなかったこと自体は否定できないが、主張できなかったもののカテゴリーに属するものと分類して、再審を肯定するなどのことは全く想定もされてはいない。言い換えると、前訴の要件事実とは全くならない事実により、再審を肯定するなど全く考えてもいない。真正民事訴訟法ロジックでは、要件事実でもないものは、主張できる・できないということを超えて、そもそも、再審肯定とは全く無関係というのが（暗黙

---

22)　産業構造審議会知的財産政策部会特許制度小委員会報告書「特許制度に関する法制的な課題について」（2011年2月）28頁。〈http://www.jpo.go.jp/cgi/link.cgi?url=/shiryou/toushin/toushintou/tokkyo_housei_kadai.htm〉
　　遡及効の制限（または遡及効の主張の制限）という両論併記とはなっているが、両論併記的な主張の可能性という少なからず「言葉の綾」的にすぎないものの可能性の点は別とすると、原案（後記4(4)参照）たる遡及効自体の制限（遡及効の主張の制限ではなく）という立場とは基本的に同一の立場といえる。
23)　特許庁工業所有権制度改正審議室『産業財産権法の解説〔平成23年特許法等の一部改正〕』（発明協会・2011）（以下、「特許庁・平成23年改正解説書」という）88頁（注30）、平成23年改正についての「特許法等の一部を改正する法律の施行に伴う関係政令の整備及び経過措置に関する政令案に対する意見募集の結果について」（特許庁HP〈http://www.jpo.go.jp/iken/pdf/tokkyohou_seibi_kekka/kangaekata.pdf〉）2頁（番号4）（内容については、後記4(7)(ア)参照。これら2点の解説の記載の趣旨は、後記4(7)(イ)のとおりである。これらの記載は、（解釈論的努力の結果）最終的には、裁判実務は、侵害訴訟について、政令１号・２号以外のケースについても、再審を否定する（再審開始決定自体を否定する）ことを志向することを想定するものと解される。
24)　菱田雄郷「知財高裁設置後における知的財産訴訟の理論的課題——民事手続法の視点から」ジュリ1293号（2005）70頁は、民事訴訟法ロジックにより、前訴で主張できた事実については、再審を否定する論法を展開する。民事訴訟法の一般的考え方に基づき、これを再審問題に応用演繹するものと解される。今回の第２の追加的理由付けと同旨をいうものと思われる。なお、真正民事訴訟法ロジックであることは明示はされていないが、これは当然すぎるためにあえて一言されていないだけであって、当然に真正民事訴訟法ロジックであることが大前提とされているものと善解される。

の）当然の大前提と解される（広義民事訴訟法ロジック）[25]。

前記(2)の3事例において、要件事実該当性が肯定されるのは、無効抗弁一般（厳密には前記①のみ）と、「無効抗弁に係る無効理由を回避するための訂正再抗弁」の政令2号（前記③）だけである。よって、これらの場合には、前訴で主張できたために、（広義民事訴訟法ロジック（要件事実該当事実でない事実や前訴当時存在していなかった事実（遡及効をあえては肯定しない場合。以下同じ）について、民事訴訟法ロジックの埒外として、再審否定とするロジック）を持ち出すことなく）狭義民事訴訟法ロジック（要件事実該当事実かつ前訴当時存在した事実について、再審否定とするロジック）によっても、再審が制限される。

前訴の要件事実とはならない（あるいは前訴当時不存在の事実である）、それ以外の部分は、真正（広義）民事訴訟法ロジックからは、むしろ、当然にないし勿論解釈的に再審制限となるべきものであるにもかかわらず、（政令1号・2号で明示されている一部の例外を除き）再審制限が明示されていない。

(4) 特許制度小委員会報告書の原案（無効審決・訂正審決の遡及効自体を合理的に制限する（確定判決が対象とする法律関係は遡及効の対象外とする））[26]による限りは、以下のように極めて明確かつ完全な形で、民事確定判決について、完全な再審制限と的確な範囲での請求異議制限が実現される。なお、刑事確定判決の再審には、審決の遡及効云々がそもそも関係ないので、民事確定判決のような審決の遡及効の制限による再審の制限というのが全く無関係であり、反面で審決の遡及効の合理的制限をしても、刑事確定判決の再審には影響を与えず、よって、刑事確定判決の再審は何ら制限されるものではない点でも完璧といえる。

(ｱ) 極めて高度の法的安定性の要求される確定判決（の対象とする法律関係）に対しては、無効審決・訂正審決の遡及効は否定されるべきであるという点からすると、この遡及効否定により、再審は一般的に否定される。民事訴訟法338条1項8号は、遡及効がある行政処分しか対象としていない（前掲〈注19〉参照）ため、遡及効制限により、直ちに、再審事由該当否定となり、したがって、再審否定（再審開始決定否定）となるのである。以上、極めて明確な形で結論が導かれ、このような再審制限は、確定（民事）判決一般についてであり、差止め・損害賠償の双方について再審制限である。

(ｲ) 請求異議については、審決確定以前の過去分たる損害賠償（と過去の差止違反の間接強制金）については、無効審決・訂正審決の遡及効制限により、請求異議の否定となる。（将来の）差止部分については、無効審決・訂正審決の遡及効もその制限も無関係であって、請求異議は認容判決となる。後者について、無効審決確定は、前訴の基準時以降の事実なので、民事執行法35条の文言等との関係でも、請求異議事由となることにつき問題ないと解される。

以上のように、確定判決は、遡及効の対象外となるということで、再審制限も、請求異議の合理的制限も、実体的に極めて的確な帰結をもって完全な形で実現される。特許制度小委員会報告書でも、過去分は覆滅しないが、将来の差止めについては解放されるとしているのと同じ結論となっている。このように、各手続の趣旨目的ごとに的確に区別された別異の結論となっている。

これは、確定判決の損害賠償等は合理的な既得利益として確定させ覆滅を認めないものといえる

---

[25] 狭義民事訴訟法ロジック（要件事実該当事実かつ前訴当時存在した事実について、（前訴で主張できたことを理由に失権を肯定して）再審否定とするロジック）の範囲でのみ民事訴訟法ロジックを考えて、広義民事訴訟法ロジック（要件事実該当事実でない事実や前訴当時存在していなかった事実について、民事訴訟法ロジックの埒外として、再審否定とするロジック）の範囲での民事訴訟法ロジックの可能性を看過するのが、不真正民事訴訟法ロジックである。他方、真正民事訴訟法ロジックは、狭義民事訴訟法ロジックの範囲のみならず、広義民事訴訟法ロジックの範囲を含めて民事訴訟法ロジックを考える民事訴訟法ロジックである。すなわち、要件事実にあたりもしない主張自体失当の事実や前訴当時存在もしていなかった事実については、前訴では、そもそも全く主張し得なかった事実主張なのであって、民事訴訟法ロジックの埒外と考えて、民事訴訟法ロジックに基づく「失権否定＝再審肯定」とはなり得ないのである。なお、狭義民事訴訟法ロジック自体が問題というよりは、狭義民事訴訟法ロジックのみに民事訴訟法ロジックを限定してしまって、広義民事訴訟法ロジックを看過してしまうことこそが問題なのである。

[26] 特許制度小委員会第28回配布資料2の8頁～9頁参照。なお、原案（審決の遡及効自体の合理的制限）の際には、改正法規定の位置は、当然のことながら、特許法125条等（ただし書）が想定されていたと記憶している。飯村敏明「平成23年度特許法等改正が民事訴訟実務に与える影響について――再審制限を中心として――」民訴59号（2013）109頁（注19）も参照。

のであって、(今後の) 将来の差止めとは全く利益状況を異にする。なお、法104条の4で無効審決等確定のケースにつき再審制限しても、過去の損害賠償につき、請求異議肯定ならば、実質的に再審制限は無意味となる。

なお、差止主文は、その旨が明示されていなくても、当然に無効審決確定までの間の差止めを命ずるにすぎないと善解されるという差止主文善解の論法によれば、無効審決確定後分の差止めは否定となるといえよう。ただ、差止主文善解の論法では、訂正審決確定後分の差止否定は、困難な面があろう。他方で、原案たる遡及効の制限ならば、そもそも、かかる主文善解すらも必要ない。主文善解の必要もない再審事由自体非該当という完全な形で処理されるのである。遡及効の制限(ないし遡及効の主張の制限)に躊躇するから、差止主文善解の論法が必要となってくるにすぎない。

(無効回避以外の) 普及目的の訂正審決や侵害訴訟での無効抗弁に係る無効理由以外の無効理由の回避のための訂正審決(後記(8)(オ)(カ)参照)についても、私見では、訂正審決の遡及効自体の制限ゆえに、同様の帰結となる。実体的に妥当な帰結と思われる。

以上のように、無効審決・訂正審決の遡及効自体を制限するのであれば、再審・請求異議の双方について、それぞれの本質に合致した形で的確に処理される。法104条の4の再審についての審決確定の主張制限という条文では、再審制限だけが明示されているが、この再審制限の趣旨を潜脱しないように適正妥当に解釈適用しようとすれば、請求異議についても、無効審決・訂正審決の遡及効制限の場合と同様の帰結になるように解すべきであるので、最終的には実害はないといえるが、そもそも、このような解釈論を必要としない点で、原案の方がはるかに優れているといえる。

(ウ) また、刑事訴訟法435条5号は、特許権等を害した罪により有罪の言渡しをした事件について、「その権利の無効の審決が確定したとき」等に有罪の言渡しをした確定判決に対して、その言渡しを受けた者の利益のために、再審の請求をすることができると規定している[27]。審決の遡及効制限により、民事訴訟法上は判決一般が再審制限となるが、刑事訴訟法上は審決の遡及効と再審とは全く関係ない。再審事由が、遡及効ある後の行政処分による判決の基礎たる行政処分の変更である民事判決の再審と、審決の確定に専ら係る刑事判決の再審との大きな違いに起因する[28]。

(5) 法104条の4も、無効審決・訂正審決の遡及効制限を当然の前提としているものと解される。すなわち、無効審決・訂正審決の遡及効自体が無制限なのにもかかわらず、この遡及効の主張だけを制限するために、法104条の4が審決確定の (事実の) 主張を制限しているとは解し難いのであって、やはり、無効審決・訂正審決の遡及効制限自体を大前提としているというのが、立案者・立法者の合理的意思と解される。立案者(特許制度小委員会の委員長(筆者)を含む(主要)委員と事務局(責任者))の具体的意思は、(少なくとも侵害訴訟についての)確定判決対象法律関係については、無効審決・訂正審決の遡及効の対象外とするという無効審決・訂正審決の遡及効の合理的制限論であったと承知している。そもそも、遡及効自体を制限しないのに、遡及効の主張のみを制限するというのは、中途半端である。無効審決・訂正審決の遡及効自体の合理的制限は、特許法固有の高度の立法政策の問題であり、他の行政処分への影響という法務省の懸念とされるもの[29]も、全くの杞憂にすぎない。そもそも、特許無効は、行

---

27) ここでは、無効審決の無効(化)の対象として処分(特許処分)とはされておらず、権利(特許権)とされているのである。刑事訴訟法のような、「六法」とも呼ばれる基本法典の一つにおいて、このように、「権利の無効の審決」と明記されていることは、従前は、あまり注目されてこなかったが、本稿の重要関連論点(無効化対象論)にとって、実は、重要な意義を有するものであろう。民事訴訟法の再審の関係規定(同法338条1項8号)においては、行政処分一般が対象となっているが、刑事訴訟法(同法435条5号)では、権利(特許権)の無効の審決という、特許に特化したものとなっている。
28) 民事訴訟法と刑事訴訟法の再審制限の有無の差異については、以下の2点の差異が枢要である。
　① 刑罰を科すことからくる刑事制裁の謙抑性
　② 民事では、無効手続の結果の対世的遡及的反映の要請のほかに、特許権者の確定侵害訴訟判決の結果に係る地位の安定性という要請も重要である。両者のバランスが枢要といえる。特許権者と被疑侵害者との私人間の民事的利益調整が眼目である。しかるに、刑事では、特許権者と被疑侵害者との私人間の民事的利益調整が問題となっているわけではなく、国家刑罰権対被告人(被疑侵害者)の問題である。特許権者の確定侵害訴訟判決の結果に係る地位の安定性という点は問題とならない。
　したがって、民事訴訟法と刑事訴訟法の再審制限の有無について差異があるのも決して不思議ではないのである。

政処分無効とは全く別の論点である（前記2(1)参照[30]）。本質的に全く異なる両者を決して混同してはならない。

このように無効審決・訂正審決の遡及効自体の制限を前提にしていると解釈することにより、最終的には解決されるとは解されるが、主張の制限という論法で、無事に再審開始決定を避けることができるかの問題もある。たとえば、法104条の4の審決の主張制限という定め方で、再審（事由）の否定として十分であるかという疑問を呈する見解もある（最終的には問題とはならないという趣旨のようであるが）[31]。しかし、無効審決・訂正審決の遡及効自体の制限とする特許制度小委員会報告書の原案どおりでありさえすれば、そもそも、かかる点の検討などは全く不要であったであろう。

(6) 平成23年改正後は、後記のとおり、訂正審決のごく例外的ケースを除き、前記(2)の①から③のいずれのケースでも、再審の制限（否定）となる。そして、後記の訂正審決の例外的ケースは、実際上はほとんど問題ともならない。他方で、無効審決については、例外もなく再審が完全な形で制限（否定）される。

訂正審決における例外的ケースとは、前記の政令1号・2号で対象外となるものである。すなわち、この再審制限対象外となるものは、ⓐ普及目的の（無効理由回避目的以外の）訂正（政令1号。侵害訴訟の特許権者勝訴判決の場合）や、ⓑ侵害訴訟の被告（被疑侵害者）以外の第三者等の請求による無効審判における、侵害訴訟で立証されたのとは別の無効理由の回避のための訂正（政令2号。侵害訴訟の特許権者敗訴判決の場合）といった極めて特殊なものにとどまるようである[32]。

上記ⓐについては、ⓘ同訂正により、クレームが当該侵害訴訟の被疑侵害物件（イ号物件）を捕捉しないこととなるのであれば、全くの純粋理論的には、当該侵害訴訟は、請求棄却判決となるべきこととなって、仮に再審開始決定されれば、逆の結論となることにはなる。ただ、上記ⓐのような普及目的の訂正にここまでの（確定判決の効力を覆滅するほどの）過度の遡及効を付与すること自体には極めて疑問がある。ⓘⓘ他方で、同訂正により、クレームが当該侵害訴訟の被疑侵害物件（イ号物件）を捕捉することには影響がないのであれば、再審開始決定しても、侵害訴訟の特許権者勝訴判決の結論に影響もないこととなる。なお、上記ⓘ、ⓘⓘいずれについても、訂正の結果、特許の有効が無効に変ずることはないので、その方向での、特許権者勝訴判決への影響はない。すなわち、訂正（減縮）ゆえに無効が有効に変ずることはあり得るが、訂正（減縮）ゆえに有効が無効に変ずることは考え難いのである。

上記ⓑについては、上記ⓑのような（特許権者敗訴判決の理由となった）無効抗弁に係る無効理由以外の別の無効理由の解消のための訂正は、当該無効抗弁に係る当該無効理由には、その性質上、当然に無関係なものにすぎないのであって、（特許権者敗訴判決の理由となった）無効抗弁の成立による特許権者敗訴判決の結論を左右するものではない。なお、無効抗弁に係る無効理由以外の別の無効理由を解消するための訂正でも、無効抗弁に係る無効理由を解消する効果を有するという例外的な事例では、それ自体を理由として、政令2号の再審制限にあたることとなる[33]ので、結局は、全く別の理由で再審制限となる。また、上記ⓑは、政令2号に係るものであり、侵害訴訟の特許権者敗訴判決がなされる場合であるから、訂正審決確定によりクレームが減縮したことに基づく、イ号非捕捉化の点も問題とはならない。

以上のように、上記ⓐも、上記ⓑも、結論に影響を与えないこと（上記ⓐⓘⓘ・ⓑ）もあるし（このように結論に影響を与えないケースであれば、仮に再審開始決定がされても、当然に再審の訴え

---

29) 「事務局　直接的に遡及効を制限するといたしますと、特許法以外の他の行政処分にも影響が出かねないということで、法務省との関係によって主張の制限としてくださいとお願いされているということです」（産業構造審議会知的財産政策部会第33回特許制度小委員会議事録（2010年11月30日）23頁参照。〈https://www.jpo.go.jp/shiryou/toushin/shingikai/pdf/tokkyo_seido_menu/patent_system_033.pdf〉）。
30)　拙稿・工所法75頁～95頁も参照。
31)　菱田雄郷「判批」特許判例百選〔第4版〕（2012）155頁。
32)　特許庁・平成23年改正解説書87頁～88頁参照。〈http://www.jpo.go.jp/cgi/link.cgi?url=/shiryou/hourei/kakokai/tokkyo_kaisei23_63.htm〉
33)　特許庁・平成23年改正解説書88頁参照。

は請求棄却判決となるべきものにすぎないのであって、再審開始決定も実務上全くの無意味というべきものである）、また、結論に影響を与える場合（上記ⓐⅰ）であっても、後記(8)(エ)(オ)のとおり、本来実体的に再審を正当化するようなものではないと解される。

(7)(ア)　かくして、特許庁・平成23年改正解説書88頁（注30）は、「再審の訴えにおいて、特許法施行令第13条の4各号に定める訂正認容審決が確定したことを主張することは、紛争の蒸し返しとなるため、再審開始決定の前後を問わず、これらを主張することができないところ、仮に侵害訴訟で立証された無効理由とは異なる無効理由を解消するための訂正をしたような場合における訂正認容審決が確定したこと（これは同条第2号でその確定を主張できる訂正認容審決として想定されている。）を主張して、再審が請求された場合の扱いについては、最終的には民事訴訟法の解釈により判断されることとなろう」としている。また、平成23年改正についての「特許法等の一部を改正する法律の施行に伴う関係政令の整備及び経過措置に関する政令案に対する意見募集の結果について」（前掲〈注23〉特許庁HP）2頁は、「特許法施行令案第13条の4第1号で、再審の訴えにおいてその確定を主張できる訂正審決として想定しているのは、例えば、発明の普及目的で権利の一部を縮小するために、特許権者が無効理由と関係なく訂正をしたような場合における訂正審決等があります。また、特許法施行令案第13条の4第2号で、再審の訴えにおいてその確定を主張できる訂正審決として想定しているのは、例えば、侵害訴訟で立証された無効理由とは異なる無効理由に基づいて、侵害訴訟における被疑侵害者とは異なる第三者が請求した無効審判において、当該無効理由を解消するための訂正（ただし、侵害訴訟で立証された無効理由も解消している訂正は、再審の訴えにおいて、主張の制限の対象としております。）をしたような場合における訂正審決等があります。なお、このようにこれらの場合の訂正審決等の確定は改正法に基づく主張の制限の対象とはしておりませんが、仮に再審が請求された場合の扱いについては、最終的には民事訴訟法の解釈によることとなります」として、上記と同旨を述べる。

(イ)　これらの記載自体が、（解釈論的努力の結果）最終的には、今後の裁判実務も、侵害訴訟について、政令1号・2号以外のケースについても、再審を否定する（再審開始決定自体を否定する）ことを志向することを想定するものと解される。そして、かかる解釈論的努力の理論構成の最有力候補としては、いわゆる重点現実的明示立法理論（いわゆるピンポイント理論）が考えられる。すなわち、訂正審決の場合に関して、法104条の4第3号（政令1号・2号）は、重点をおくべき場合を当時において現実的に可能な範囲（狭義民事訴訟法ロジック《要件事実該当事実かつ前訴当時存在した事実について、（前訴で主張できたことを理由に失権を肯定して）再審否定とするロジック》だけでさえも根拠付けできる範囲）で、ニーズが現実的な範囲（政令明示範囲以外は、学校設例的にすぎず、実際上の意味はほぼ皆無）でまず明示しただけであって、それ以外の場合についても、必ずしも再審否定の可能性を積極的に否定するものではないのであり、再審否定であると解釈する可能性が残されていると考えるのである。すなわち、平成23年改正の特許制度小委員会報告書に基づく条文化のプロセスにおいては、時間等の制約のために、狭義民事訴訟法ロジックでも説明できる範囲（当時明示すべきことを完全に確信し得た範囲）で、とりあえず、再審否定を明示して、それ以上の範囲（ⓐ・ⓑ等）については、（裁判実務では、ⓐ・ⓑを含めて、再審（開始決定の）否定をするであろうことを想定しつつ）オープンとして、学説・裁判実務に委ねるという現実的で合理的な選択をしたものと推察される（これ以外の理解は、当時の諸般の状況に照らして、考え難いと解される）。かかるいわゆる重点現実的明示立法理論が認められることによってはじめて、再審制限についての平成23年改正に関しても、合理的な立法であるとの説明がどうにか可能となる。なお、万一、いわゆる重点現実的明示立法理論によって、侵害訴訟について、政令1号・2号以外のケースについて、再審（事由）該当性自体が否定できないとしても（問題点を正解する限りは、このように解されることも考え難いが）、最低限、権利濫用等の一般条項により、再審請求自体を封じることは可能といえる。

以上のように、「再審自体が全く無意味なケース」（前記(6)ⓐⅱ・ⓑ）と「（無意味ではないが）再審自体が不当なケース」（前記(6)ⓐⅰ）のいずれについても、裁判所としては、いわゆる重点現実

的明示立法理論によって、そうでなくとも権利濫用等の一般条項によって、再審を否定すべきこととなると解され、前記の特許庁・平成23年改正解説書および特許庁の意見募集の結果での考え方の表明も、この帰結の趣旨を示すものであると考えられる。ただし、私見のように、確定判決対象法律関係については、無効審決・訂正審決の遡及効の対象外とするという無効審決・訂正審決の遡及効の合理的制限と解すれば、いわゆる重点現実的明示立法理論等によらなくとも、訂正審決の政令1号・2号以外のケースについても、再審は否定されることとなり、より明快となったであろう。訂正審決については、政令1号・2号以外のケースについても、次のしかるべき段階で再審の否定が立法的に明文化されることが期待される。

(8)(ア) 問題の根源は、(法125条等の条文の文言において、無制限的遡及効と明示されているわけでも決してないのであって、私見では、このように解する必然性はないのではあるが)平成23年改正前における無効審決・訂正審決の無制限的遡及効にあるのであり、この例外(合理的制限)をどこまで認めるかに係ることになる[34]。そもそも無効審決・訂正審決の遡及効も特許法の立法政策によるものであり、これを完全に無制限なものとするか、一定の合理的範囲内に限定するかも立法政策に係ることとなる。特許無効を特許処分自体の当然無効であると解するのであれば、その遡及効が大原則とならざるを得ない[35]。これに対して、私見のように、特許無効とは、特許審決によって特許権の無効化がなされると解するのであれば、その無効審決の特許権に対する法効果について、遡及効とするか、将来効とするか、あるいは、一部を遡及効とし、一部を将来効とするかどうかは立法政策事項にすぎない。その上、そもそも確定判決に対する再審は、非常の救済手段であり、ごく例外的な病理現象的な場合に限られるのが大原則である。しかるに、再審による確定判決取消しが生理現象となるのでは、一国の裁判制度としては破綻しているものといわざるを得ない。ここでは、高度の法的安定性(ないし司法判断の終局性)の要求を否定して、再審を肯定するほどまで無効審決・訂正審決の遡及効を貫徹すべき理由があるかという判断に帰着することになる。しかるに、このように正しく問題設定する限りは、再審肯定するほどに無効審決・訂正審決の遡及効を貫徹すべき理由は、少なくとも、平成16年改正(非ドイツ型明示)以降は、全く考え難いと解される。[第1の基本的理由付け]

再審を招来するような過剰な効果の発生は避けるべきという法思想は、無効審決と訂正審判請求等との関係ではあるが、最三小判昭59・4・24民集38巻6号653頁〔耕耘機に連結するトレーラーの駆動装置事件〕の中にも現れていると解される。同最判は、無効審決が(先に)確定すれば、訂正

---

34) 無効審決・訂正審決の遡及効制限の立法論が、侵害訴訟の確定判決との関係で本格的に議論された。議論のねらいは、無効審決・訂正審決の確定を理由とする侵害訴訟の確定判決の再審の制限である。特許庁・特許制度研究会『特許制度に関する論点整理について 特許制度研究会報告書』(2009年12月) 33頁〜36頁(筆者の見解(審決の遡及効の合理的制限)が盛り込まれている)参照。
〈http://www.jpo.go.jp/shiryou/toushin/kenkyukai/pdf/tokkyoseidokenkyu/houkokusyo.pdf〉

35) 特許無効は、「特許処分」の瑕疵を理由とする「特許処分」の取消しないし無効と解する理解からすると、その効果が遡及するのも当然のこととなろう。この見解では、特許法125条も、特許処分の取消し等の効果が遡及するのに伴い、特許権の無効化の効果が遡及するのも当然であるということを、いわば注意的確認的に規定したととらえることになるが、逆にいえば、特許法125条の遡及効を制限することは理論的にも困難を伴うこととなろう。

再審問題に関して、特許法125条等の遡及効の合理的制限という立法提案を行ったが(拙稿「特許権侵害訴訟と特許無効(3・完)」法教347号(2009) 107頁以下参照)、上記のような見解からは困難であるが、私見では、特許無効も特許権無効にとどまるので、その遡及効も、立法政策に係るものにすぎず、上記の立法提案によることに問題はない。

また、実質的に考えると、もしも、本当に特許処分自体がその瑕疵を理由に絶対的にかつ遡及的に取り消されてしまうのであれば、侵害訴訟の確定認容判決の再審を否定するのは困難であろう。極めて高度の統一性が求められる行政処分あるいは行政処分の無効・取消しという観点からすれば、民事訴訟の確定判決を再審によって取り消してでも、行政処分あるいは行政処分の無効に基づく統一的帰結を徹底的に貫徹することが大原則になると思われる。これに対して、特許権の無効にすぎないのであれば、本来的には、民事裁判でも十分判断可能なものといえよう。この意味で、平成16年改正により、いわゆる「特許権私権原型論」(特許権等工業所有権の私権性を前提とすると、行政手続というものも、権利の特殊性からくる行政手続介在の必要性ゆえに、特別に肯定されているものであって、工業所有権であれば行政手続の介在が当然であるといったアプリオリな議論は適切ではなく、あくまで、行政手続の介在の要否ないしその程度等につき個別に吟味していく必要があるとする立場といえる。拙稿・工所法66頁(注5)、拙稿「知的財産保護のための法システムに関する横断的分析—体系的分析のための基礎的枠組の提示を中心として—」ジュリ1237号(2003) 209頁参照)による私権としての原型により近づいた(あるいはより戻った)と評価することが可能である。

審判請求や訂正不成立審決取消訴訟は不適法却下となると判示しているが、これは、この逆の立場を採って、訂正審判請求や訂正不成立審決取消訴訟が不適法却下とならないとすると、後者の手続が訂正審決に至り、同訂正審決が確定すると、上記確定無効審決が再審で取消しとなってしまうという事態が発生することを強く懸念してのことと思われる[36]。再審は、あくまで非常の救済手段であって例外的な事象であるから、上記の訂正審決確定といった定型的な生理現象はこれにあたるべきものではない。なお、確定審決の再審よりも確定判決の再審の方が、法的安定性に対する脅威の点ではるかにより一層深刻な問題を招来する。したがって、上記の論法は、確定判決の再審は回避すべきことにつき、より一層強い理由をもって妥当する。

(イ) 上記に加えて、実質的にも、侵害訴訟においては、無効については無効抗弁により、訂正については訂正再抗弁により、いずれも十分主張し得るのであるが、これを前提にすると、むしろ無効抗弁や訂正再抗弁(あるいは、(無効審決請求等した上での)無効審決確定の抗弁や(訂正審判請求等した上での)訂正審決確定の抗弁・再抗弁)として、事実審の口頭弁論終結時(基準時)までに主張を提出しなければならないのであって、それにもかかわらず、確定判決の既判力によって本来遮断されるべき事由につき、審判・審決を介在させることにより、主張の後出しをして潜脱するという実質を有するものである。そのため、前記のような一般的な確定判決の法的安定性確保の要請(これは審決取消訴訟にも共通する)に加えて、以上の点により、更に強い理由をもって、遡及効制限(再審制限)が要求されるのである。[第2の追加的理由付け]

なお、第2の追加的理由付けは、あくまで当該事実が前訴の要件事実に該当し、かつ、前訴当時存在した事実であることの2点が前提であって(これら2点を前提とする考え方を「真正民事訴訟法ロジック」と呼ぶこととする)、要件事実にそもそも該当しない事実については、単なる主張自体失当にすぎず、第2の追加的理由付け以前の問題として、そもそも、再審事由としては、問題となり得ないこととなる。この点は、前訴当時存在しなかった事実(無効審決・訂正審決の確定の事実)についても、同様である。すなわち、審決確定の抗弁(無効審決確定の抗弁・訂正審決確定の抗弁)については、①前訴当時不存在ゆえに、民事訴訟法ロジック想定外となり、それゆえに、真正(広義)民事訴訟法ロジックにより、再審否定となる。②あるいは、審決確定を得た上で、前訴で、審決確定抗弁を主張することは可能と考えれば、狭義民事訴訟法ロジックにより、再審否定となる[37]。上記①②のいずれの論法によるとしても、審決確定の抗弁(無効審決確定の抗弁・訂正審決確定の抗弁)については、再審否定となるのである。審決確定の再抗弁についても、同様である。

ちなみに、ここでは、第2の追加的理由付けないし民事訴訟法ロジックがあてはまる場合に限って再審事由非該当ないし再審否定が導かれるという議論をしているわけではない。前記(ア)のとおり第1の基本的理由付けだけでも導かれる確定判決対象法律関係についての一般的な遡及効制限の結論について、真正民事訴訟法ロジックによる限りは、第2の追加的理由付けによっても一般的に根拠付けられ正当化されるということを述べて、理由付けの強化を図るものである。すなわち、ここでの遡及効制限は一般的であって、事案ごとの民事訴訟法ロジックの充足性の個別の判断に係るものではない。

(ウ) (審決遡及効制限＝)再審制限の理由付けとしては、本来は、上記第1の基本的理由付けだけでも十分であるが、他方で、第2の追加的理由付けであっても、真正民事訴訟法ロジックによる限りは、無効審決のみならず、訂正審決一般につい

---

36) 石井彦壽「判解」最判解民事篇昭和59年度166頁参照。
37) 本文以上の点を、もう少し詳しく説明すると、以下のとおりとなる。
　本稿の事例では、無効審決確定の事実や訂正審決確定の事実は、前訴(侵害訴訟)当時は存在しなかった。①これをそのまま前訴当時存在しなかった事実として把握すれば、広義民事訴訟法ロジックにより、再審否定となる。②他方、見方を若干変えて、無効審判請求や訂正審判請求等を当時なせば、当時においても、無効審決を得て同審決の確定を得た上で、無効審決確定の抗弁の主張をすることができた、あるいは、訂正審決を得て同審決の確定を得た上で、訂正審決確定の抗弁の主張をすることができたというように把握すれば、当時においても、無効審決確定の抗弁の主張や訂正審決確定の抗弁の主張ができた(事実上の困難性は別として、法律上の障碍はなかった)ということとなり、むしろ、狭義民事訴訟法ロジックによって、再審否定となる。

ても、侵害訴訟確定判決一般についての再審制限が導かれる。このように、第1の基本的理由付けに加えての、真正民事訴訟法ロジックによる第2の追加的理由付けという、二重の理由付けに支えられることとなるために、無効審決および訂正審決一般につき、侵害訴訟確定判決一般についての再審制限（否定）が、極めて強い理由をもって肯定される。すなわち、特許制度小委員会報告書の立場が極めて強い二重の根拠をもって明確かつ完全に肯定されるのである。

　(エ)　上記(イ)に関して、真正民事訴訟法ロジック、すなわち、要件事実非該当性ないし主張自体失当性と、前訴当時不存在事実性の観点から、訂正審決に関するものについて、再審制限の肯定・否定に関して、まとめておくと以下のとおりである。

　①訂正審決確定の抗弁・再抗弁は、「無効抗弁に係る無効理由を回避するための訂正クレームに係る訂正審決」「無効抗弁に係る無効理由以外の無効理由を回避するための訂正クレームに係る訂正審決」「普及目的の訂正クレームに係る訂正審決」のいずれについても、すべて前訴当時不存在事実である。②訂正再抗弁は、「無効抗弁に係る無効理由以外の無効理由を回避するための訂正再抗弁」も「普及目的の訂正クレームに係る訂正再抗弁」も、類型的に全く主張自体失当である。③「無効抗弁に係る無効理由を回避するための訂正再抗弁」は、政令1号では、請求認容判決の場合であるから、全くの無意味である。④「無効抗弁に係る無効理由を回避するための訂正再抗弁」は、政令2号では、まさしく訂正再抗弁そのものであって意味はあるが、狭義民事訴訟法ロジックによっても、理論的に再審制限となるものであるし、そもそも政令2号でも再審制限が明示されている。以上、訂正再抗弁についてのものは、訂正審決確定の再抗弁についても、基本的に同様である。

　以下、少し敷衍する。

　訂正審決の再審制限の対象外（政令1号・2号の対象外）とされる前記(6)のⓐⓑの各ケース、つまり、ⓐ普及目的の（無効理由回避目的以外の）訂正（政令1号。侵害訴訟の特許権者勝訴判決の場合）およびⓑ侵害訴訟の被告（被疑侵害者）以外の第三者等の請求による無効審判における、侵害訴訟で立証されたのとは別の無効理由の回避のための訂正（政令2号。侵害訴訟の特許権者敗訴判決の場合）の場合には、そもそも、訂正再抗弁あるいは訂正審決確定の再抗弁[38]として位置付けることが困難であるため、再審は制限とはならないという論法のようである（これ以外には考え難い）[39]。したがって、かかる論法では、そもそも当該事実が前訴の要件事実にすら該当しないために、本来再審自体が問題とならない事案について、上記問題点が看過されてしまい、再審制限から漏れることとなってしまうのである。このように、要件事実に該当しない主張自体失当となる事実や前訴当時存在もしていなかった事実については、前訴では、そもそも全く主張し得なかった事実主張であるから、真正民事訴訟法ロジックの範囲外にすぎない。

　そして、かかる真正民事訴訟法ロジックによる限り、侵害訴訟の請求棄却判決確定後の、「無効抗弁に係る無効理由を回避するための訂正再抗弁」の場合以外は、全く前訴の要件事実に該当しない（あるいは、前訴当時不存在の事実である）ため、むしろより強い理由をもって、当然に再審否定なのである。政令で明示されている以外のものも、すべて、要件事実の埒外のもの（「無効抗弁に係る無効理由以外の無効理由を回避するための訂正再抗弁（または訂正審決確定の再抗弁）」「普及目的の訂正クレームに係る訂正再抗弁（または訂正審決確定の再抗弁）」[40]、政令1号における「無効抗弁に係る無効理由を回避するための訂正再抗弁（または訂正審決確定の再抗弁）」[41])[42]、あるいは、

---

38)　なお、訂正審決確定の抗弁・再抗弁であれば、前訴当時不存在の事実たる訂正審決確定の事実を対象とするものであって、前訴で主張することは、そもそもできない。前記(イ)も参照。
　　ちなみに、当初クレームαで特許付与がなされたという事実と、訂正後クレームα'にクレームを減縮する旨の訂正審決が確定したという事実は、事実自体としては両立する。このように、後者は、抗弁であり、否認等ではない。なお、クレーム減縮目的の訂正審決が確定したという事実に伴う遡及効という法的効果により、当初クレームもα'とみなされるが、訂正後クレームα'とは（この形では）一致するのであって、矛盾はしない。このように、法的効果としても、両立する（＝矛盾しない）のである。
39)　特許庁・平成23年改正解説書87頁参照。
40)　「無効抗弁に係る無効理由以外の無効理由を回避するための訂正再抗弁」「普及目的の訂正クレームに係る訂正審決」では、無効抗弁を排斥するに由なく、主張自体失当となる。無効抗弁を排斥する効力のあるのは、「無効抗弁に係る無効理由を回避するための訂正再抗弁」である。後掲〈注41〉も参照。

前訴当時はそもそも不存在の事実である訂正審決確定の抗弁・再抗弁であって、真正民事訴訟法ロジック（広義民事訴訟法ロジック）からすれば、むしろ一層強い理由をもって、再審否定となるのである。こうして、一定の解釈論を介在させるものとはいえ、結論は、特許制度小委員会報告書（原案）と同様のものとなり、実体的に極めて妥当な結論が導かれるのである。

侵害訴訟の確定判決への影響が一義的で、より深刻な無効審決（請求認容判決に対しては、無効審決は一律に結論の逆転となる）について一般的にすべて再審制限となるにもかかわらず、侵害訴訟の確定判決への影響が一義的ではなく[43]深刻さのはるかに低い訂正審決については、かえって一部について再審制限がなされないというのも、無効審決とのバランスの悪さが目立つものとなっている。

(オ) 前記(6)の@の普及目的の訂正は、実際上全くといってよいほど考え難く、机上の空論的な学校設例にすぎないと解される。訂正は、予防的なものも含めて、無効理由回避目的のものしか考え難い。実務的には、無効理由回避目的の訂正審決という実体でありながら、普及目的のものと言い立てて、再審制限を潜脱する濫用がむしろ大いに懸念される。

なお、普及目的の一部放棄部分のクレーム（請求項）部分に本件侵害訴訟のイ号物件があれば（@①のケース）、再審開始決定がなされれば、（再度の本案訴訟においては）本件侵害訴訟は、請求認容判決が請求棄却判決となるべき結果とはなる（理論上は、「普及目的の訂正クレームに係る訂正審決」確定の抗弁の主張により、クレームが狭くなり、その限度では、イ号物件捕捉範囲が狭くなるためである）。しかし、クレーム（請求項）の一部を普及目的のために訂正審決により放棄するのは、特許権者の自由ではあるが、それによって、確定司法判断の終局性（不可覆滅性）ないし法的安定性（確定判決の安定性というのは、法的安定性の根幹をなすべき枢要のものである）を害することになるのは、極めて大きな疑問があるといわざるを得ない。ちなみに、特許権の放棄＝クレーム（請求項）全部の放棄（法97条参照）であれば、遡及効はない（遡及効を肯定する理由もない）ので[44]、そもそも再審とは全く無関係である。クレーム（請求項）全部の放棄であれば、再審とは全く無関係なのに、クレーム（請求項）の一部の放棄ならば、訂正審決となって（クレーム（請求項）の一部の放棄の制度はない）、再審による確定判決の深刻な不安定性を招来するというのでは、あまりにも均衡を害しているといわざるを得ない。本当に普及を図りたいのであれば、クレーム（請求項）全体について特許権を放棄するであろうし、それであれば何ら問題もない。普及目的の訂正審決を通じてのクレーム（請求項）の一部の放棄といった、実務上全く聞いたこともない机上の空論を考えることは、全く無用な議論の混乱を招来するだけである。

（より瑕疵の深刻な）無効審決のケースが完全再審制限であること（法104条の4第1号）との深刻な不均衡の点（前記(8)(ア)参照）に加えて、（クレーム（請求項）全体についての）特許権の放棄との深刻な不均衡の点でも、普及目的の訂正審決（法104条の4第3号、政令1号の漏れ分）について再審非制限とすることの不均衡性・失当性は明らかである。

なお、普及については、自業自得ゆえに、せっかく得た勝訴判決が覆滅されてもやむを得ないという議論もあるかもしれないが、再審は、当事者間の利害調整にとどまらず、法的安定性に対する挑戦という極めて高度の公益性に係る点には大いに注意を要する。

他方で、普及目的の一部放棄部分のクレーム（請求項）部分に本件侵害訴訟のイ号物件がないのであれば（@ⅱのケース）、仮に再審開始決定がな

---

41) 「無効抗弁に係る無効理由を回避するための訂正再抗弁」は、2号では、効力を有して意味を有するが、1号では、効力を有せず、無意味である。後掲〈注42〉も参照。
42) 要件事実に該当する訂正再抗弁は、2号における「無効抗弁に係る無効理由を回避するための訂正再抗弁」だけである。
43) ①請求棄却判決については、訂正審決の影響は、訂正再抗弁の成否に係る無効抗弁排斥可能性という点で、ケースバイケースとなるのであって、一義的ではない。他方、②請求認容判決については、訂正審決確定の抗弁により、主文が請求認容判決のままか、請求棄却判決となるかは、（訂正後のクレームによるイ号の捕捉可能性に応じて）ケースバイケースとなる。
44) 一般に、特許権の放棄には、遡及効がないことは当然の前提とされているように思われる。たとえば、東京地判平20・3・31（平成18年(ワ)第11664号）（本誌40号115頁参照）は、特許権の放棄には将来効しかないことを当然の前提としているように見受けられる。

郵便はがき

料金受取人払郵便

渋谷局承認

4088

差出有効期間
平成28年7月
30日まで

（切手不要）

1508790

012

東京都渋谷区恵比寿

3－7－16

民事法研究会 行

お名前	（フリガナ）
ご住所	〒　　　　　　　　　TEL　　（　　）
	E-mail:　　　　　　　□メルマガ（新刊案内）希望
ご職業	

※個人情報の取扱い　ご記入いただいた個人情報は、お申込書籍の送付および小会の書籍のご案内等のほかには利用いたしません。□DM不要

書名		読 者 カード

●本書を何によってお知りになりましたか。
- 日経新聞広告
- 新聞(新聞名　　　　　　)
- 雑誌(雑誌名　　　　　　)
- 書店(書店名　　　　　　)
- ホームページ(小会以外)
- 知人・友人
- 小会ホームページ
- その他(　　　　　　)

●本書をどのようにご購入されましたか。
- 書店(書店名　　　　　　)
- 直接小会から
- インターネット書店(書店名　　　　　　)
- 贈呈
- その他(　　　　　　)

●本書についてのご感想をお聞かせください。
- 内容は、　　(良い　まあまあ　不満)
- デザインは、(良い　まあまあ　不満)
- 定価は、　　(安い　普通　高い)

●本書以外に小会の書籍をお読みになられていますか。
- 読んでいる
- 読んでいない

●本書のご購入の動機をお教えください。
- 実務上
- 一般教養として
- 試験のため
- プレゼント用に
- 人に勧められて
- その他(　　　　　　)

●本書に対するご意見や、出版してほしい企画等お聞かせください。

■ご協力ありがとうございました。

書籍お申込書	申込日　　年　　月　　日	
書名		冊
書名		冊

最新の図書目録は小会ホームページ www.minjiho.com でご覧いただけます。

新刊のご案内

2015年6月
(2015年1月～2015年6月刊行分)

民事法研究会

http://www.minjiho.com/

【最新の図書目録はホームページ上でダウンロードできます】

話題の新刊・近刊

6月刊 実務的な内容を大幅増補し、勝つための戦術を新規収録して改訂!

実戦民事訴訟の実務〔第5版〕（『実務民事訴訟法』改題）

A5判・621頁・定価 本体4700円+税　中央大学法科大学院教授・弁護士 升田 純 著

6月刊 社会の変化や法令・判例の最新動向等を織り込み改訂!

キーワード式消費者法事典〔第2版〕

A5判・514頁・定価 本体4200円+税　日弁連消費者問題対策委員会 編

6月刊 スポーツ庁設置法成立! 最新の判例・規定等を反映!

Q&Aスポーツの法律問題〔第3版補訂版〕——プロ選手から愛好者までの必修知識——

A5判・309頁・定価 本体2400円+税　スポーツ問題研究会 編

6月刊 基礎知識から実務上の指針までを50を超す豊富な書式例を交えて詳解!

現代債権回収実務マニュアル❷ 裁判手続による債権回収——債務名義の取得・保全手続——

A5判・353頁・定価 本体3200円+税　虎門中央法律事務所 編

6月刊 監護・教育、財産管理などの後見人の実務指針を示す!

未成年後見の実務——専門職後見人の立場から——

A5判・221頁・定価 本体2400円+税　日本司法書士会連合会 編

6月刊 実務と手続の流れを詳細に解説した法人後見実務の必携書!

法人後見実務ハンドブック

A5判・104頁・定価 本体1300円+税　池田惠利子・冨永忠祐・小嶋珠実・田邉仁重・新保 勇 著

6月刊 選手との契約や紛争、ドーピング、興行、肖像権等の必須知識が満載！

スポーツ法務の最前線 ―ビジネスと法の統合―

Ａ５判・307頁・定価 本体2600円＋税　エンターテインメント・ロイヤーズ・ネットワーク 編

6月刊 民事再生法施行規則、事業再生ＡＤＲ手続規則等を新たに収録！

コンパクト倒産・再生再編六法2015 ―判例付き―

Ａ５判・693頁・定価 本体3400円＋税　編集代表 伊藤 眞・多比羅誠・須藤英章

5月刊 障害者権利条約をめぐる議論等、最新動向を織り込み改訂！

専門職後見人と身上監護〔第３版〕

Ａ５判・347頁・定価 本体3000円＋税　　　　　　　　上山 泰 著

5月刊 斯界に名を馳せる研究者・実務家による34本の珠玉の論文集！

会社法・倒産法の現代的展開 今中利昭先生傘寿記念

Ａ５判上製・852頁・定価 本体12000円＋税　編集代表 田邊光政

5月刊 被害の予防と救済について、Ｑ＆Ａ方式でわかりやすく解説！

消費者のための住宅リフォームの法律相談Ｑ＆Ａ

Ａ５判・207頁・定価 本体1800円＋税　日弁連消費者問題対策委員会 編

5月刊 弁護士が依頼者や関係者の人生に寄り添う重みを綴った日記！

弁護士日記 すみれ ――人に寄り添う

Ａ５判・286頁・定価 本体1400円＋税　　　　　　　　四宮 章夫 著

5月刊 基礎知識から、申立書記載例・作成上のポイントまで網羅的に解説！

離婚調停・遺産分割調停の実務 ―書類作成による当事者支援―

Ａ５判・486頁・定価 本体4400円＋税　　日本司法書士会連合会 編

5月刊 「裁判外の解決」の章を新設し、手続と実務上の留意点を網羅！

建物明渡事件の実務と書式〔第２版〕―相談から保全・訴訟・執行まで―

Ａ５判・525頁・定価 本体4500円＋税　大阪青年司法書士会 編

民事法研究会が誇る好評シリーズ

裁判事務手続講座

1. 書式　不動産執行の実務〔全訂10版〕・・・・・・・・・・・5,900円
2. 書式　債権・その他財産権・動産等執行の実務〔全訂13版〕・・8,800円
3. 書式　家事事件の実務〔全訂10版〕・・・・・・・・・・・・5,200円
4. 書式　民事訴訟の実務〔全訂九版〕・・・・・・・・・・・・5,400円
5. 書式　支払督促の実務〔全訂九版〕・・・・・・・・・・・・5,500円
6. 書式　民事保全の実務〔全訂五版〕・・・・・・・・・・・・5,400円
7. 書式　個人破産の実務〔全訂四版〕・・・・・・・・・・・・3,100円
8. 書式　和解・民事調停の実務〔全訂八版〕・・・・・・・・・6,800円
9. 書式　本人訴訟支援の実務〔全訂六版〕・・・・・・・・・・3,900円
10. 書式　借地非訟・民事非訟の実務〔全訂四版〕・・・・・・・4,700円
11. 書式　代替執行・間接強制・意思表示擬制の実務〔第五版〕 4,100円
12. 書式　会社非訟の実務（改訂中）・・・・・・・・・・・・予3,500円
13. 書式　少額訴訟の実務〔全訂四版〕・・・・・・・・・・・・5,400円
14. 書式　告訴・告発の実務〔第四版〕・・・・・・・・・・・・4,100円
15. 書式　民事再生の実務〔全訂四版〕・・・・・・・・・・・・6,500円
16. 書式　意思表示の公示送達・公示催告・証拠保全の実務〔第六版〕・・2,900円
17. 書式　民事執行法上の保全処分の実務〔第二版〕・・2,300円
18. 書式　個人再生の実務〔全訂五版〕・・・・・・・・・・・・5,000円
19. 書式　会社更生の実務・・・・・・・・・・・・・・・・・・4,300円
20. 書式　手形・小切手訴訟の実務〔全訂二版〕・・・・・・・・3,300円
21. 書式　成年後見の実務〔第二版〕・・・・・・・・・・・・・3,500円
22. 書式　行政訴訟の実務〔第二版〕・・・・・・・・・・・・・3,900円
23. 書式　人事訴訟の実務・・・・・・・・・・・・・・・・・・4,300円

専門訴訟講座

1. 交通事故訴訟（改訂中）・・・・・・・・・・・・・・・・予7,500円
2. 建築訴訟〔第2版〕・・・・・・・・・・・・・・・・・・・8,500円
3. 保険関係訴訟・・・・・・・・・・・・・・・・・・・・・・6,800円
4. 医療訴訟・・・・・・・・・・・・・・・・・・・・・・・・6,600円
5. 不動産関係訴訟・・・・・・・・・・・・・・・・・・・・・7,200円
6. 特許訴訟〔上・下〕・・・・・・・・上巻7,700円・下巻6,800円
7. 会社訴訟・・・・・・・・・・・・・・・・・・・・・・・・8,500円
8. 倒産・再生訴訟・・・・・・・・・・・・・・・・・・・・・5,700円

事業再編シリーズ

1. 会社分割の理論・実務と書式〔第6版〕・・・・・・・・・・5,600円
2. 会社合併の理論・実務と書式〔第2版〕・・・・・・・・・・5,100円
3. 事業譲渡の理論・実務と書式〔第2版〕・・・・・・・・・・2,800円
4. 株式交換・株式移転の理論・実務と書式・・・・・・・・・・3,300円

わかりやすい紛争解決シリーズ

1. わかりやすい労働紛争解決の手引〔第2版〕・・・・・・2,200円
2. わかりやすい物損交通事故紛争解決の手引〔第3版〕〔改訂中〕予3,400円
3. わかりやすい敷金等返還紛争解決の手引〔第2版〕・・2,300円
4. わかりやすい貸金・保証関係紛争解決の手引・・・・・・・・2,300円
5. わかりやすい消費者信用関係紛争解決の手引・・・・・・・3,000円
6. わかりやすい不動産登記関係紛争解決の手引・・・・・・・1,600円

市民後見人養成講座

第1巻 成年後見制度の位置づけと権利擁護・・・・・・2,100円
第2巻 市民後見人の基礎知識・・・・・・・・・・・・・・・・・・・2,600円
第3巻 市民後見人の実務・・・・・・・・・・・・・・・・・・・・・・・1,700円

事例に学ぶシリーズ

❶ 事例に学ぶ行政訴訟入門・・・・・・・・・・・・・・・・・・・・・・2,300円
❷ 事例に学ぶ刑事弁護入門・・・・・・・・・・・・・・・・・・・・・・1,905円
❸ 事例に学ぶ離婚事件入門・・・・・・・・・・・・・・・・・・・・・・2,800円
❹ 事例に学ぶ保全・執行入門・・・・・・・・・・・・・・・・・・・・2,300円
❺ 事例に学ぶ建物明渡事件入門・・・・・・・・・・・・・・・・・・2,300円
❻ 事例に学ぶ債務整理入門・・・・・・・・・・・・・・・・・・・・・・3,600円
❼ 事例に学ぶ成年後見入門・・・・・・・・・・・・・・・・・・・・・・2,200円
❽ 事例に学ぶ相続事件入門・・・・・・・・・・・・・・・・・・・・・・3,000円

新担保・執行法講座

1. 〈第1巻〉〔総論, 抵当権の設定, 抵当権者の権利実現〕・・・・予4,000円
2. 〈第2巻〉〔抵当権者の権利実現(承前), 抵当権と倒産手続〕予3,700円
3. 〈第3巻〉〔抵当権の目的物, 抵当権の処分等, 根抵当権〕・・・・4,000円
4. 〈第4巻〉〔動産担保・債権担保等, 法定担保権〕・・・・・・・・・3,700円

●お申込み・お問合せ先●

(営業)TEL 03-5798-7257 FAX 03-5798-7258
〒150-0013 東京都渋谷区恵比寿3-7-16

※書籍の価格はすべて本体価格(税抜)の表示となっております。

※ご注文は、最寄りの書店へご注文いただくか、または小会へ直接ファクシミリにてご注文ください(直接のご注文には送料実費がかかります)。

http://www.minjiho.com/

知的財産権

Law & Technology

バイオ・環境・情報 科学技術と法を結ぶ専門情報誌

本誌は、知的財産権・バイオ・環境・情報・科学技術と法を結ぶわが国唯一の専門情報誌です。実務で知りたい最新テーマの論説・判例をいち早くお届け。弁護士・弁理士、企業の知財・法務部関係者などの実務家、研究者、行政関係などの必備の書として、ご利用下さい。

本誌は書店でもご購入いただけます。お近くの書店にてお求めまたはご注文ください。または、弊社へ直接年間購読をお申込みください。

年間購読者限定 電子版配信中

知財実務に役立つ実践的手引書

実践 独占禁止法入門 2015年9月刊行予定

独禁法の理念、基本的な概念をはじめ、要件・効果、論点を網羅的に解説した入門書！

（A5判・約350頁・予価 本体3200円＋税）

酒井紀子 著

独占禁止法の意見聴取手続および抗告訴訟の実務

2015年4月施行の改正法・意見聴取規則等に対応した実務解説書！新手続に対応した書式も収録。

（A5判・206頁・定価 本体2500円＋税）

弁護士 井上 朗 著

実務 審決取消訴訟入門［第2版］

平成23年改正特許法施行後の最新実務を、経験豊富な実務家が簡潔・具体的に解説！

（A5判・323頁・定価 本体3000円＋税）

片山英二 監修
阿部・井窪・片山法律事務所 編

新・不正競業訴訟の法理と実務 ―最新の判例・学説に

不正競争行為の類型ごとに要件事実、主張・立証活動の要点、学説、判例の射程を分析・検証し、実務指針を明示！

地域密着型の司法サービスを提供する弁護士知財ネット会員による叡智を結集した知財実務書の集大成！

実践 知財ビジネス法務 —弁護士知財ネット 設立5周年記念—

弁護士知財ネット 編

（A5判・688頁・定価 本体4800円＋税）

知的財産法の必須知識から実務での活用方法まで、わかりやすく、かつ実践的な視点で簡潔に教示！

よくわかる！知的財産法実務入門［第2版］ —特許・著作権・独禁法・営業秘密・デザイン—

弁護士 矢野千秋 著

（A5判・319頁・定価 本体2700円＋税）

企業の財産である「情報」の管理を豊富な書式を交え解説した決定版！必備の書式35例付！

企業情報管理実務マニュアル —漏えい・事故リスク対応の実務と書式—

長内 健・片山英二・服部 誠・安倍嘉一 著

（A5判・442頁・定価 本体4000円＋税）

2015年1月施行の改正著作権法に対応し、出版権制度と契約文例を出版実務に即して改訂！

電子書籍・出版の契約実務と著作権［第2版］

弁護士 村瀬拓男 著

（A5判・232頁・定価 本体2100円＋税）

発行 民事法研究会

〒150-0013 東京都渋谷区恵比寿3-7-16
（営業）TEL 03-5798-7257　FAX 03-5798-7258
http://www.minjiho.com/　info@minjiho.com

ぜひ購読をしりドナーで旋快する!!-ビス活用してくださる!

年間購読料 8,229円（税・送料込）

年4回（1月・4月・7月・10月）発売

B5判・平均130頁　毎号 定価 2,057円～2,376円（税込）

▶お申込みはFAXにても承っております。
FAX 03-5798-7258

申込書

| | | 申込日 | 平成　年　月　日 |

- 年間購読のお申込みは弊社へ直接お申込みください。
- バックナンバーの1～46号は品切です。あらかじめご了承ください。

Law & Technology No. _____（から年間購読）　____部

Law & Technology No. _____（バックナンバー）　____部

その他の書籍名

本申込書で送料無料になります
※弊社へ直接お申込みの場合にのみ有効です。

※請求書名義
□書名義

フリガナ
送付先（〒　　　－　　　）
住所

フリガナ
会社名

フリガナ
氏名（担当者名）

TEL.（　　　）　　　－　　　　　内（　　　）
FAX.（　　　）　　　－
Email（　　　　　　　　　　　　　）

□メルマガ（新刊案内）希望

※個人情報の取扱い　ご記入いただいた個人情報は、お申込書等の送付および小会の書籍等のご案内等のみに利用いたします。
※レ点をお付けください。請求書名義のご指定のない場合は、「氏名」欄の名義を請求書名義といたします。

発行 ㊎ **民事法研究会**

〒150-0013　東京都渋谷区恵比寿3-7-16
（営業）TEL. 03-5798-7257　FAX. 03-5798-7258
http://www.minjiho.com/　info@minjiho.com
（書店 1507）

されたとしても、本件侵害訴訟は、請求認容判決のままであって、変わることもない。この意味で、再審（開始決定）は全く無意味である。上記の⒜ⅰのケースが、仮に再審開始決定がなされれば、結論（本件侵害訴訟主文）が変わり得るが、再審を肯定すること自体が不当であるというレヴェルの問題であるのに対して、この⒜ⅱのケースでは、再審自体が全くの無駄であるというレヴェルの問題である[45]。

　⒞　前記(6)の⒝についても当該侵害訴訟判決確定後に同訴訟の無効抗弁の理由以外の無効理由を回避するための訂正審決が確定したという一事をもって、同訂正審決の遡及効を無制限に肯定して、当該侵害訴訟の確定判決の効力を覆滅させるのが司法判断の終局性ないし法的安定性の見地から妥当といえるかは大いに疑問といえる。訂正審決の遡及効を（無制限に）貫徹することだけを不当に重視すべきではない。

(9)㋐　無効手続と侵害訴訟手続との関係については、次のα・βという二つの型の法制が（理念型的に）考えられる。これらのα・βのいずれも一貫性のある法制度である。

　α　無効手続優先型：①無効抗弁否定＝無効手続排他性肯定。②再審非制限。──ドイツ型法制[46]
　β　無効手続非優先型＝無効手続・侵害訴訟手続同次元型：①無効抗弁肯定＝無効手続排他性否定。②再審制限。──非ドイツ型法制

　しかし、①無効抗弁を肯定しつつ、かつ②再審を非制限とする（平成16年改正以降平成23年改正までの間の法制と漠然と一般に感じられてきたもの）のは、司法判断の終局性に反する（侵害裁判所は、特許無効についての暫定的判断権限しか有しないこととなってしまう）法制度と解される。これに対して、平成23年改正以降は、上記βの無効手続非優先型として、一貫し徹底したものであって、妥当な制度といえる。

　なお、侵害訴訟判決確定後に、無効審決等が確定する場合に、再審を肯定すべきであるという価値判断に本当に立つのであれば、そもそも、平成16年改正前のドイツ型法制に戻り、侵害訴訟における無効抗弁自体を否定すべきである。侵害訴訟における無効抗弁自体を肯定しながら、再審は肯定するのは、一貫性に欠ける[47]。

　㋑　無効な特許権については無効攻撃（主張）の機会を適切に付与するというのはもちろん重要であるが、無効抗弁という形で無効攻撃の機会が付与される以上、民事訴訟で認められる以上の過剰な形で無効攻撃の機会を与えて、反面、相手方当事者たる特許権者の手続法的地位を不当に害するようなことは決してあってはならない。この点では、平成16年改正以降の平成23年改正までの「中間期」において、かかる難点は否定できなかったように思われる。

　侵害訴訟判決の再審制限という問題の眼目は、無効抗弁が可能なことを前提とした上で、当該侵害訴訟について、無効の主張を、当該侵害訴訟中に限るか、無効審決を介して、当該侵害訴訟認容判決確定後にも再審を通じて後出し的に認めるべきかの問題である。上記のように正しく問題設定する限りは、（民事訴訟の本質からして）再審制限しかあり得ないものと解される。この点は、訂正についても同様である。

　㋒　平成16年改正ですでに非ドイツ型の明示の方向に大きく舵が切られたのである。これと本質的に連動して再審制限も当然に一体となって肯定されるべきものである。前述のとおり平成16年改正は歴史の必然であったが、これに連動して平成23年改正も歴史の必然であったのである。平成16年改正と平成23年改正との間の「中間期」におい

45）　ちなみに、政令1号における「無効抗弁に係る無効理由を回避するための訂正クレームに係る訂正審決」は、「無効抗弁に係る無効理由を回避するための訂正再抗弁」成立ゆえに請求認容となったケースであれば、「無効抗弁に係る無効理由を回避するための訂正クレーム」で同じクレームであり、（再審開始決定後の再度の本案訴訟において、「無効抗弁に係る無効理由を回避するための訂正クレーム」に係る訂正審決確定の抗弁を仮に主張したとしても）ィ号捕捉性が変わることは考え難く、再審に意味が極めて乏しい。
46）　ドイツ型（無効抗弁否定）でも、無効審決確定の抗弁を前侵害訴訟で提出できたのにしなかったと考えられるのであれば、狭義民事訴訟法ロジックによって再審制限となる可能性もあり得るともいえるのであって、この意味では、ドイツ型（無効抗弁否定）からは必ず論理必然的に再審肯定が導かれるともいい切れない面もあるのではあるが、ただ、ドイツ型（無効抗弁否定）と再審肯定との間には、前記の理由（侵害訴訟裁判所の特許無効判断権限の否定）で、自然的親和性（natural affinity）があるとはいえよう。
47）　小島喜一郎「特許権侵害をめぐる訴訟と審判の交錯──特許権侵害訴訟判決の再審を中心として」日本工業所有権法学会年報35号（2011）57頁参照。

ては、再審制限の明示がなかったことによる混乱状態があったにすぎない。ただ、かかる混乱状態も、平成23年改正により克服済みである。

なお、一般的には、平成16年改正も、平成23年改正も、創設規定と解する考え方の方が強かったようであるが、私見では、前記3(1)のとおり、平成16年改正前でもドイツ型法制と解する可能性を肯定するため、無効抗弁を解釈論上肯定することも十分に可能であり、また、無効審決・訂正審決の遡及効を合理的な範囲（つまり、確定判決が対象とする法律関係については、遡及効の対象外とする）に制限することによる再審制限も、解釈論上十分に可能であった（すなわち、平成16年改正も平成23年改正も確認規定であり、創設規定ではない）と解される。法125条等の文言上、無制限的遡及効と明示されているわけでも決してないのであって、合理的範囲での遡及効制限を読み込んで合理的に解釈する余地も、実は十二分に存したのである。

(10)(7) さらに、審決取消訴訟判決の再審制限は、平成23年改正からは漏れた問題である。審決取消訴訟について、再審の点が問題となるのは、具体的には、以下のような場合である[48]。

① （クレームαについての）無効不成立審決取消訴訟請求棄却（＝維持）判決確定後の、訂正審決確定（クレームα→α'）、
② （クレームαについての）無効不成立審決取消訴訟請求認容（＝取消）判決確定後の、訂正審決確定（クレームα→α'）[49]、
③ （クレームαについての）無効審決取消訴訟請求認容（＝取消）判決確定後の、訂正審決確定（クレームα→α'）[50]、
④ （クレームβ→β'）の訂正不成立審決取消訴訟請求棄却（＝維持）判決確定後の、無効審決確定、
⑤ （クレームβ→β'）の訂正不成立審決取消訴訟請求認容（＝取消）判決確定後の、無効審決確定[51]

上記①〜⑤については、いずれについても、仮に、無効審決・訂正審決の無制限的遡及効を前提とするのであれば、

ⓐ 民事訴訟法338条1項8号の該当性は否定できない（①②③については、判決の基礎となる行政処分は、クレームαの特許権を生む特許処分であるが、これが、後の行政処分である訂正審決により、（内容的に）変更されたこと（α'の特許権を生む特許処分というように内容的に変更されたこと）は否定できない。また、④⑤については、判決の基礎となる行政処分は、特許権を生む特許処分であるが、これが、後の行政処分である無効審決により、（内容的に無効な特許権を生む特許処分へと）変更されたことも否定できない）上に、

ⓑ 後の訂正審決や無効審決の無制限的遡及効により、確定判決の対象となる法律関係についても、訂正や無効の効果が（遡及的にも）及ぶのであれば、実質的にも、このような遡及的訂正（①②③。クレームα'への変更）や遡及的無効（④⑤）に基づき、審決取消訴訟裁判所は、判断すべきであったということになるのに、実際には、そのように判断しなかった（①②③については、訂正の遡及効により、α'について判断すべきであったということになるのに、実際には、αについて判断してしまった。④⑤については、無効の遡及効により、いずれも、訂正不成立審決取消訴訟は、不適法却下とすべきであったとされることになるにもかかわらず、実際には、却下せずに、実体判断してしまったこととなる）ということで、確定判決を覆すべきということとなってしまうのである。

---

[48] 前掲〈注29〉・産業構造審議会知的財産政策部会第33回特許制度小委員会議事録（2010年11月30日）18頁〜21頁の審決取消訴訟の再審に関する筆者（委員長）発言部分も参照。
[49] なお、上記②については、最終的に無効審決確定となるのであれば、（訂正審判等は不適法却下となるのであって）訂正審決（確定）という事態自体があり得ないこととなるが（前掲最三小判昭59・4・24〔耕耘機に連結するトレーラーの駆動装置事件〕参照）、常にそうなるわけではないので、②のケースもあり得る。
[50] なお、（クレームαについての）無効審決取消訴訟請求棄却（＝維持）判決確定後の、訂正審決確定（クレームα→α'）というケースは、無効審決確定により、訂正審判請求等が不適法却下となり（前掲最三小判昭59・4・24〔耕耘機に連結するトレーラーの駆動装置事件〕参照）、そのため、訂正審決（確定）という事態自体があり得ないこととなり、かかるケースの発生自体があり得ないので、検討しないこととする。
[51] なお、訂正（成立）審決に対する審決取消訴訟は考え難いので、検討しないこととする。

(イ)　審決取消訴訟については、このようなおよそ荒唐無稽というしかない帰結となってしまうのも、やはり、確定判決の対象となる法律関係についてまで漫然と、（無制限的）遡及効を及ぼしてしまうことに起因するものと思われる。

以上のように、平成23年改正前の前記法制（無制限的遡及効）は、審決取消訴訟については、平成16年改正前から、侵害訴訟については、平成16年改正以降、問題を内包するものである。よって、このような無制限的遡及効は否定して、（確定判決の定型的な再審取消しといった法的安定性ないし司法判断の終局性を著しく毀損するような過剰な遡及効を制限して）合理的な範囲の遡及効にとどめるべきものと解される。

審決取消訴訟では、そもそも、当然のことながら、無効抗弁も訂正再抗弁も全く要件事実ではなく、全くの主張自体失当である。また、無効審決確定の事実・訂正審決確定の事実も、本稿で対象としている事案では、審決取消訴訟の段階ではいまだ不存在である。この点（要件事実ではなく、主張自体失当、あるいは、当時不存在の事実）からすると、審決取消訴訟一般について、広義民事訴訟法ロジックからして、審決確定を理由とする再審は、否定である。当時不存在の事実については、前記(8)(イ)も参照。なお、判決確定後の審決確定は、当然のことながら、訴訟係属中の要件事実ではない。

侵害訴訟については、再審肯定かどうかは、価値判断の差異があり得ようが（ドイツ型立法政策ならば、むしろ再審肯定と自然的親和性を有するもののように見受けられる）、審決取消訴訟については、再審肯定の見解は（まず）考え難いと思われる。

侵害訴訟は、要件事実前提型に対して、審決取消訴訟は、要件事実埒外型（無効抗弁・訂正再抗弁は要件事実ではない）であるという差異は無関係ではないと思われる。要件事実前提型ゆえ、議論の余地があり得るというだけであって、要件事実埒外型は、そもそも単なる主張自体失当にすぎず、主張自体失当の事由に基づく再審など背理である。この意味で、誰しも荒唐無稽と考えるのも当然であろう。

(11)　ライセンス料支払請求訴訟については、①無効審決確定・訂正審決確定がライセンス料支払請求権に影響を与えるという見解[52]に立つのであれば、侵害訴訟と基本的に同様となる。すなわち、無効審決確定・訂正審決確定ともに、再審制限となる。他方で、②無効審決確定・訂正審決確定がライセンス料支払請求権に影響を与えない（特許権が無効でも事実上の独占状態はあるということで、それの不行使の対価としての契約上の請求権たるライセンス料支払請求権は肯定される）という見解に立つのであれば、無効審決確定・訂正審決等確定は、ライセンス料支払請求訴訟については、全く無関係となるのであって、より強い理由をもって再審も再審制限も無関係となる。以上のように、上記の点について、①②のいずれの見解に立つにせよ、いずれにしても、全く別の理由によるものではあるが、結局は、結論として再審制限となるのである[53]。

(12)　侵害訴訟の上告審係属中における審決確定を理由とする破棄制限は、平成23年改正の再審制限の次の段階の問題である。

侵害訴訟の上告審係属中については、平成23年改正においては、再審制限に重点をおいたため、遡及効（の主張）の制限の明示的な対象とはされ

---

52)　無効審決確定がライセンス料支払義務に影響を与えるか否か（ライセンス料支払義務が否定されるか否か）の点については、争いがあるようであるが、このような形ではあまり明示的には論じられず、関連論点である、無効審決確定の場合における支払済みライセンス料の返還義務（不当利得）の肯定・否定の問題として論じられることが一般的のようである。後者の論点に関する肯定説、否定説等の対立についてのごく簡単な概観としては、吉田和彦「判批」特許判例百選〔第3版〕(2004) 207頁、才原慶道「特許の無効と既払実施料の返還の要否」商学討究59巻1号 (2008) 86頁〜87頁等を参照。本文上記のとおりなので、後者の論点自体に立ち入ることは避けたい。
53)　ちなみに、本文上記に類似する面もあるものとして、無効理由が相当の対価額の算定に影響するか否かについては、中山信弘＝小泉直樹編『新・注解特許法上巻』（青林書院・2011）561頁〜562頁〔飯塚卓也＝田中浩之〕、永野周志『企業と研究者のための職務発明ハンドブック』（経済産業調査会・2009）179頁〜187頁等参照。①無効審決確定が、相当対価請求権に全く影響を与えないとすれば、相当対価請求訴訟についての再審否定は明らかであろう。②無効審決確定が、相当対価請求権を完全に否定とすれば、前記侵害訴訟と基本的に同様の議論となり、これと同様の理由で、再審否定となろう。③無効審決確定が、相当対価請求権を部分的に否定とすれば、②の勿論解釈によって、再審否定となろう。すなわち、完全否定でさえも再審否定なのであって、部分的否定は、勿論解釈的にましていわんや再審否定となろう。以上のように、上記①②③のいずれの見解に立つとしても、結局は、結論として、相当対価請求訴訟についての再審否定となろう。

なかったが、無効審決・訂正審決についての再審制限（の明示）に連動して、侵害訴訟の上告審係属中における無効審決・訂正審決の確定の場合にも、再審肯定を前提とする（私見では、再審制限の平成23年改正も確認規定にすぎないので、こう解する必然もないのではあるが、その点はさておき）平成23年改正前とは異なり、侵害訴訟判決の破棄が否定されると解されるので、大いに注意を要する。

再審事由は、判決に影響を及ぼすことが明らかな法令の違反（民事訴訟法325条2項）に該当すると理解されている[54]から、従前は、事実審口頭弁論終結後判決確定前に無効審決・訂正審決が確定した場合は破棄判決がされていた[55]。しかるに、法104条の4は、上告審について直接に規定するものではないが、無効審決が確定した事実は再審において主張できないのであるから、侵害訴訟の上告審においても、無効審決が確定したという事実は、破棄理由とならず、また、侵害訴訟における上告理由または上告受理申立理由ともならないと解するのが相当であると思われる[56]。この点は、訂正審決についても同様である。

侵害訴訟における確定判決が対象とする法律関係だけでなく、法律審（上告審）係属中の判決が対象とする法律関係も、遡及効の制限対象とする旨を明示する立法が考えられ、そうであれば、無効審決・訂正審決の遡及効が及ばないため、無効審決・訂正審決が確定しても、上告審係属中の判決も、破棄とはならないが、これとは別に、上記のような明示立法がなくても、再審制限（明示）に連動する形での前記の解釈論が考えられるのである。

そもそも、遡及効制限ないし遡及効主張制限により、無効審決・訂正審決確定の事実は、再審事由ではなくなり、単なる抗弁事実となったといえる[57]。また、遡及効も（前記のような合理的な制限に服することとなったのであり）絶対的なものではなくなっている。抗弁事実であれば、基準時たる事実審口頭弁論終結時までに提出するのが大原則であり、この大原則を左右するほどの根拠は見出し難いように思われる。私見では、端的に、遡及効自体の制限によるべきであり、遡及効の主張の制限や審決確定の事実の主張の制限といった迂遠な構成には反対であるが、その点はさておき、法104条の4でも、審決確定は主張の対象たることが明示されていること自体は大いに注目される。審決確定の事実自体は、抗弁にすぎないことを法が明確に認めるものといえよう。その上、平成23年改正以降も、平成26年改正[58]による、異議との峻別や無効審判請求人適格の民事化（非公益化）により、無効審決の民事化私法化はますます強化されている（後記5(2)(オ)参照）。

以上の点は、結果的には、侵害訴訟における無効審決・訂正審決の遡及効の制限を、再審のみならず、上告審係属中にまで肯定するのと同様の帰結となっている。条文上もこれを明示すれば、更によかったと思われるが、当時は、そこまでの余力はなかったのが実情である。ただ、条文上の侵害訴訟の再審制限明示に連動して、侵害訴訟の上告審係属中における無効審決確定の抗弁や訂正審

---

54) 鈴木正裕＝鈴木重勝編『注釈民事訴訟法(8)』（有斐閣・1998）254頁〔松本博之〕、菊井維大＝村松俊夫『全訂民事訴訟法Ⅲ』（日本評論社・1986）371頁、兼子一ほか『条解民事訴訟法〔第2版〕』（弘文堂・2011）1614頁〔松浦馨＝加藤新太郎〕。

55) 最三小判昭46・4・20集民102号491頁（侵害訴訟の上告審係属中に無効審決が確定した事案）、最三小判昭60・5・28集民145号73頁〔電気掃除機事件〕（審決取消訴訟の上告審係属中に訂正審決が確定した事案）、最三小判平3・3・19民集45巻3号209頁〔クリップ事件〕（同）、最二小判平15・10・31集民211号325頁（本誌23号68頁参照）〔窒化ガリウム事件〕（取消決定取消訴訟の上告審係属中に訂正審決が確定した事案）、最三小判平17・10・18集民218号79頁（本誌31号78頁参照）〔クリーニングファブリック事件〕（審決取消訴訟の上告審係属中に訂正審決が確定した事案）。

56) 飯村・前掲〈注26〉105頁参照。三村量一「平成23年改正特許法の下における特許関係訴訟のあり方」日本工業所有権法学会年報35号（2011）209頁も同旨。髙部眞規子「平成23年特許法改正後の裁判実務」本誌53号（2011）26頁～27頁も留保は付されているが、基本的には、同様の方向性と思われる。

　なお、現行法では、最高裁判所への上告を基礎付ける事由が、憲法違反（民事訴訟法312条1項）および絶対的上告理由（同条2項）に限定されたため、絶対的上告理由と重なる再審事由（同法338条1項1号ないし3号）以外の再審事由が、最高裁判所への上告を基礎付ける事由になるかについては争いがあるが、私見では、無効審決が確定した事実は、破棄事由にすらならないのであるから、いずれの立場に立つにせよ、上告理由および上告受理申立理由にもならない。

57) 三村・前掲〈注56〉209頁も同旨。

58) 平成26年改正のための審議を行った産業構造審議会知的財産政策部会（現：知的財産分科会）特許制度小委員会での審議には、委員長として関与する機会を得た。

決確定の抗弁の提出（主張）の遮断（非許容）が当然に導かれるのである。この点は、平成23年改正の大きな意義であり、平成16年改正以来の非ドイツ型（明示）の方向性の必然の結果といえる。上記は、むしろ、民事訴訟の本来の大原則に立ち返ったものといえる。そして、民事訴訟たる侵害訴訟の適正妥当な運営としても、訴訟資料は事実審基準時までに提出しなければならないという大原則を（無効審決確定の抗弁や訂正審決確定の抗弁・再抗弁を含めて）遵守する方がはるかに望ましいと解される。

ちなみに、最一小判平20・4・24民集62巻5号1262頁（本誌41号122頁参照）〔ナイフの加工装置事件〕は、平成23年改正前の旧法事案である点には、十分に注意を要しよう。すなわち、再審制限明示立法ではない立法（平成23年改正前）が大前提となっている。よって、再審制限明示の平成23年改正後の現行法ではなお一層強い理由をもって侵害訴訟の上告審での破棄否定となるのである。

5　特許無効の今後

(1)(ア)　そもそも、特許無効の手続加味必要性ないし非純粋実体性が顕著である。特許無効は、純粋実体的に決せられるものでは決してない。①特許無効は、出願の早遅、クレームの広狭、開示の十分性等の各種手続的要素によって大きく左右される。また、②特許無効は、訂正可能性という高度な手続的要件とは表裏一体の関係に立つものであって、訂正可能性の有無にも大いに影響を受ける。③冒認は、本来的には、権利帰属たる主観的問題であって、客観的実体とは無関係である。そして、冒認の救済については、民事的な取戻請求権（法74条で明示された）が出発点である。他方、冒認理由の無効審判請求は、立法政策的な付加的・選択的な救済手段にすぎない[59]。

そもそも、純粋実体的／純粋技術的な特許無効観・特許観はあり得ないといえる。

(イ)　手続的特許無効観からすれば、各手続ごとに特許無効の成否の帰結が区々となり得ることはむしろ想定内のものにすぎないのであって、背理ではない。また、私権の通例からしても、むしろ、各帰結が区々となり得ることは当然想定範囲内である[60]。したがって、かかる帰結が区々となる結果を解消するための再審などは全く不要・無用である。

また、上記の手続的考慮性からすると、過剰遡及効禁止の原則が導かれる。仮に純粋実体性であるとすれば、無制限的遡及効となるのかもしれないが、そもそも、これとは本質的に異なるのである。

特許（権）に関しても、侵害訴訟等の民事訴訟は専ら裁判所が、判断機関である。それ（侵害訴訟等の民事訴訟）以外は、特許庁が第一次的判断機関（下級審）であり、裁判所が最終的判断機関（上級審）である[61]。

ちなみに、ドイツ法では、無効訴訟の認容確定判決により、侵害訴訟認容確定判決が再審で覆滅されるにすぎない[62]。すなわち、確定判決による確定判決の覆滅にとどまる。確定判決の覆滅という点では、決して望ましくないが、確定判決を理由とするということで、まだしもかろうじて許容範囲内といえる。しかるに、日本法では、無効審決という行政処分の確定による確定判決の覆滅であり、本来、明らかに許容範囲外である。日独両法制の本質的差異を十分に正解することが不可欠である。ドイツでは、再審が肯定されていること[63]自体は間違いではないが、このことについて、上記背景的相違を看過して表面的に理解しようとするのは、危険である。

やはり、私権については、民事訴訟の中で自己完結的かつ終局的に処理するのが本筋であると解される。これこそが司法判断（その典型たる判決）の終局性にも合致するのである。確定判決の帰結が、（生理現象的に）再審取消しにより永遠に覆滅

---

59) 以上につき、拙稿「冒認出願に係る救済」大渕哲也ほか編『特許訴訟上巻』（民事法研究会・2012）58頁、拙稿・工所法110頁、122頁参照。
60) 各訴訟の帰結が区々となる可能性がむしろ必然的であり、かかる可能性を否定し難いことについては、拙稿「特許権侵害訴訟と特許無効（3・完）」法教347号（2009）108頁〜109頁参照。
61) 拙稿・工所法128頁〜129頁（注29）、拙著・基本構造論17頁〜20頁、47頁、65頁〜71頁、105頁〜108頁、拙稿・前掲〈注31〉特許判例百選〔第4版〕99頁も参照。
62) 拙稿・別冊NBL206頁（含注46・47・48）参照。
63) LG Düsseldorf GRUR 1987, 628 - Restitutionsklage.

の可能性の危険にさらされるというのでは、私権の安定性と法制度・司法制度の安定性の双方からして、極めて望ましくないと解される。

(2) 再審問題は、特許無効本質論に直結するだけでなく、特許（権）本質論ないし特許（権）観にも密接に関連する。

(ｱ) 特許権の実際上の効力の最終的確定時は、特許権侵害訴訟（損害賠償請求部分。差止請求部分は、将来についてのものにすぎず、ここでの特許権の実際上の効力の最終的確定にはあたらない）の判決確定時である。この意味において、（和解等を除く判決手続における）特許権の実際上の効力は、各特許権侵害訴訟（損害賠償請求部分）確定判決の結果の総和（認容損害賠償額の総計）にほかならない。しかるに、再審制限をしないことは、かかる意味での特許権の実際上の効力の最終的確定時が永遠に来ないことを意味する。特許権侵害訴訟（損害賠償請求部分）確定認容判決も、無効審決確定の可能性により、永遠に攻撃され覆滅される可能性にさらされる。特許権の安定性ないし特許権の実質的価値の安定性に大きく反する帰結となる。この意味でも、平成23年改正は、当然の理の明確化であり、歴史の必然であったといえる。

(ｲ) 民事訴訟たる特許権侵害訴訟では、（各侵害訴訟ごとに）権利行使（訴訟上の請求）と無効攻撃（無効抗弁）とが、原告と被告双方に1回ずつ認められるという点で、原告（特許権者）・被告（被疑侵害者）双方にとって極めて均衡（バランス）のとれた公平なものとなっている。これこそが、私権の権利行使の手続たる民事訴訟の本質的眼目というべきものである。これに沿って特許権私権原型論（前掲〈注35〉参照）的に考えると、（平成16年改正後の）現在の法制では、かかる無効抗弁（という無効攻撃ルート）に加えて、無効審判請求による無効攻撃のルートも用意されているといえる。いわゆる逆シングルトラック論（侵害訴訟係属中においては、無効抗弁だけによることとして、当該侵害訴訟の被告による無効審判請求を認めないとする立場）[64]は、無効審判は予防目的に限定して、（当該）侵害訴訟での無効攻撃のためには、無効抗弁のみに委ねて、無効審判は使わせないという立場といえる。一つの割り切りといえよう。制度上、この点を明確化すべきかはともかくとして、基本的方向性としてはあるべき方向性といえよう。すなわち、法律上、侵害訴訟係属中の無効審判請求を封じることはしないが、なるべく消極方向の実務運用とし、無効審判請求は、予防目的のものに集中させるのが（特許庁と裁判所の双方にとって、また両当事者（特許権者と被疑侵害者）にとっても）望ましい方向性と解される。なお、無効抗弁では、相対無効だけであって、対世無効のためには、無効審判が必要となるが、対世無効自体は、当該侵害訴訟対応のためには必要ではなく、予防的なものといえる。無効審決に基づく設定登録の抹消も同様である。なお、実務上、対世無効はさほど重視されておらず、対世無効獲得を目的とする無効審判請求（たとえば、無効抗弁で勝訴した被告からの対世無効獲得を目的とする無効審判請求）というものもあまり考え難いようである。

(ｳ) また、従前は、無効審判請求は、請求人適格、時期、回数の点で無制限であったといえる。ただ、平成16年改正までは、無効抗弁がないという意味では、無効攻撃の機会は制限されていたといえる。平成16年改正以降は、無効抗弁をベースとした上で、それ以外に、無効審判請求という付加的無効攻撃手段も利用可能と理解できる。なお、除斥期間のあった時代には、期間制限があったが、除斥期間廃止後の現在では、期間制限もない。制限といえば、平成23年改正後の新167条による当事者間限りの同一事実・同一証拠の無効理由の制限だけである。これは、第三者効の廃止に係る平成23年改正により、むしろ制限が減縮されたといえる。なお、これは、適正手続等の考慮の結果であり、他者の手続追行の否定的結果の甘受はかかる結果を甘受させられる当該本人の手続保障的観点からは正当化できないゆえのことであると解される。

(ｴ) 平成26年改正[65]による無効審判請求人適格

---

64) 髙部眞規子「キルビー判決10年――特許権をめぐる紛争の一回的解決を目指して――(下)」金判1339号（2010）14頁、拙稿「ダブルトラック問題を中心とする特許法の喫緊の諸課題」ジュリ1405号（2010）57頁参照。

65) 平成26年改正については、特許庁総務部総務課制度審議室編『産業財産権法の解説〔平成26年特許法等の一部改正〕』（発明推進協会・2014）120頁～121頁参照。

の限定は、後記㋺（異議と無効審判との趣旨目的等の峻別による双方の各趣旨目的等の純化）の趣旨によるものであるが、無効攻撃の機会の過剰保障ゆえに権利者の地位が危殆化することを防止するという面もある。無効審判請求の機会の合理的制限の議論の一環といえる。従前は、無効を争う機会の保障が、被疑侵害者の手続保障として不可欠であることが本質的要請としてあったが、平成16年改正後は、かかる本質的要請は無効抗弁によってまかなわれて、無効審判請求は付加的機会付与の位置付けというものとなったことには大いに注意を要する。無効審判請求人適格の限定（「何人も」から利害関係を有する者への限定）についての平成26年改正の大きな背景の一つとして、この点は、不可欠である。

㋺　平成15年改正で付与後異議が、特許庁の負担減等の理由で一旦廃止されたが、平成26年改正で、ほぼ同様の形で復活されたといえる。すなわち、平成15年改正で一旦廃止された付与後異議の制度が、平成26年改正によりほぼ同様の形で改めて創設される（改良された形で、実質的には復活されるといえる）結果となった（第5章　特許異議の申立て（法新113条以下））。これにより、公益的な異議と私益的な無効審判のそれぞれの性格付けが明確化されることとなる。両者の制度双方にとって、大いに歓迎すべきものと思われる。

①上記にも伴い、平成26年改正では、無効審判（冒認・共同出願違反以外の一般の客観的無効理由）の請求人適格が、「何人も」から利害関係人に改正された。また、②無効抗弁否定のドイツ型法制では、公益重視と結びついていたので[66]、「何人も」と親和性を有していたが、無効抗弁肯定の非ドイツ型法制である平成16年改正後の日本法は、「何人も」とする必然性はないといえる。さらに、③平成15年改正後の平成26年改正での異議復活までは、無効審判が異議の機能も吸収している面があるので、異議的な公益性の観点からは「何人も」とすることとなるが、平成26年改正での異議復活によれば、（異議と明確に区別された）無効審判については、このような意味での「何人も」も必要ないこととなる。

このように、公益的な異議と私益的な無効審判との区別が明確化されると、他方で、同じく私益的な、無効審判と無効抗弁との関係（棲み分け）が問題となるが、無効審判は予防目的が中心となろう。これに対して、非予防型・紛争顕在型は、無効抗弁が中心となろう。なお、無効審判には、対世効獲得目的や特許権設定登録抹消目的もあるが、実際上はさほど重視はされていないようである。

「何人」は、（私益（これならば、利害関係人が当然となろう）を超えた）公益重視の立場といえる。これは、特許無効を、（私益に係る私権についての）民事訴訟（侵害訴訟）では扱わせないドイツ型と、高度の親和性を有している。他方で、「何人」として公益重視のドイツ型に立ちつつも、侵害訴訟裁判所の無効判断の可否については、公知技術抗弁説等に立って、ドイツ型と反対の立場（侵害訴訟裁判所が（公知等の）特許無効に関する判決をすることを認める）を採るというの[67]も、一貫性に欠けると思われる。

上記平成26年改正をもって、特許無効についての非ドイツ型明示もほぼ完了したと解される。今後の進展が大いに注目される。

66）　拙著・基本構造論29頁（無効手続においては、控訴審の裁判所も含めて、職権探知主義が採られているほどであって、公益性が非常に強いものと解される）、拙稿・別冊パテント160頁（注21）等参照。
67）　ただ、従前は、かかるものも少なくなかったように見受けられる。

自己の氏名・名称等からなる商標に対する商標権の効力の制限

大阪大学教授 茶園成樹

1 はじめに

商標法（以下、条数のみ記載）26条1項は、「商標権の効力は、次に掲げる商標（他の商標の一部となつているものを含む。）には、及ばない」と規定し、同項各号所定の商標に対する商標権の効力の制限を定めている[1]。このうち、1号は、自己の氏名・名称等からなる商標を対象とするもので、「自己の肖像又は自己の氏名若しくは名称若しくは著名な雅号、芸名若しくは筆名若しくはこれらの著名な略称を普通に用いられる方法で表示する商標」と規定している。

これまでの26条1項に関する検討は、主として2号〜4号（商品・役務の普通名称、産地、品質等を普通に用いられる方法で表示する商標）についてのものであり、1号については十分な検討が行われてこなかった。しかし、2号〜4号の議論はそのまま1号に妥当するものではない。この点は、1号と2号〜4号は、いずれも同様の文言を用いて登録要件を定める規定があるが、それが、2号〜4号については3条1項1号〜3号であるのに対して、1号については4条1項8号であることからも明らかである。そこで、本稿では、26条1項1号による自己の氏名・名称等からなる商標に対する商標権の効力の制限について、EU法・ドイツ法との比較を通じて、検討することとしたい[2]。

2 EU法・ドイツ法

(1) EU商標指令6条1項・ドイツ商標法23条

EU加盟国の国内商標法の調和のために策定された商標指令[3] 6条1項は、「商標は、その保有者に第三者が次に掲げるものを取引上使用することを禁止する権利を与えるものではない。ただし、当該第三者が工業上又は商業上の公正な慣行（honest practices）に合致して使用する場合に限る」として、a号に「自己の名前（his own name）又は住所」と規定している。また、b号は商品・役務の特徴に関する表示を、c号は製品または役務の用途（特に付属品またはスペアパーツとして）を表示するのに必要な商標を定めている。この商標指令6条1項は、商標保護の根本的な利益と共同市場における商品の流通の自由・役務の提供の自由における利益との調整を図るものと解されている[4]。

ドイツの現行商標法は1994年に制定され、その23条に商標指令6条1項と同様の内容が定められ

---

1) また、平成26年に制定された「特定農林水産物等の名称の保護に関する法律」における地理的表示に対する商標権の効力の制限を定めるために、26条3項が追加された。
2) 本稿では、肖像に関する検討は行わない。なお、イギリス法に関しては、Meale, Your name in lights? Just so long as it's honest: the 'own name' defence in trade mark and passing off law, JIPLP, Vol.8, No.8 (2013) 603参照。
3) DIRECTIVE 2008/95/EC OF THE EUROPEAN PARLIAMENT AND OF THE COUNCIL of 22 October 2008 to approximate the laws of the Member States relating to trade marks (Codified version)(Text with EEA relevance), OJ L299, 8.11.2008, p.25.

ている。ただし、商標指令6条1項は、第三者の使用が公正な慣行に合致することを要件としているのに対して、ドイツ商標法23条は、第三者の使用が善良な風俗に反しないことを要件としている。同条の趣旨についても、標識保有者の排他的権利と自由な経済活動に対する競業者・公衆の利益の調整を図るものと解されている[5)][6)]。

（2） 自己の名前

商標指令6条1項a号・ドイツ商標法23条1号は、「自己の名前」に対する商標権の効力の制限を定めている。この点について、ECの理事会と委員会の共同宣言では、「自己の名前」は自然人に関してのみ適用されると考えると述べられていた[7)]。ドイツ商標法23条1号についても、自然人の名前にのみ適用されると解されており、その根拠としては、特に自然人の名前については自由な選択の可能性がないのが通常であり、一般的な人格権の行使がその取引上の使用にも及ぶことがあげられていた[8)]。

しかし、欧州司法裁判所は、商標指令6条1項a号について、Anheuser-Busch事件において、前記共同宣言は法的意義を有しないとして、「第三者は、原則として、自己の商号（trade name）を表示するのに商標と同一・類似の標識を使用することが許容されるために、その使用が、商標保有者が本指令5条1項により付与される排他的権利によって禁止することができる同項の範囲に含まれる場合であっても、本指令6条1項a号が規定する制限に依拠することができる」と述べた[9)]。この解釈は、その後のCéline事件でも踏襲されている[10)]。

「名前」に商号が含まれるとすると、商号の使用による商標権侵害の成否にとっては、その使用が、次に述べる「公正な慣行」に合致するものであるかどうかの判断を要することとなる。ドイツ商標法では、「取引上、名称、商号又は営業若しくは企業の特別な表示として使用される標章」である企業標識（Unternehmenskennzeichen）という概念が用いられているため（ドイツ商標法5条2項）、企業標識の使用による商標権侵害が問題となる場合、「善良な風俗」に反しないかどうかが判断されなければならないことになると解されている。

この点に関し、2013年に公表された欧州委員会の商標指令改正案[11)]では、前記共同宣言に合致するように、「自己の名前」を「自己の個人名（his own personal name）」に変更することにされている

---

4) Bayerische Motorenwerke AG (BMW) and BMW Nederland BV v Deenik (Case C-63/97), 23.2.1999, [1999]ECR Ⅰ-905=[1999] ETMR 339, at [62] ; Gerolsteiner Brunnen GmbH & Co v Putsch GmbH (Case C-100/02), 7.1.2004, [2004] ECR Ⅰ-691=[2004] EMTR 40, at [16] ; Gillette Co v LA-Laboratories Ltd Oy (Case C-228/03), 17.3.2005, [2005] ECR Ⅰ-2337=[2005] ETMR 67, at [29] ; Portakabin Ltd v Primakabin BV (Case C-558/08), 8.7.2010, [2010] ECR Ⅰ-6963 = [2010] ETMR 52, at [57].

5) Hacker, in Ströbele/Hacker, Markengesetz(11 Aufl. 2014) §23 Rdn 4 ; Schalk, in Büscher/Dittmer/Schiwy, Gewerblicher Rechtsschutz, Urheberrecht, Medienrecht (3 Aufl. 2015)§23 MarkenG Rdn 1 ; Kretschmar, in Kur/v. Bomhard/Albrecht, Beck'scher Online-Kommentar Markenrecht(2 Aufl. 2015) §23 Rdn 1.

6) なお、他人の名前からなる商標の登録に関しては、商標指令4条4項c号は、加盟国は、商標の使用が氏名権（a right to a name）等の先行する権利を理由に禁止される場合、その範囲において、商標は登録されず、または登録された場合、無効を宣言される旨を定めることができると規定する。この規定を受けて、ドイツ商標法13条は、他人が、登録商標の優先順位の基準となる日より前に、氏名権等の権利を取得した場合であって、その者がドイツ連邦共和国の全領域において当該登録商標の使用を差し止める権限を有するときは、当該商標の登録は取り消すことができると規定している。茶園成樹「商標法4条1項8号による人格的利益の保護」パテント67巻4号（別冊11号）40頁、42頁〜44頁参照。

7) Joint Statement by the Council and the Commission of the European Communities entered in the minutes of the Council meeting, on the first Council Directive approximating the laws of the Member States on the trade marks adopted on 21 December 1998.

8) Rohnke, Das rechtsverletzende Unternehmenskennzeichen nach dem EuGH-Urteil Anheuser-Busch/Budvar, FS Ullmann(2006) 359, 363. Begründung zum Regierungsentwurf des Markenrechtsreformgesetzes, BT-Drucks.12/6581, S.80 は、「『名前』の概念は、『家族名』の意味に解される。このことは、今後は、保有者の家族名（姓）を含む商号のみが優遇されることを意味する。また、企業保有者の承継が行われ、新しい保有者が元の企業保有者の名前をもって古い企業を適法に継続する場合にも、優遇が認められる」と述べていた。

9) Anheuser-Busch Inc. v Budĕjovický Budvar, národní podnik (Case C-245/02), 16.11.2004, [2004] ECR Ⅰ-10989 = [2005]ETMR 27, at [81].

10) Céline SARL v Céline SA (Case C-17/06), 11.9.2007, [2007] ECR Ⅰ-7041=[2007] ETMR 80, at [31].

(改正案14条1項a号)[12]。

(3) 公正な慣行

商標指令6条1項は、自己の名前の使用が商標権侵害とならないためには、「公正な慣行」に合致する使用であることを求めている。この要件は、商標として使用されないことを求めるものではない。この点は、同指令の策定過程において、以前の案では商標として使用されないことが要件とされていたが、それが公正な慣行の要件に置き換えられたことからも明らかである[13]。

「公正な慣行」の要件について、欧州司法裁判所は、繰り返し、『公正な慣行』は、本質的には、商標保有者の正当な利益との関係で公正に行動すべき義務を表現するものである」と述べている[14]。そして、Anheuser-Busch事件において、「公正な慣行の要件が満たされるかどうかの判断に当たっては、第1に、第三者の商号の使用が、関連する公衆、または少なくとも当該公衆の相当部分によって、第三者の商品と、商標保有者または当該商標の使用を許諾された者との間の関連（link）を示すものとして理解される程度、第2に、第三者がこのことに気付くべきであった程度が考慮されなければならない。この判断に際して考慮すべき別のファクターは、当該商標が、登録されその保護が求められている加盟国において一定の名声であって、第三者がその商品を販売することによって利益を得ることのできるものを享受しているか否かである」と判示し、その判断は関連する事情を総合的に考慮して行われると述べた[15]。

欧州司法裁判所の判例によると、客観的要素である第三者の使用による営業上の関連の存在に関する誤認の程度とともに、主観的要素である第三者が誤認を知るべき程度も考慮される。ドイツにおいては[16]、主観的要素の具体化として、さまざまな見解が主張されている。たとえば、商標権侵害に基づく損害賠償請求の要件である過失に関する厳格なルールを取り入れて、第三者は、商標調査を行わなければならず、同一・類似の商標が存在すれば、企業標識を当該商標から十分に遠ざけなければならないとの見解がある[17]。第三者は、使用開始前に適切な法律事務所に類似性調査を行わせ、混同のおそれがないとの情報を得た場合には、責任が免除されると主張する見解もある[18] [19]。

なお、前記商標指令改正案では、以下の規定が追加されている（改正案14条2項）。「第三者による使用は、特に次に掲げる場合には、公正な慣行

---

11) Proposal for a DIRECTIVE OF THE EUROPEAN PARLIAMENT AND OF THE COUNCIL to approximate the laws of the Member States relating to trade marks (Recast) (Text with EEA relevance), 27.3.2013, COM(2013) 162 final.

12) Stellungnahme der GRUR zum Vorschlag der EU-Kommission für eine Neufassung der Markenrechtsrichtlinie, GRUR 2013, 800, 804は、これを支持する。なお、b号・c号の改正案については、省略する。また、本稿では、紙幅の都合上、商号の使用による商標権侵害それ自体に関する問題については触れない。この問題に関する商標指令改正案を検討する論考として、Sack, Kritische Anmerkungen zur Regelung der Markenverletzungen in den Kommissionsvorschlägen für eine Reform des europäischen Markenrechts, GRUR 2013, 657, 662f.

13) Gerolsteiner Brunnen事件判決・前掲〈注4〉at [14]-[15]；大西育子『商標権侵害と商標的使用』142頁〜143頁参照。ドイツ法について、BT-Drucks.12/6581, S.80参照。

14) たとえば、Bayerische Motorenwerke事件判決・前掲〈注4〉at [61]；Gerolsteiner Brunnen事件判決・前掲〈注4〉at [24]；Gillette事件判決・前掲〈注4〉at [41]；Portakabin事件判決・前掲〈注4〉at [67]。

15) Anheuser-Busch事件判決・前掲〈注9〉at [83]-[84]. 同旨：Céline事件判決・前掲〈注10〉at [34]-[35]；Portakabin事件判決・前掲〈注4〉at [67]. また、Gillette事件判決・前掲〈注4〉at [49] も参照。

16) ドイツ商標法23条1号の「善良な風俗」に反しないことの要件について、立法理由書では、この要件は公正な競争の原則と一致すると説明されている。BT-Druchs.12/6581, S.80. 同旨：Hacker, in Ströbele/Hacker・前掲〈注5〉§23 Rdn 1. 反対：Ingerl/Rohnke, Markengesetz (3 Aufl. 2010) §23 Rdn 10.

17) Büscher, Koexistenz von Marken und Handelsnamen, MarkenR 2007, 453, 456. Ingerl/Rohnke・前掲〈注16〉§23 Rdn 22 も参照。

18) Rohnke・前掲〈注8〉S.369f.

19) その他の見解として、Knaak, Schutzschranken im harmonisierten Markenrecht bei Verwendung von Handelsnamen und geographischen Herkunftsangaben, FS von Mühlendahl(2005) 83, 91；Lange, Der Konflikt zwischen Marke und Unternehmenskennzeichen nach der Céline-Entscheidung des EuGH, MarkenR 2007, 457, 463f；Kur, Confusion Over Use? － Die Benutzung „als Marke" im Lichte der EuGH-Rechtsprechung, GRUR Int 2008, 1, 4.

に合致しないものとする。(a)第三者と商標保有者との間に商業的関係があるとの印象を与える場合、(b)正当な理由なく、商標の識別性又は名声から不正な利益を得る又はそれを損なう場合」。

3　商標法26条1項の趣旨

(1)　登録要件との関係

商標法26条1項の趣旨については、過誤登録に対する第三者の救済規定である等、登録要件と結びつけて把握する有力な考え方がある[20]。しかし、この考え方に対しては、登録要件である3条1項との関係では、同項各号の内容と26条1項各号の内容が一致していないこと等の理由から批判がされてきた[21]。26条1項1号に関しても、同号に対応する登録要件である4条1項8号は、商標登録を受けることができない商標として、「他人の肖像又は他人の氏名若しくは名称若しくは著名な雅号、芸名若しくは筆名若しくはこれらの著名な略称を含む商標（その他人の承諾を得ているものを除く。）」を規定しているが、後述するように、他人の氏名・名称等からなる商標が、その他人の承諾を得て登録された場合でも、その他人が当該商標を使用する行為は、26条1項1号により商標権侵害とはならない。また、4条1項8号の判断基準時は出願時であるため（同条3項）、他人の氏名・名称等を含む商標であっても、その他人の氏名・名称等が出願後に生じたものである場合には、同号に違反せず、商標登録を受けることができるが、その他人が当該商標を使用する行為にも26条1項1号が適用され得る。

よって、26条1項は、登録の問題とは切り離して理解されるべきであり、その趣旨は、6号を除き、一般的に、事業者による各号に掲げる商標の自由な使用を保障することに求められよう[22]。

(2)　商標の自由な使用の保障

商標の自由な使用の保障の内容は、1号～5号において同一ではない（6号については、後述）。2号～4号については、商品・役務の普通名称、産地、品質等の表示が需要者に示されないと取引が円滑に行われないことから、円滑な取引を図るために、当該表示の自由な使用を確保するものであり[23]、これらの号により保障される商標の自由な使用は、取引者すべてに認められるものである。5号（「商品等が当然に備える特徴のうち政令で定めるもののみからなる商標」）[24]も、これに類似して、商品・商品の包装または役務が当然に備える特徴を取引者が自由に使用できないことになると、商品・役務の提供が独占され、競争が阻害されるおそれがあることから設けられたものであり、あらゆる取引者が同号所定の商標を使用することができる。

これに対して、1号は、自己の氏名・名称等からなる商標を対象とするものであること自体から明らかなように、当該商標を自由に使用することができるのは、その氏名・名称等を有する本人に限られる。人（特に自然人）は自己の氏名・名称に対して人格的利益を有している[25]。この人格的利益の保護は、自己の氏名・名称が他人によって冒用されないことのみならず、自己の氏名・名称を取引において使用することにも及ぶと解される

---

20) 特許庁編『工業所有権法（産業財産権法）逐条解説〔第19版〕』1375頁、竹田稔『知的財産権訴訟要論（特許・意匠・商標編）〔第6版〕』665頁、小野昌延＝三山峻司『新・商標法概説〔第2版〕』264頁。
21) 兼子一＝染野義信『工業所有権法〔改訂版〕』786頁～787頁。
22) 網野誠『商標〔第6版〕』765頁、大西・前掲〈注13〉231頁、豊崎光衛『工業所有権法〔新版・増補〕』416頁、蘆立順美「商標権の効力の制限」高林龍ほか『現代知的財産法講座1 知的財産法の理論的探究』375頁、382頁～383頁、茶園成樹「商標権の効力の制限について」高林龍編著『知的財産法制の再構築』261頁、266頁。
23) 田村善之『商標法概説〔第2版〕』196頁～197頁、茶園・前掲〈注22〉266頁。
24) 5号は、平成26年商標法改正により、色彩のみからなる商標や音の商標が商標法の保護対象に追加されたことに伴い、改正前5号（「商品又は商品の包装の形状であって、その商品又は商品の包装の機能を確保するために不可欠な立体的形状のみからなる商標」）を拡大したものである。商標法施行令1条は、26条1項5号の政令で定める特徴は、「立体的形状、色彩又は音（役務にあっては、役務の提供の用に供する物の立体的形状、色彩又は音）とする」と規定している。
25) 最三小判昭63・2・16民集42巻2号27頁〔NHK日本語読み事件〕、最二小判平18・1・20民集60巻1号137頁（本誌32号96頁参照）〔天理教豊文教会事件〕。

のであり、1号は人格的利益の保護を目的としたものである[26]。

(3) 商標的使用論との関係

ところで、6号は、平成26年商標法改正により新設されたもので、「前各号に掲げるもののほか、需要者が何人かの業務に係る商品又は役務であることを認識することができる態様により使用されていない商標」と規定されている。従前、学説・裁判例では、第三者が登録商標と同一・類似の標章を、指定商品・役務と同一・類似の商品・役務について使用をしても、その使用が自他商品・役務識別機能あるいは出所表示機能を果たす態様の使用、すなわち、商標としての使用（商標的使用）でなければ、商標権侵害は成立しないと解されてきた。いわゆる商標的使用論である[27]。6号は、商標的使用論を明文化したものであり[28]、したがって、本来的に商標権侵害とならない行為を確認的に規定したものといえる。

一部の裁判例・学説は、2号～4号は商標的使用でない場合を対象としたものであると解している[29]。この解釈によると、2号～4号は商標的使用論の確認規定という位置づけとなる。しかし、2号～4号は、前述したように取引の円滑化のためにこれらの号に掲げる商標の自由な使用を確保するものであり、商標的使用の場合に及ばないとすることは妥当ではない。そのため、2号～4号は、商標的使用の場合にも及ぶと解されるべきである[30]。5号についても、同様である。

1号も、商標的使用の場合にも及ぶと解される。氏名・名称等からなる商標を取引において使用することは商標的使用となる場合が多いことに鑑みれば、その適用範囲を商標的使用でない場合に限定することが不適切であることは一層明らかである[31]。

以上のことからすると、6号は、「前各号に掲げるもののほか」という文言を用いているが、6号が総括規定であり、1号～5号が例示規定であるという位置づけをすることはできない。

4　26条1項1号における人格的利益と商標権の調整

26条1項は商標の自由な使用を保障しているが、商標権の効力を制限するものである以上、当該商標を使用する者の利益と商標権者の利益を調整するものである。人格的利益の保護を目的とした1号についても、人格的利益の保護が商標権の保護に絶対的に優越するわけではなく、人格的利益と商標権との調整が行われている。この点を、4条1項8号との比較を通じて、検討しよう。4条1項8号も、同じく人格的利益を保護し[32]、人格的利益と商標登録出願人の利益ないし商標権との調整を行うものと解される[33]。もっとも、人格的利益の保護のために、4条1項8号は商標権の発生を阻止するものであるのに対して、26条1項1号

---

26) 後掲〈注39〉およびそれに対応する本文も参照。
27) 商標的使用論については、宇井正一「商標としての使用」牧野利秋編『裁判実務大系(9)〔工業所有権訴訟法〕』429頁、榎戸道也「商標としての使用」牧野利秋＝飯村敏明編『新・裁判実務大系(4)〔知的財産関係訴訟法〕』397頁、西信子『「商標としての使用」をめぐる考察』村林隆一先生傘寿『知的財産権侵害訴訟の今日的課題』369頁、青柳昤子「商標権の効力が及ばない範囲（競業者による自由使用の観点から）」牧野利秋先生傘寿『知的財産権：法理と提言』827頁、飯村敏明「商標関係訴訟～商標的使用等の論点を中心にして～」パテント65巻11号103頁、赤松耕治『「商標的使用の法理」に関する一考察』関東学院法学23巻2号1頁、西村康夫「商標の使用(1)」牧野利秋ほか編『知的財産訴訟実務大系Ⅱ』276頁、289頁～293頁、大西・前掲〈注13〉208頁以下参照。
28) 特許庁総務部総務課制度審議室編『産業財産権法の解説〔平成26年特許法等の一部改正〕』181頁。
29) 大阪地判昭51・2・24無体集8巻1号102頁〔ポパイ事件〕、東京地判平7・2・22知的裁集27巻1号109頁〔UNDER THE SUN事件〕、小野昌延編『注解商標法〔新版〕上巻』693頁〔田倉整＝髙田修治〕。
30) 田村・前掲〈注23〉197頁、大西・前掲〈注13〉240頁、茶園・前掲〈注22〉272頁、東京高判昭36・5・9下民集12巻5号1020頁〔菊最中事件〕、広島高判平15・9・26（平成15年(ネ)第44号）〈裁判所HP〉〔広島風お好み焼き事件〕。
31) 大阪地判平2・3・15無体集22巻1号174頁〔小僧寿しⅠ事件1審〕、大阪高判平4・10・28知的裁集24巻3号840頁〔同事件控訴審〕。
32) 最三小判平16・6・8判時1867号108頁（本誌26号73頁参照）〔LEONARD KAMHOUT事件〕、最二小判平17・7・22判時1908号164頁（本誌31号72頁参照）〔国際自由学園事件〕。
33) 茶園・前掲〈注6〉41頁。

は発生した商標権の効力を制限するものであるから、調整のあり方はおのずから異なっている。

まず、26条1項1号が対象とするのは、自己の、①肖像、②氏名、③名称、④著名な雅号・芸名・筆名、⑤氏名・名称、著名な雅号・芸名・筆名の著名な略称、を含む商標である。④⑤は著名性を要件としており、他方、①②③は著名性を要件としていない。

4条1項8号が対象とする商標は、26条1項1号のそれと同一である。ただし、4条1項8号の判断基準時は出願時であるため(同条3項)、同号が適用されるためには、出願前に氏名・名称等が発生している必要がある。つまり、出願後に発生した氏名・名称等に対する人格的利益は、商標登録出願人の利益に劣後することになっているのである[34]。これに対して、26条1項1号の場合は、問題となる使用行為の時点で判断されるため、氏名・名称等の発生は出願前であることを要せず、出願後であってもよい。同号は商標権を消滅させるものではなく、商標権者の利益を大きく損なわない範囲で、人格的利益の保護を考慮することができるからであろう。また、上記④⑤の著名性の要件は、後述するように、26条1項1号の場合は、4条1項8号の場合とは異なって解釈されることとなる。

次に、26条1項1号が適用されるためには、①〜⑤を「普通に用いられる方法」で表示する商標であることが必要である。ただし、「普通に用いられる方法」で表示されていても、同条2項により、商標登録後に、不正競争の目的で自己の氏名・名称等を用いた場合は、1号は適用されないため、商標権の効力は制限されない。

これに対して、4条1項8号は、「普通に用いられる方法」という文言を含んでいない。これは、同号では、出願に係る商標が使用されることによって人格的利益が侵害されることになるかどうかが問題となるためである[35]。他方、26条1項1号においては、氏名・名称等からなる商標の使用による商標権侵害の成否が問題となるのであり、その商標の使用態様によって商標権者の利益が害される程度や範囲が変わるために、許容される使用態様を「普通に用いられる方法」に限定したものと解される。

また、対象となる商標に関するが、このように4条1項8号が問題とする侵害と26条1項1号のそれが異なることから、26条1項1号では、4条1項8号のように「その他人の承諾を得ているもの」が除かれておらず、他人の氏名・名称等からなる商標が、その他人の承諾を得て登録された場合であっても、その他人が当該商標を使用する場合に適用され得ることになる[36]。氏名・名称等を有する本人が承諾すれば、当該商標の使用による人格的利益の侵害は生じないが、本人によるその氏名・名称等の使用に対する人格的利益の保護は、承諾によって必然的に不要なものとはならないからである。もちろん、本人による使用は、商標権者との間の契約で制限されていれば、契約違反となる場合がある。

5 氏名・名称とその略称等

(1) 氏名とその略称等

氏名は、自然人の同一性を識別するものであり、人はその氏名について人格的利益を有する。氏名は著名でなくてもよいが、氏名の略称等(雅号・芸名・筆名、氏名・雅号・芸名・筆名の略称)は著名性の要件を満たす必要がある。これは、次のような理由によるものと思われる。氏名は、戸籍簿に記載され、容易に変更することができないものであるために、社会において知られていなくても、その使用を許容すべき必要性がある。これに

---

[34] 茶園・前掲〈注6〉46頁。
[35] 茶園・前掲〈注6〉47頁参照。
[36] 三宅正雄『商標法雑感』236頁、網野・前掲〈注22〉765頁、平尾正樹『商標法〔第1次改訂版〕』345頁、美勢克彦「商標権侵害訴訟における商標権の効力の及ぶ範囲について－商標法26条1項1〜3号の解釈を中心として－」牧野利秋ほか編『知的財産法の理論と実務3 商標法・不正競争防止法』59頁、66頁。

対して、氏名の略称等は、恣意的に選択されるものであることから、まず、それに対する人格的利益が保護されるためには、使用され、本人を指し示すものとして知られていなければならないのであり、また、一定の知名度を備えるものでなければ、商標権の効力を制限する合理性を認めることができない。

通説は、氏名はフルネームをいい、氏または名だけの場合は、氏名の略称にあたると解している[37]。氏または名だけでは、本人との同一性を示す機能を果たさない場合もあるので、著名性を要する氏名の略称にあたるとすることは妥当であろう。

(2) 名称とその略称

26条1項1号は、「氏名」に並んで「名称」をあげていることから、法人等の名称[38]も同号の対象になると解するほかない。名称は著名でなくてよいが、名称の略称には著名性の要件が課されている。この点は、氏名の場合に類似して、名称は登記簿に登記されることが多く、他方、名称の略称は恣意的に選択されるものであることによると思われる。

もっとも、法人の名称に関しては、自然人の氏名との比較では、法人の人格的利益を保護する必要性は低く、また、登記簿に登記されていても、変更することは困難ではないであろう。とりわけ、商号については、人格的利益が認められるかどうか自体に疑問がある。この点に関し、学説には、1号の目的として、人格的利益の保護のほかに、商品・役務の需要者が必要とする製造者・販売者等の情報を得ることができるようにして取引秩序という公益を図ることをあげる見解がある[39]。しかし、製造者・販売者等の情報が提供されること自体は需要者にとって望ましいことではあろうが、それによって混同のおそれが生じるにもかかわらず、商標権の効力を制限してまで、そのような情報の提供を許容することが公益に資するものとは思われない。そのため、そのような情報の提供の必要性から1号の対象に商号を含めることを正当化することはできないであろう。

さらに、商号は商標として使用される場合が多いところ、商標権と未登録商標との関係は、32条（先使用権）が規律しているのであり、商号またはその略称であることを理由に、未登録商標の使用を許容することは、先使用権の規律の意義を損なうこととなろう。したがって、立法論としては、少なくとも商号は「名称」から除外すべきである[40]。この点に関し、前述したように、欧州司法裁判所は、商標指令6条1項a号の「名前」に商号が含まれると解しているが、商標指令改正案では、「名前」が「個人名」に変更されており、今後の動向が注目される。なお、仮に商号が「名称」に含まれないことになっても、商号を商品・役務の提供の際に一切使用できないことになるわけではなく、商標的使用でなければ商号を使用することは可能である[41]。

この点はともかく、現行法上、商号は「名称」にあたると解さざるを得ないが、これはフルネームを指し、よって、会社等の商号に関しては、4条1項8号の場合と同様に[42]、株式会社等を付し

---

37) 渋谷達紀『知的財産法講座Ⅲ〔第2版〕』485頁、田村・前掲〈注23〉223頁、小野編・前掲〈注29〉694頁〔田倉＝髙田〕。なお、平尾・前掲〈注36〉345頁～346頁。
38) 東京地判平23・10・28（平成22年(ワ)第1232号）〈裁判所HP〉〔ひかり法務司法書士事務所事件〕は、個人が経営する司法書士事務所の名称が、26条1項1号の「名称」にあたると判断した。また、東京地判昭56・5・27〔昭和49年(ワ)第3157号等〕〔経営近代化研究所事件〕では、個人が営業上の活動において自己を表す名称として使用してきた「経営近代化研究所」が当人の商号であり、「名称」にあたると判断された。
39) 小野編・前掲〈注29〉692頁〔田倉＝髙田〕、大西・前掲〈注13〉232頁。大阪地判平13・3・13（平成10年(ワ)第4292号）〈裁判所HP〉〔ICOM事件〕も参照。また、田村・前掲〈注23〉225頁は、会社の名称が1号の対象とされる理由として、商品の容器、包装や役務を提供する店舗に会社名を表示できないことによる取引上の不都合に対処することをあげる。
40) 私見では、4条1項8号についても、少なくとも商号は「名称」から除外されるべきである。茶園・前掲〈注6〉49頁。
41) なお、田村・前掲〈注23〉225頁。
42) 最二小判昭57・11・12民集36巻11号2233頁〔月の友の会事件〕。

たものが「名称」であり、株式会社等を付さないものは「略称」にあたると解されている[43]。株式会社等を付したものが商号であることは明瞭であるのに対して、これを付していないものは、需要者が本人の同一性を示すものと認識しない場合もあることから、法的安定性を考慮して、一律に著名であることを要する「略称」として取り扱うことに合理性が認められよう。

ところで、最高裁判所は、小僧寿しⅡ事件において、次のように述べて、フランチャイズチェーンの名称が1号の「名称」にあたると解した。「フランチャイズ契約により結合した企業グループは共通の目的の下に一体として経済活動を行うものであるから、右のような企業グループに属することの表示は、主体の同一性を認識させる機能を有するものというべきである。したがって、右企業グループの名称もまた、商標法26条1項1号にいう自己の名称に該当するものと解するのが相当である」[44]。

確かに、商号は営業の主体の同一性を示す表示であり、フランチャイズチェーンの名称もこれにあたる[45]。しかし、営業の主体の同一性を示す表示であれば直ちに同号の「名称」にあたると解釈することは妥当ではない。商号に関して前述したように、そのような表示に対する人格的利益については疑義があるし、問題となる商標が第三者の営業を示す表示（不正競争防止法2条1項1号かっこ書参照）であれば、その使用が出願後に開始されたものであっても、商標権侵害が否定される場合があることとなり[46]、先使用権の規律が迂回されることになってしまう。そのため、1号の「名称」は、人の同一性を示す表示に限るべきであり、フランチャイズチェーンの名称や関連企業・系列企業であることの表示は含まれないと解されるべきである[47]。なお、小僧寿しⅡ事件の1審判決・控訴審判決は、フランチャイズチェーンの名称について、商号の略称等と同様に、著名性を要すると解しているが[48]、1号の適用を認めること自体において支持することができない。

(3) 著名性

氏名・名称の略称等については、著名性の要件が満たされなければならない。4条1項8号の著名性については、最高裁判所は、「その略称が本人を指し示すものとして一般に受け入れられているか否かを基準として判断されるべき」と判示した[49]。26条1項1号の著名性に関しても、氏名・名称の略称等に対する人格的利益が保護される前提として、本人を指し示すものとして知られている必要がある。

もっとも、26条1項1号は商標権の効力の制限に止まるものであるから、略称等は広範な地域で知られている必要はなく、その使用が狭い地域に限られているのであれば、当該地域において知られていることで足りる[50]。ただし、商号の略称については、先使用権の規律との乖離を小さくするために、32条で必要とされるのと同程度の知名度

---

43) 名古屋地判昭58・1・31無体集15巻1号15頁〔十五屋事件〕、名古屋地判昭60・7・26無体集17巻2号333頁〔東天紅事件1審〕、名古屋高判昭61・5・14無体集18巻2号129頁〔同事件控訴審〕、大阪地判平9・12・9知的裁集29巻4号1224頁〔古潭事件〕。ひかり法務司法書士事務所事件判決・前掲〈注38〉も参照。なお、平尾・前掲〈注36〉346頁。
44) 最三小判平9・3・11民集51巻3号1055頁〔小僧寿しⅡ事件〕。小僧寿しⅠ事件1審判決・前掲〈注31〉、同事件控訴審判決・前掲〈注31〉も参照。
45) この判決の考え方を支持するものとして、土肥一史「判批」平成9年重判解261頁。
46) なお、三村量一「判解」最判解民事篇平成9年391頁は、「フランチャイズチェーンの名称として実際に使用されているかどうかの事実認定や、『普通に用いられる方法』『不正競争の目的』の判断を通じて、個別の事案において妥当な結論を得るようにすべきであろう」と述べる。
47) 最高裁判決の考え方に反対するものとして、渋谷達紀「判批」民商法雑誌118巻1号85頁～86頁、布井要太郎「判批」知財管理48巻3号371頁。
48) 高知地判平4・3・23判タ789号226頁〔小僧寿しⅡ事件1審〕、高松高判平6・3・28（平成4年(ネ)第120号）〔同事件控訴審〕。田村善之「判批」法学協会雑誌116巻2号330頁参照。
49) 国際自由学園事件判決・前掲〈注32〉。
50) 田村・前掲〈注23〉223頁・226頁参照。

を要求すべきであろう。

6 普通に用いられる方法

氏名・名称等からなる商標は「普通に用いられる方法」で使用されなければならない。裁判例では、需要者の注意を引きやすい特徴ある字体、文字の大きさで記載したり、宣伝広告等に積極的に用いたりした場合は、「普通に用いられる方法」にあたらないと解する傾向にある[51]。

前述したように、EU商標指令6条1項a号は、「公正な慣行」に合致することを要件としており、欧州司法裁判所は、この要件の判断にあたっては、第三者の使用による営業上の関連の存在に関する誤認の程度（客観的要素）と、第三者が誤認を知るべき程度（主観的要素）等が考慮されなければならないと述べている。

わが国法の「普通に用いられる方法」については、26条2項が使用者に不正競争の目的がある場合を規定していることから、使用者の主観は考慮要素とはならないと解される。「普通に用いられる方法」にあたるかどうかは、氏名・名称等からなる商標の外観上の使用態様によって判断されることになろう。また、この文言から、混同誤認の程度も考慮要素に含まれないことになると思われる。要するに、氏名・名称等からなる商標について、わが国法は、EU法のように、許容される使用を商標権者の利益侵害にかかわる事情や使用者の非難可能性にかかわる事情等を個別的に考慮して決定するのではなく、許容される使用態様を一般的に画定しているということができる。

そして、「普通に用いられる方法」は、この文言の通常の意味として、人の同一性を示す氏名・名称等の表示として取引上一般に用いられている使用方法を指すものと解される[52]。この解釈は、26条1項1号が人格的利益と商標権を調整するものであることに照らしても、妥当なものといえよう。なぜなら、人格的利益の保護として、そのような使用方法が許容されれば十分であるし、許容される使用の範囲がそのような方法のものに止まるのであれば、商標権者の利益に著しい悪影響を及ぼすこともないと思われるからである。この解釈によれば、上記の裁判例の傾向は首肯することができる。

---

51) 岐阜地判昭40・5・10判タ178号200頁〔大アカフダ堂事件〕、東京地判昭57・6・16無体集14巻2号418頁〔山形屋海苔店事件〕、大阪地判昭58・4・27判タ499号204頁〔曽呂利事件〕、東天紅事件1審判決・前掲〈注43〉、同事件控訴審判決・前掲〈注43〉、東京地判平11・1・29（平成5年(ワ)第15921号）〔塩瀬事件1審〕、東京高判平11・6・24（平成11年(ネ)第1428号）〔同事件控訴審〕、ICOM事件判決・前掲〈注39〉、ひかり法務司法書士事務所事件判決・前掲〈注38〉、東京地判平25・11・21判時2217号107頁（本誌63号128頁参照）〔スターデンタル事件〕。小僧寿しⅡ事件判決・前掲〈注44〉では、問題となる商標が、フランチャイズチェーンの著名な略称である「小僧寿し」の文字を図形標章と一体的に組み合わせて、商標を構成する一部として用いていることから、略称を普通に用いられる方法で表示するものということはできないと判断された。

52) 小僧寿しⅡ事件1審判決・前掲〈注48〉は、「標章の外観上の態様を意味するのであって、取引の実情に照らし、特に一般需要者の注意を惹くに足る書体又は図案をもってこれを表示するようなことなく、単に自己の氏名、名称等を記載したに止まると認められるような方法で表示した場合をいう」と述べる。田村・前掲〈注23〉225頁は、自己の名称という情報を需要者に開示するために必要最小限のものに止まると述べる。同旨：小野編・前掲〈注29〉697頁〔田倉＝髙田〕。

商標法32条1項の先使用権の認められる範囲

知的財産高等裁判所判事　田　中　芳　樹

1　問題の所在

商標法（以下、「法」という）32条1項によれば、他人の商標登録出願前から日本国内において不正競争の目的でなくその商標登録出願に係る指定商品もしくは指定役務またはこれらに類似する商品もしくは役務について、その商標またはこれに類似する商標の使用をしていた結果、その商標登録出願の際、現にその商標が自己の業務に係る商品または役務を表示するものとして需要者の間に広く認識されているときは、その者は、継続してその商品または役務についてその商標の使用をする場合は、その商品または役務についてその商標の使用をする権利を有するものとされている。周知商標の先使用者による先使用権である。

1　商標権者が特定の商標の商標登録出願をする際、当該商標が先使用者の販売する商品を表示するものとして、一定の広がりのある地域、たとえば「A県、B県及びこれと隣接する近県の地域」において、需要者に広く認識されるに至っていた場合、商標権侵害による使用行為差止請求に対し、先使用者が法32条1項により、継続して当該商標を使用する権利を有するとして抗弁を主張できるのはいかなる範囲か。先使用商標の使用の認められる地域的な範囲は、先使用にかかる表示が広く認識されている地域でのみの使用継続に限られると解すべきかが問題となる。

2　先使用者が、その開設するホームページにおいて、当該商標を付して商品を販売する場合、その需要者としては、当該商標が先使用者の販売する商品を表示するものとして広く認識されている一定の広がりのある地域を越えて、日本全国の当該商品の消費者・取引者を対象とすることになるものと考えられる。このように、周知とされる一定の広がりのある地域に限らず、全国の消費者・取引者を需要者とするホームページにおける販売行為については、先使用者は、先使用権の抗弁をどの範囲で主張することができるか。具体的には、先使用者の商標が周知とされる地域的な範囲が日本全国ではなく、一部地域にとどまる場合に、商標権者から先使用者に対する商標権侵害による使用行為差止請求訴訟において、たとえば、「被告は、ホームページにおける商品に関する広告を内容とする情報に当該商標を付して電磁的方法により提供してはならない」との請求をした場合に、いかなる行為の差止めを認容すべきか、その主文いかんが問題となる。

3　一般的に、商標が法32条1項の周知であることを立証するためには、先使用者はいかなる証拠をもって、どの程度の立証をすることを要するか。

2　検　討

裁判例については、〔資料〕①～⑮（91頁以下）を参照されたい。

(1)　小問1

㋐　法32条1項の沿革・立法趣旨

本来、周知商標があれば、他人がそれと同一または類似する商標を出願しても登録できないはずである（法4条1項10号）。仮に誤って登録された

場合でも、周知商標の持主は無効審判請求により救済を受けることができる（すなわち、その商標を無効にして自ら登録を受けることにより救済を受けることができる）。しかし、大正10年改正法は、無効審判請求につき、悪意の場合を除き5年の除斥期間を設けるに至った。その結果、そのままでは期間経過後は周知商標が保護されないという不都合な事態を招くことになる。そこで、周知商標の保護のためこのような規定を設け（旧法9条）、それが現行法に引き継がれたという経緯がある。本制度の存在により、先使用者は、除斥期間内はもとよりその経過後においても、登録を無効にすることなく使用を継続できることになる。そして、本条の実益は、特に不正競争の目的のない登録商標について、無効審判の除斥期間（5年）が経過した場合（法47条）に存する、とされている（小野昌延編『注解商標法〔新版〕上巻』797頁〔齋藤方秀〕、特許庁編『工業所有権法（産業財産権法）逐条解説〔第19版〕』1393頁）。

(イ) 周知性の地理的範囲

法32条1項で要求される周知性の地理的範囲。すなわち、同項の「需要者の間に広く認識されている」との規定は、法4条1項10号の同文言と同義と解してよいかが問題とされている。

(A) 同義とする見解
(a) 学　説

法32条1項（旧法9条）の規定が設けられた沿革、すなわち、法4条1項10号（旧法2条1項8号）に違反して登録された商標を無効とする審判請求につき除斥期間が設けられたので、その除斥期間経過後において周知商標主を保護するために採用されたとの経緯から、先使用権の要件である周知性は、法4条1項10号の場合と同じであるとする（特許庁編・前掲1392頁）。従来の通説と思われる。

必ずしも全国的に周知である必要はなく、「相当範囲」に知られていればよいと解する点では大方の意見は一致しているが、「相当」というのがどの程度を指すかについては明確ではなく、学説は必ずしも一致していないとされる。

(b) 裁判例

同義であることを明言する裁判例はない。

法4条1項10号の周知性に関する裁判例として、⑦東京高判昭58・6・16（DCC・審決取消請求事件）は、「商標登録出願の時において、全国にわたる主要商圏の同種商品取扱業者の間に相当程度認識されているか、あるいは、狭くとも一県の単位にとどまらず、その隣接数県の相当範囲の地域にわたって、少なくともその同種商品取扱業者の半ばに達する程度の層に認識されていることを要する」としている。①～⑤、⑦の裁判例は、いずれも相当広範囲の地域を周知地域として認定しており、これらの裁判例は同義に解していたと推察される。

(B) 相違するとみる見解
(a) 学　説

法4条1項10号は、先願主義の例外として周知商標使用者に先願者の商標権の成立を排除する権利を付与するものであるのに対し、法32条1項は、先願者が取得した商標権の禁止権行使を周知商標使用者との関係においてのみ受忍するよう求める権利を周知商標使用者に付与するにすぎず、商標権者はそれ以上に権利を失うことはなく、両者は、周知性が認められることにより喪失する利益に大きな違いがある。したがって、周知性の程度は、法32条1項の場合は、法4条1項10号の場合より低くてよく、周知性の地域的範囲に関しても、法4条1項10号については、隣接数県程度の広範な地域で商標が知られていることが必要であると考えられているが、先使用権についてはより狭い地域のみで知られている場合でもよく（小野昌延＝三山峻司『新・商標法概説〔第2版〕』297頁、田村善之『商標法概説〔第2版〕』80頁、齋藤・前掲812頁、網野誠『商標〔第6版〕』778頁）、たとえば大阪府内という程度でも足りるとする（茶園成樹編『商標法』208頁）。近時の有力説と思われる。

(b) 裁判例

法4条1項10号より緩やかで足りるとする裁判例は、下記のとおりである。

⑧、⑨は、先使用権の主張を認めているが、地

理的範囲は限定していない。

⑮は、周知性の地域的範囲について、被告各施設の需要者は、主として当該圏域（注：兵庫県西播磨圏域）に居住する者と認められるから、当該圏域の需要者の間に広く認識されていれば足りるとする点で特異であるが、結論としては先使用権を認めていない。

⑧　東京高判平5・7・22（ゼルダ事件）

法32条1項所定の先使用権の制度の趣旨は、識別性を備えるに至った商標の先使用者による使用状態の保護という点にあり、しかも、その適用は、使用に係る商標が登録商標出願前に使用していたと同一の構成であり、かつ、これが使用される商品も同一である場合に限られるのに対し、登録商標権者または専用使用権者の指定商品全般についての独占的使用権は右の限度で制限されるにすぎない。そして、両商標の併存状態を認めることにより、登録商標権者、その専用使用権者の受ける不利益とこれを認めないことによる先使用者の不利益を対比すれば、後者の場合にあっては、先使用者は全く商標を使用することを得ないのであるから、後者の不利益が前者に比し大きいものと推認される。かような事実に鑑みれば、同項所定の周知性、すなわち「需要者間に広く認識され」との要件は、同一文言により登録障害事由として規定されている法4条1項10号と同一に解釈する必要はなく、その要件は右の登録障害事由に比し緩やかに解し、取引の実情に応じ具体的に判断するのが相当というべきである。

⑨　大阪地判平6・10・6（ロイヤルコレクション事件）

法32条1項により商標の使用をする権利が成立する要件としての周知性は、法4条1項10号所定の周知性に至らない程度のもので足りる。なぜならば、同号の適用が認められる場合には、先願主義に対する例外として、「周知」の商標を有する者に対し、先願者の商標権の成立を排除する権利を与えることになるのに対し、法32条1項が適用される場合には、先願者が取得した商標権そのものを排除するのではなく、ただその行為が「周知」の商標を有する者との関係で制限されるにすぎないからである。

⑮　東京地判平22・7・16（シルバーヴィラ事件）

法32条1項は、先使用が認められた者に「その商品又は役務についてその商標を使用する権利」を認めるにすぎず、無限定にその商標を使用することができるわけではないこと、同条2項の規定により、商標権者は、誤認混同防止措置を付すことを請求することができること、同条1項の周知性が同法4条1項10号における周知性と同じ意味であれば、当該商標権は無効とされるべきものとなり、そもそも商標権者は商標権を行使することができず（法39条、特許法104条の3）、先使用権を認める必要はないことからすれば、法32条1項の周知性の地理的範囲は、法4条1項10号より狭いものであってもよい。

(ウ)　法32条1項の先使用権の抗弁が認められる地理的範囲と差止請求の関係

(A)　全部抗弁説

周知性の認められる範囲が一部地域に限られる場合にも、先使用権の抗弁は登録商標権者からの差止請求等に対する全部抗弁となるとする見解。

(a)　根　拠

前記(イ)で、先使用権における周知性を法4条1項10号の周知性と同程度のものとする(A)の見解に立つならば、先使用の商標が法32条1項の周知性を獲得していた場合には、登録商標はもともと法4条1項10号により商標登録を受けることができなかったものであるのだから、先使用権の抗弁において先使用権を主張できる地理的範囲は、先使用の商標が周知になっていた地域に限定されず、日本国内全域であるとして、差止請求等に対する全部抗弁となるとの見解につながりやすいのではないかと思われる。

また、商標法の一部を改正する法律（平成3年法律第65号）附則3条1項が、「この法律の施行の日から6月を経過する前から日本国内において不正競争の目的でなく他人の登録商標……に係る指

定役務又は指定商品若しくは指定役務に類似する役務についてその登録商標又はこれに類似する商標の使用をしていた者は、継続してその役務についてその商標の使用をする場合は、この法律の施行の日から6月を経過する際『現にその商標の使用をしてその役務に係る業務を行っている範囲内』において、その役務についてその商標の使用をする権利を有する」と、使用権の及ぶ範囲を限定して規定しているのに対して、法32条1項にはかかる限定が付されていないことも、上記見解の根拠となるものと思われる。

　もっとも、前記(イ)において、先使用権における周知性の程度は、法4条1項10号の場合より低くてよく、周知性の地域的範囲に関しても、同号については、隣接数県程度の広範な地域で商標が知られていることが必要であると考えられているが、先使用権についてはより狭い地域のみで知られている場合でもよいとする(B)の見解に立つとしても、法32条1項は、「需要者の間に広く認識されているときは、その者は、……その商標の使用をする権利を有する」と、地理的範囲等について何らの限定もなく先使用者に使用権を認めていること、同項は積極的に原告の登録商標を無効とするものではなく、原告の権利請求に対して消極的にこれを防御するための抗弁事由にすぎないことから、先使用権者に、周知性の認められる地理的範囲にとどまらず日本国内全域における、原告の権利請求に対する権利阻止事由としての抗弁を認める趣旨であるとの見解もあり得る。

(b)　裁判例

　周知性を認める範囲を一部の地域に限定した裁判例（③、④、⑤、⑪、⑬）は、⑬を除き差止請求等を全部棄却している。⑬は先使用権の認容範囲が一部地域に限定されているが、それは請求の趣旨の確認範囲が当初から限定されていたためである。上記の裁判例の中で、周知性の程度は法4条1項10号の場合と異なってよいことを明記するものはないが、周知性を認めた範囲は事案に応じてさまざまである。

　一般に地理的な限定を付さない差止請求は日本国内全域における商標の使用の禁止を求める趣旨であろうから、周知表示の地理的範囲以外の地域における使用の差止請求も含め全部棄却するということは、先使用権の抗弁を差止請求等に対する全部抗弁と解しているものと考えられる。

③　静岡地判昭46・3・25（ギンレイ事件）
　　周知性を認定した地理的範囲：静岡、東京、名古屋その他

④　大阪地判昭46・12・24（すっぽん大市事件）
　　周知性を認定した地理的範囲：関東から関西にかけて

⑤　大阪地決昭50・6・7（競馬ファン事件）
　　周知性を認定した地理的範囲：関西地区

⑪　東京高判平13・3・6（ベークノズル事件）
　　周知性を認定した地理的範囲：近畿地区
　　先使用権の及ぶ範囲は周知性の認められる範囲に限定されないとし、近畿地区以外の差止めを求める予備的請求も棄却して全部抗弁説に立つことを明記している。

⑬　大阪地判平21・3・26（ケンちゃん餃子事件）
　　周知性を認定した地理的範囲：東京都、埼玉県、神奈川県、千葉県、茨城県、栃木県、群馬県、山梨県、福島県、長野県、静岡県、新潟県
　　なお、先使用権確認の認容範囲は上記に限定されているが、これはもともと請求の趣旨が地理的範囲を上記に限定していたためである。

(B)　一部抗弁説

　周知性の認められる範囲が一部地域に限られる場合には、先使用権の抗弁は登録商標権者からの差止請求等に対して一部抗弁にとどまる（周知地域における差止請求等の範囲でのみ抗弁となる）とする見解。

(a)　学　説

　前記(イ)において、先使用権の要件である周知性は、法4条1項10号の周知性と同義であるとする(A)の見解に立つとしても、法32条1項に基づく先使用権の抗弁において先使用権を主張できる地理的範囲は、先使用の商標が周知になっていた地域に限定されるとして、差止請求等に対する一部抗弁となるとの見解もあり得るであろう。

ただ、前記(イ)において、先使用権における周知性の程度は、法4条1項10号の場合より低くてよく、周知性の地域的範囲に関しても、同号については、隣接数県程度の広範な地域で商標が知られていることが必要であると考えられているが、先使用権についてはより狭い地域のみで知られている場合でもよいとする(B)の見解に立つならば、先使用の商標が法32条1項の周知性を獲得していたとしても、必ずしも登録商標が法4条1項10号により商標登録を受けることができなかったものということはできず、また、先使用商標が周知になっていない他の地域においては、法が保護すべきと思料した具体の信用が形成されていないから、先使用権の抗弁において先使用権を主張できる地理的範囲は、これを日本国内全域とすることは先使用権の過剰な保護であり、先使用の商標が周知になっていた地域に限定されるとして、差止請求等に対する一部抗弁となるとの見解に、よりつながりやすいのではないかと思われる（先使用権が認められた場合に、先使用権の及ぶ範囲が周知性の認められる地理的範囲に限定されるとする見解として、齋藤・前掲814頁、田村・前掲83頁、86頁、茶園編・前掲210頁）。

(b) 裁判例

この見解に立つ裁判例は見当たらない。

⑩大阪地判平9・12・9（古潭ラーメン事件）は、地域を限定して差止請求を認容したが、これは、商標法の一部を改正する法律附則3条1項の「施行の日から6月を経過する際現にその商標の使用をしてその役務に係る業務を行っている範囲内」においてその使用の継続を認めるとの規定によるものである。

⑬大阪地判平21・3・26（ケンちゃん餃子事件）も地域を限定して先使用権の範囲を確認したが、前記のとおり、これは原告が当初から請求内容を限定したことによるものである。

(エ) 本問

(A) 全部抗弁説によるあてはめ

前記(ウ)について、周知性の認められる範囲が一部地域に限られる場合にも、先使用権の抗弁は登録商標権者からの差止請求等に対する全部抗弁となるとする(A)の見解に立ち、かつ、一定の広がりのある地域、たとえば、「A県、B県及びこれと隣接する近県の地域」で周知であれば、法32条1項の「需要者の間に広く認識されている」に該当すると解するならば、使用行為差止請求に対して、先使用権の抗弁は全部抗弁となり、請求の棄却となろう。ただ、この場合は、全部抗弁となることを前提に、当該一定の広がりのある地域、たとえば「A県、B県及びこれと隣接する近県の地域」で周知であることで、同項の「需要者の間に広く認識されている」に該当するか否かを十分に検討する必要がある。

(B) 一部抗弁説によるあてはめ

他方、前記(ウ)について、周知性の認められる範囲が一部地域に限られる場合には、先使用権の抗弁は登録商標権者からの差止請求等に対して一部抗弁にとどまる（周知地域における差止請求等の範囲でのみ抗弁となる）とする(B)の見解に立つならば、先使用権の抗弁は、当該一定の広がりのある地域、たとえば「A県、B県及びこれと隣接する近県の地域」での差止めを阻止する抗弁事由となるが、その他の地域における差止請求に対する抗弁とはならないということになろう。したがって、当該一定の広がりのある地域、たとえば「A県、B県及びこれと隣接する近県の地域」での使用を除くその余の地域における差止めを認めるとの一部認容判決とするのが論理的であると思われるが、それが法の趣旨に沿うのか、地域の範囲の認定はどうあるべきかが問題となる。

(C) 検 討

前記(B)の見解に立つと、差止めの一部認容判決において、たとえば「A県、B県及びこれと隣接する近県の地域」というのでは、権利範囲が不特定であるうえ、A県およびB県の「隣接する近県の地域」以外の地域で被告が商標を使用した場合に、登録商標権者（原告）による強制執行が極めて困難である。そのため、「その近県の地域」の線引きをしたうえで、主文にこれを反映させる必要があるが、地理的に連続している地域について、

審理のうえ、周知性が認められる地域と、周知性が認められない地域とを線引きするというのは、現実には不可能と思われ、原告が当初から地域を限定して請求してきた場合（⑬大阪地判平21・3・26（ケンちゃん餃子事件））を除いて、前記Ⓑの見解を実務において採用するのは困難と思われる。

次に、周知性の範囲および程度については、本来、法32条1項は、登録商標権者からの権利請求に対する防御手段であり、被告の抗弁として機能するものであって、原告の商標権を積極的に消滅させるものではないから、原告の登録商標を無効とする法4条1項10号の場合と比較して、「需要者の間に広く認識されている」との要件を満たすための、周知性の地理的範囲、浸透度、立証の程度も、被告の従前からの使用状況・利益状況に照らし、原告の差止請求を阻止することが相当であると評価し得る程度の周知性が認められれば足りるとの価値判断を前提に、これを比較的緩やかに解してもよいのではないかと思われる。もっとも、この点は、その商品、役務の需要者によってかなり違うと考えられ、各裁判例の認定判断の違いもその点に大きく影響されているので、事案によって異なると考えられる。

法32条1項は、「需要者の間に広く認識されているときは、……その者は、……その商標の使用をする権利を有する」として、抗弁の認められる地理的範囲を特に限定していない。また、商標権侵害を理由とする差止請求に対して先使用権の抗弁が主張される場合というのは、被告が使用標章が広く認識されている（周知性がある）と主張する地域的範囲での差止請求の成否が主要な部分であって、これを主張しない地域については、被告が営業活動をしていないか、営業圏として重視していない地域であることが多く、このような地域については差止めの実体的要件である差止めの必要性を欠く場合が多いと考えられる。さらに、上記のとおり、地理的に連続している地域について、周知性の認められる地域と認められない地域とを線引きすることは現実には不可能であって、実務上、かかる見解を採用しがたいことをも考慮すれば、基本的には同項の「需要者の間に広く認識されているとき」（周知性）の要件を充足する限りは、使用行為差止請求に対して、先使用権の抗弁は全部抗弁となるとの見解が相当ではないかと考えられる。

〔資料〕で概観した裁判例のうち先使用権を認めた裁判例は、いずれも地理的範囲としては、⑦東京高判昭58・6・16（DCC・審決取消請求事件）が法4条1項10号について要求する「狭くとも一県の単位にとどまらず、その隣接数県の相当範囲の地域」との要件を充足するだけの広がりをもって需要者・取引者に認識されていたと認定されている事案ということができよう。他方、その周知の浸透度については、上記⑦DCC・審決取消請求事件のように「少なくともその同種商品取扱業者の半ばに達する程度の層に認識されていることを要する」との要件を充足することまでは認定していない事案（③、⑪、⑬）であっても法32条1項の周知性を認めているのは、前記⑧（ゼルダ事件）、⑨（ロイヤルコレクション事件）の裁判例のような考え方が背景にあるからではないかと推察される。

なお、不正競争防止法2条1項1号は、商品等表示として需要者の間に広く認識されているものと同一もしくは類似する商品等表示の使用等を禁止している。同条項における原告表示の周知性の地理的範囲は、日本全国で広く認識されている必要はなく、被告商圏である一地方で広く認識されていれば足りると解されている。このように、原告表示に係る周知性が一定の地理的範囲に限定されるのであれば、実体的に差止請求権が発生するのもその地理的範囲に限定されることとなるとも思われるが、実際の訴訟では、地域的な線引きが主要な争点として争われることが少ないことに起因してか、地理的に限定した範囲での周知性を認定した場合でも、地理的範囲を特段限定することなく当該表示の使用禁止をする主文例が大半であるとされ、地理的限定を付した差止判決は稀有とされている（小野昌延編『新・注解不正競争防止

法〔第3版〕上巻』276頁〔芹田幸子＝三山峻司〕、田村善之『不正競争法概説〔第2版〕』150頁、松川充康「周知性の地理的範囲及び先使用表示等との関係」牧野利秋ほか編『知的財産訴訟実務体系Ⅱ』399頁）。

以上のとおり、周知性が認定できる地域が限定されていても、法32条1項の「需要者の間に広く認識されている」と認定できる以上、先使用権の成立範囲はその地域に限られないと解するが、「需要者の間に広く認識されている」と認定できるかどうかは、全部抗弁説に立つことを前提として、当該商標を表示する商品または役務の需要者によって、また、次の小問2において検討するとおり、差止請求の内容との関係でも慎重に検討されるべきである。

(2) 小問2

「ホームページにおける商品に関する広告を内容とする情報に当該商標を付して電磁的方法により提供してはならない。」との請求については、ホームページがインターネットに接続されている以上、顧客は、日本国内全域はもとより世界全域において、これを閲覧し商品を購入できるのであって、当該商標が周知とされる一定の広がりのある地域、たとえば「A県、B県及びこれと隣接する近県の地域」のみで閲覧可能なインターネットホームページを開設することは技術的に不可能であろうから、先使用権の主張について、全部抗弁説または一部抗弁説のどちらの見解を採用するにしても、差止めの全部認容か、全部棄却のいずれかの結論しかあり得ないと考えられる。

そして、第1で検討したとおり、周知性の認められる範囲が一部地域に限られる場合にも、それをもって、法32条1項の「需要者の間に広く認識されている」と認定できる以上はホームページの掲載禁止を含む使用行為差止請求に対する全部抗弁として、請求の棄却とするのが相当であろう。

ただし、インターネットホームページは、現在のインターネット社会では、被告において店舗・営業所等を物理的に開設せずとも、顧客に対して日本国内全域における閲覧に供し、商品購入を可能とさせる極めて重要な営業手段であるが、他方において、原告の登録商標が存在するにもかかわらず、需要者の間で広く認識されていない被告標章が無制限にインターネットホームページで宣伝広告されれば、原告の商標権に対する重大な侵害行為となり得るものである。そこで、試論であるが、インターネットホームページでの宣伝広告に対する差止請求との関係においては、周知性の認められる範囲が全国的なものでなくてもよいとしても、たとえば地方の数県のみで周知であるなどそれが比較的狭い場合には、法32条1項の「需要者の間に広く認識されている」として、先使用権を認めることは相当ではないと解することも可能ではなかろうか。

したがって、事業所や店舗を展開するというよりも、インターネットホームページを主体として営業を行うような被告に対して、原告がホームページでの商品の販売・広告の差止めを求めた場合、被告の先使用権の抗弁が認められるためには、周知性の認められる地理的範囲よりも、当該インターネットホームページを通じて販売される商品の需要者・取引者を特定したうえで、当該需要者・取引者との関係で「広く認識されているとき」といえるかどうかという問題となると思われる。

結局、先使用者が現に行っている行為、すなわち、差止めを求める行為について、需要者・取引者としてどのような層・範囲の者を想定するのか、当該需要者・取引者との関係で、「需要者の間に広く認識されているとき」（法32条1項）という要件の事実認定の問題に集約されることになり、たとえば「A県、B県及びこれと隣接する近県の地域」において、需要者の間に広く認識されるに至っているという程度では、登録商標権者からのホームページの掲載禁止の請求を阻止するに足る周知性を備えたもの、すなわち、法32条1項の「需要者の間に広く認識されている」とはいえないとの見解も十分に成り立ち得ると思われる。そうすると、試論ではあるが、同一の被告に対する差止請求であっても、差止めを求める行為の内容によって、同項の「需要者の間に広く認識されてい

る」との要件を充足する地理的範囲・程度も異なり得ると解することも可能ではないか。

他方、2(1)(ウ)について、周知性の認められる範囲が一部地域に限られる場合には、先使用権の抗弁は登録商標権者からの差止請求等に対して一部抗弁にとどまる（周知地域における差止請求等の範囲でのみ抗弁となる）とする(B)の見解）に立つとしても、先使用者は、周知性の認められる一定の広がりのある地域、たとえば「A県、B県及びこれと隣接する近県の地域」でのみ先使用権が認められるのであって、それ以外の日本全域において当該商標を使用することは許されないから、そのような結果を容認することとなるホームページについては、差止めの全部認容とする結論となると考えられる。

(3) 小問3

一般的に、使用商標が周知かどうかは、一定の商品または役務について使用した当該商標に関して、ⓐ当該商標の奇抜性、新規性、独創性、特異性、特別顕著性の有無とその程度、ⓑ当該商標の使用開始時期、使用期間、使用地域、使用商品の製造・販売の数量および売上高または役務を提供した数量および売上高、販売地域、市場占有率（シェア）、同種製品・競争製品の多寡、取引の対象（需要者層の範囲）、使用商品または使用役務の需要者への浸透度、ⓒ当該商標を使用した商品または役務の宣伝・広告の方法・媒体（新聞および業界紙（全国紙か地方紙か）、雑誌、会報、ホームページ（アクセス件数の多さ）、テレビ（地方局か全国放送か）、ラジオ、会社案内のパンフレット、製品に関するリーフレット、看板、チラシ、ユニホーム、宣伝用マッチ、社員章、社標を表示した社用自動車の写真、宣伝用カレンダー、社標入り納品書や価格表や紙袋等）、内容・態様、回数・頻度、普及度、宣伝広告費、ⓓ当該商標の使用者の企業規模（会社規模、従業員数、支店数・営業所数等）、営業関係（生産または販売状況等）、企業の取扱品目等と当該商標を使用した商品または役務との関連、販売先である取引業者の規模、同種競争業者の多寡、その他の事情を総合的に考慮して認定すると解されている（小野昌延編『注解商標法〔新版〕上巻』246頁〔工藤莞司＝樋口豊治〕、芹田＝三山・前掲上巻306頁、山本庸幸『要説不正競争防止法〔第4版〕』68頁、今井弘晃「周知性の認定・判断について」牧野利秋ほか編『知的財産法の理論と実務3 商標法・不正競争防止法』255頁）。

証拠としては、たとえば、上記ⓑについては、取引書類（仕切伝票、納入伝票、注文伝票、商業帳簿等）、使用期間・使用地域および販売数量等に関する事実関係を明示した商品の取引先または代理店の証明書、需要者への浸透度等の関係で、当該商標を付した商品に対する地域の評価、市場調査の結果、取引者・需要者に対するアンケート調査の結果、優良品推奨協議会による推奨、品評会等での賞状等が、ⓒについては、印刷業者の印刷証明、新聞業者の配布証明、放送業者の放映証明（放送頻度、時間帯、地域、対象等）、掲載された雑誌、新聞、情報誌、インターネット記事やホームページ画像、テレビ放映の録画、宣伝広告費の領収証等、ⓓについては、商業登記簿、財務諸表、会社のパンフレット、同種商品における当該商標使用商品の販売数のランキングを示したインターネット記事等をあげることができ、これらの証拠によって、立証することが必要であろう。

そして、立証の程度については、たとえば、ⓑ、ⓓについては、販売地域または購入者がある程度の広い範囲にわたっているか、使用期間中の月ごとまたは年ごとの販売高（売上ランキング）や市場占有率等を明らかにする必要があろうし、ⓒについては、雑誌、新聞、地域情報紙等における広告であれば、雑誌等の販売地域・配布地域、発行部数・販売数・購読者数等を明らかにするとともに、雑誌等における当該商品の広告の掲載スペースの大小、格別に読者の注意をひくような内容・態様での掲載かどうか、掲載は使用期間中、継続的に行われているか、月あたりの掲載頻度等を立証する必要があろうし、テレビでの広告であれば、当該テレビ放送の放映地域、広告の放映時間帯、視聴率、広告内容、広告放映は使用期間中、継続

的に行われているか、広告放映の頻度等を具体的に立証する必要があろう。なお、商標がインターネットのウェブサイトに表示されていても、ウェブサイトにはその存在が知られていないものもあるから、それだけでは周知性が常に肯定されるものではないであろう。

〔資料〕

① 水戸地判昭27・1・31（稲田姫事件）
商標権侵害行為禁止等請求
・原告登録商標　清酒「稲田姫」
・被告標章　　　清酒「稲田姫」
先使用権の抗弁認容　請求棄却
　周知地域を限定せずに、取引者および需要者に広く認識されていたと認定
《認定事実》　被告標章は、原告の商標登録（昭和24年4月16日）前、すでに取引者および需要者に広く認識されていた。
1　稲田醸造株式会社は、酒類の醸造販売を目的として大正11年12月4日に設立されて以来、その醸造販売に係る清酒に「稲田姫」の標章を付し、これを唯一の商標として販売してきた。
2　上記会社の大正11年から昭和12年までの年度別清酒造石高は別紙〈略〉のとおりであって、1年間の平均清酒造石高は835石に達し、茨城県下のみならず、昭和5、6年頃からは東京方面にも進出して販売された。

② 大阪地判昭34・7・6（ポリベスト事件）
商標使用禁止仮処分申請　申請却下
・債権者登録商標　「ポリベスト」
・債務者標章　　　染料顔料塗料に「ポリベスト」使用
先使用権の抗弁認容
　周知の程度を厳格に解さなければならないとか、計数的に限定しなければならないという理由はなく、それは著しく広く認識されていることまでは必要とせず、相当広く認識されているという程度をもって足りる。
《認定事実》　債務者は、昭和31年5月頃に「ポリベスト」の商品名で塗料の試作品を全国の著名取引先、塗装組合等に送り、同年7月末頃からは市販に乗り出し、「ポリベスト」の標章を表したパンフレット、レッテル等を多数印刷し、パンフレットは全国の取引先等に配布し、製品にはレッテル等を貼付して広く国内に発送し、同年9月～12月には塗装業界において広く読まれている業界新聞に広告を掲載し、塗料年鑑や業界で広く購入されている塗料商品名集にも登載され、カレンダーを同標章を記載して各販売店に配布し、その後も、引き続き、広告、パンフレット配布、講習会開催等により宣伝に努めたこと等の事実からみると、債務者の類似商標の使用は、債権者の商標登録出願（昭和31年12月14日）前から、取引者または需要者の間において広く認識せられていたものである。

③ 静岡地判昭46・3・25（ギンレイ事件）
商標権侵害禁止等請求
・原告登録商標　「銀嶺」履物
・被告標章　　　「ギンレイ」「GINREI」履物サンダル
先使用権の抗弁認容
　周知地域一部で、請求を全部棄却
《認定事実》　被告は、原告の商標登録出願日（昭和32年12月23日）以前に2年近くの間、静岡、東京、名古屋その他において、被告標章をその製造販売に係る履物サンダルを表示するものとして使用し、昭和32年末当時にそれが被告の製造販売するサンダルの商標として各地の需要者である履物卸問屋および一般小売店の間に相当広く認識されていたものと推認できる。
1　被告は、被告標章を付したビニール巻サンダルを昭和31年2月静岡の履物見本市に出品し、ギンレイサンダルとして注目を集めた。
2　被告は、昭和31年4月から被告標章のシールをその製造に係るサンダルの天板に貼って販売するようになり、同年8月の静岡履物見本市には、このシールを貼った製品を出品した。
3　被告は、昭和31年3月頃から、ビニール巻サンダルの天板にカッティング製版法による型紙を用いた塗付け加工をしたものを製造し、また、同年中から製品の出荷用の箱に被告標章を使用した。
4　被告は、昭和31年以前から、名古屋市の池田商店、山忠商会、岐阜市の毛利商事ほか、仙台市の石川屋商店、豊樹市の浅井芳太郎、東京都の片岡商店など、各地の履物問屋に被告標章を使用したサンダル製品を売りさばいており、このうち、東京都の片岡商店は、昭和32年当時、月々2000万円の売上高をもち、東京一の履物問屋であり、被告の同商店への入荷高は、月々5千足、金額で30～40万円、さらに、池田商店への入荷高は月々25万円、浅井芳太郎への入荷高は月々25万円であった。

④ 大阪地判昭46・12・24（すっぽん大市事件）
商標使用権確認請求
・被告登録商標　「すっぽん大市」すっぽん煮
・原告標章　　　「大市」「スッポン大市」等
先使用権認容
　周知地域一部（関東から関西にかけて）で、地域を限定せずに請求認容
《認定事実》　原告の製造販売に係るすっぽん料理（煮）を表示する商標として少なくとも関東から関西にかけての需要者に広く認識されるに至っていた。
1　原告の代表社員の先祖にあたる近江屋定八が、江戸時代中期に原告の本店所在地において「大市」の商号ですっぽん料理店を開業し、その後、その子孫が代々近江屋定八を襲名してすっぽん料理店「大市」を経営し、江戸時代末期頃にはすでに京都を中心とした関西方面において

有名店になっており、当時から店ですっぽん料理を直接客の食用に供する場合と、これを壺に入れて販売する場合の２種の販売方法を併用していた。
2　明治、大正時代に入って交通機関および情報伝達機関の発達により、「大市」のすっぽん料理はますます広範囲に有名となり、東京、大阪等大都会の食通に瓶詰で輸送販売されるに至った。
3　被告の登録商標出願がされた昭和31年２月頃には、原告はすでにすっぽん料理の「大市」として国内における屈指の販売店になっており、当時年間売上高が1200万円を超え、全国のすっぽん料理売上高の３分の１を占めるに至り、店で直接食用に供する売上げと瓶詰で販売される売上げとはほぼ折半の関係であって、当時すでにすっぽん料理（煮）といえば京都の「大市」があげられるほど、すっぽん料理業界および食通の間では原告の名が著名になっていた。
4　原告は瓶詰で販売するすっぽん料理（すっぽん煮）について、原告標章を、昭和初期から瓶詰胴ばりレッテルに、大正時代から瓶詰包装紙にそれぞれ付して使用するなどしていた。

⑤　**大阪地決昭50・6・7（競馬ファン事件）**
商標使用差止等仮処分申請
・債権者登録商標　　「競馬ファン」
・債務者使用標章　　「競馬ファン」
先使用権の抗弁認容
　周知地域一部で、債権者請求全部却下
《認定事実》　被告標章の付された刊行物は、大正15年から現在まで戦時中の６年間を除いては40年にわたり発行が続けられた結果、原告の商標登録出願時（昭和45年２月24日）には、被告標章を付した新聞は少なくとも関西地区の中央競馬の関係筋やファンの間では周知であった。
1　「競馬ファン」を題号とする刊行物は、大正15年に、Ｉ氏が東京で月刊誌として発刊して以来、競馬愛好者の人気を得ていたところ、昭和15年６月限り休刊したが、終戦直後の昭和21年10月に競馬が復活するとともに「競馬ファン」を題号とする刊行物が大阪で復活し、Ｉ氏が故人になっていたので、戦前同誌の関西支局の担当者であったＫ氏が経営者となり、新聞形式で各開催日に発行され、その発行部数は5000部に達し、当時としては業界の50％のシェアを占めていた。
2　その後Ｋ氏の経営上の事情で低調となったので、昭和34年８月、債務者の代表者Ｎ氏が「競馬ファン」の営業、商標を承継し、昭和38年には発行部数が3000〜4000部に復調し、開催日には１日も休むことなく発行された。
3　昭和43年９月、Ｔ社がＮ氏から「競馬ファン」の営業権と商標を譲り受けたが、競馬開催日には毎日その新聞の発行を続け、発行部数は昭和43年10月から同年12月は７万部、昭和44年は28万部、昭和45年１月から同年６月は32万部であって、原告の商標登録出願日には、「競馬ファン」の発刊は創刊号から第3242号を重ねていた。

⑥　**広島地裁福山支判昭57・9・30（DCC・侵害差止請求事件）**
商標権侵害差止請求
・原告登録商標　　「DCC」茶、コーヒー、清涼飲料等
・被告商標　　　　「DCC」「DCC.」
先使用権の抗弁否定
　周知地域が狭く、周知の程度が低い。
《判断基準》　被告のような荒挽きコーヒー加工販売業者の使用商標が需要者の間に広く認識されたといえるためには、一県およびその隣接県の一部程度にとどまらず、相当広範な地域において認識されることを要する。
《認定事実》　原告の商標登録出願当時、被告の営業範囲は広島県全域、山口県東部、岡山県西部および島根県の一部であること、広島県下における被告の取引先占有率が30％程度であること（同県下における被告の量的市場占有率は右割合以下であったと推認できる）、被告の宣伝活動はおおむね広島県下に限られており、この程度ではいまだ被告使用商標が先使用権者の商標として保護されるほどに周知であったと認めることはできない。

⑦　**東京高判昭58・6・16（DCC・審決取消請求事件）**
商標登録無効不成立審決取消請求
・被告登録商標「DCC」
法４条１項10号該当否定　無効不成立
《判断基準》　商標登録出願の時において、全国にわたる主要商圏の同種商品取扱業者の間に相当程度認識されているか、あるいは、狭くとも１県の単位にとどまらず、その隣接数県の相当範囲の地域にわたって、少なくともその同種商品取扱業者の半ばに達する程度の層に認識されていることを要する。
《認定事実》　原告の使用によってDCCが、主として専業的な喫茶店をはじめとする当該継続的取引先の相当数の取扱業者の間で、原告の営業ないし取扱いのコーヒー等の商品を表示するものとして認識されていたことこそうかがわれるけれども、その主な販売地域である広島県下でも専業的な喫茶店等に対する取引占有率はたかだか30％程度にすぎず、DCCを原告の業務に係る商品を表示するものとして認識していた同種商品取扱業者の比率はさらに下回るものであって、隣接県である山口県、岡山県等における比率ははるかに広島県に及ばないのであるから、法４条１項10号に規定するような需要者の間に原告の業務に係る商品を表示する商標として広く認識されていたものとまではいいがたい。

⑧　**東京高判平５・7・22（ゼルダ事件）**
差止請求権不存在確認請求
・原告使用標章　　「ZELDA」「ゼルダ」婦人服
先使用権認容　請求認容
　周知地域を限定せずに、需要者間に広く認識されていたと認定

《判断基準》 法32条1項所定の先使用権の制度の趣旨は、識別性を備えるに至った商標の先使用者による使用状態の保護という点にあり、しかも、その適用は、使用に係る商標が登録商標出願前に使用していたと同一の構成であり、かつ、これが使用される商品も同一である場合に限られるのに対し、登録商標権者または専用使用権者の指定商品全般についての独占的使用権は上記限度で制限されるにすぎない。そして、両商標の併存状態を認めることにより、登録商標権者、その専用使用権者の受ける不利益とこれを認めないことによる先使用者の不利益を対比すれば、後者の場合にあっては、先使用者は全く商標を使用することを得ないのであるから、後者の不利益が前者に比し大きいものと推認される。かような事実に鑑みれば、同項所定の周知性、すなわち「需要者間に広く認識され」との要件は、同一文言により登録障害事由として規定されている法4条1項10号と同一に解釈する必要はなく、その要件は上記の登録障害事由に比し緩やかに解し、取引の実情に応じ具体的に判断するのが相当というべきである。

《認定事実》 被告の商標登録出願(昭和55年8月4日)の際、現に「ゼルダ」の標章が原告の業務に係る商品を表示するものとして「需要者」としての婦人服のバイヤー、すなわち、問屋や一般小売業者の間で広く認識されていた。

1　婦人服業界において、特定のデザイナーの製品であることを示すデザイナーズブランドの場合、展示会、ファッションショーを通じて、これら催しに出席した新聞雑誌等のマスコミ関係、百貨店、小売専門店等のバイヤーに直接そのブランドのイメージの理解をはかり、出席しなかったバイヤー等には出席したマスコミ関係者による記事等を通じてイメージの浸透に務めたうえ、有名デパートや大型ファッションビルにおいて、ブランド単独の売り場を獲得したり、フランチャイズ店を構えるなどしていくものであり、また、当該業界においては、知名度の高い実績のあるデザイナーやそのデザイナーに関係したデザイナーの場合には、そのデザイナーブランドの浸透は無名のデザイナーに比し短期間でなされ得る。

2　ゼルダの標章はデザイナーブランドであり、原告は、昭和54年11月以降多数回にわたり、案内状を百貨店および小売専門店、一般紙および業界紙の新聞社および雑誌社に対して送付したうえで、「ゼルダ」ブランドを展示した商品展示会を開催し、「ゼルダ」ブランドの宣伝のためのダイレクトメールを、各直営店およびフランチャイズ店から、一般消費者に対して多数送付配布し、ファッション雑誌に「ゼルダ」ブランドのファッションショーの紹介記事および「ゼルダ」ブランドの被服を着用したモデルの写真と記事が掲載された。

　　なお、「ゼルダ」ブランドの婦人服の売上高がレディスアパレル46社の総売上高の合計額に比して僅少であることをもっては、先使用権成立の要件である周知性の存在を左右するに足りない。

⑨　大阪地判平6・10・6（ロイヤルコレクション事件）

商標権侵害に基づく損害賠償請求
・原告登録商標　「ROYALCOLLECTION」
・被告標章　　　「森真珠ロイヤルコレクション」「Royal Collection」

先使用権の抗弁認容　請求棄却
　周知地域を限定せずに、需要者の間に広く認識されていたと認定

《判断基準》 法32条1項により商標の使用をする権利が成立する要件としての周知性は、法4条1項10号所定の周知性に至らない程度のもので足りる。なぜならば、同号の適用が認められる場合には、先願主義に対する例外として、「周知」の商標を有する者に対し、先願者の商標権の成立を排除する権利を与えることになるのに対し、法32条1項が適用される場合には、先願者が取得した商標権そのものを排除するのではなく、ただその行為が「周知」の商標を有する者との関係で制限されるにすぎないからである。

《認定事実》 被告標章は、原告の商標登録出願（昭和59年11月12日）当時、現に被告の販売する商品（真珠製品）を表示するものとして需要者の間に広く認識されていた。

1　被告は、昭和56年頃から、皇室関係の宝飾デザイナーとして業界で著名であった田居がデザインした真珠加工品に被告標章（森真珠ロイヤルコレクション）を付して販売するようになった。

2　神戸にあった本社ビルのショールームで展示会を年3回ほど開催し、大阪を中心とする西日本の三越百貨店においても随時展示会を開催した。

3　昭和57年頃からは、東京・青山の森英恵ビルでも展示会を開始し、各地のホテル等でも展示会を行い、田居のデザインした真珠加工品は、そのデザインの見事さから、展示会に来場した顧客の注目を集め、展示会の目玉商品の役割を果たし、それに伴い、原告の商標登録出願時には、被告標章は真珠を買い求める顧客の間で広く知られるようになった。

⑩　大阪地判平9・12・9（古潭ラーメン事件）

商標権侵害行為等差止請求
・原告登録商標　「古潭コタン」指定役務ラーメン提供
・被告標章　　　「古潭」「こたん」「KOTAN」

《判決主文》 被告は、茨城県水戸市、ひたちなか市および那珂郡那珂町内で使用する場合を除き、その営業活動または営業施設に、「古潭」「こたん」または「KOTAN」の各標章を使用してはならない。

先使用権の抗弁否定

《判断基準》 先使用権に係る商標が未登録の商標でありながら、登録商標に係る商標権の禁止権を排除して日本国内全域においてこれを使用することが許されるという、商標権の効力に対する重大な制約をもたらすものであるから、当該商標が必ずしも日本国内全体に広く知られているまでの必要はないとしても、せいぜい、2、3の市町村の範囲内のような狭い範囲の需要者に認識されている程度では足

《認定事実》 被告標章が被告の営業に係る役務を表示するものとして需要者に認識されている地理的範囲は、せいぜい水戸市およびその隣接地域内にとどまるものというべきであるから、被告標章は、被告の業務に係る役務を表示するものとして「需要者の間に広く認識されてい」たとは認められない。そうすると、被告は被告標章について法32条所定の先使用権を有しない。

もっとも、商標法の一部を改正する法律附則3条1項の「施行の日から6月を経過する際現にその商標の使用をしてその役務に係る業務を行っている範囲内」においてその使用の継続を認めることとし、地理的にも現にその役務に係る業務を行っている範囲内に限定し、いわば現状を維持する限度でその使用を認めることとしたものと解されるから、同項所定の継続的使用権の効力により、被告は、水戸市、ひたちなか市および那珂町内においては、その営業活動または営業施設に被告標章を使用できるが、それ以外の地域については継続的使用権の効力が及ばず、被告標章を使用できない。

⑪ **東京高判平13・3・6（ベークノズル事件）**
商標権侵害差止等請求
・原告登録商標 「ベークノズル」 電気材料等
・被告標章 「ベークノズル」 電線の保護部材
原告 控訴審で予備的に原審が周知性を認定した近畿地区以外での差止請求を追加
先使用権の抗弁認容 請求全部棄却、予備的請求も棄却
近畿地区所在の電設資材卸売業者の間で広く認識されている。
《判断基準》 法32条1項は、先使用者による商標の使用の事実状態を保護することを目的とするものであるから、周知性の程度については、必ずしも全国的に周知である必要はなく、相当範囲において知られていればよい。
先使用権の及ぶ地理的範囲
法32条1項の定める先使用権の及ぶ地理的範囲は、周知性の認められる範囲には限られないものと解すべきである。（全部抗弁）
《認定事実》 被告標章は、原告の商標登録出願時（昭和63年9月22日）にはすでに、被告商品を表示するものとして、近畿地区所在の電設資材の卸売業者の間で広く認識されていた。
1 被告は、配線部材の一つとして、配電盤に電線を取り付ける際に、配電盤の筐体部分を通過する電線を保護するための製品である被告商品を製造し、これを「ベークノズル」と称して、主として近畿地区所在の電設資材の卸売業者に販売している
2 被告は、昭和43年以降は、毎年、電設資材の卸売業者十社前後に被告商品を納入しており、納入回数は、業者によって異なるが、年あたり数回から十数回であり、被告が被告標章を付して販売した被告商品の個数は、昭和43年と昭和44年は総計1万3千個、昭和45年は総計2万個であり、昭和50年代後半には、販売した卸売業者の数は15社前後に達し、原告が商標登録出願をした昭和63年頃は、因幡電機産業を含む21社に対し、総計1万5000個の被告商品を納入した。
3 被告のカタログ、価格表および納品書において、いずれも被告商品は「ベークノズル」と表示され、昭和42年から現在に至るまで、被告と卸売業者との間で、また卸売業者と需要者との間でも、被告商品は被告標章によって取引されてきた。

⑫ **大阪地判平16・4・20（Career-japan事件）**
商標権侵害差止請求
・原告登録商標 「Career-japan」
・被告標章 「Career-japan」
先使用権の抗弁認容
原告請求（インターネットホームページにおける使用禁止）全部棄却
《認定事実》 被告は、原告の商標登録出願時（平成14年7月2日）の約2年半前から、20歳代から30歳代の高学歴の男女を対象とし、東京、大阪あるいは名古屋を中心とする地域に所在する企業の求人事項を、被告標章を使用した被告サイトにおいて掲載しており、そのことは被告サイト立上げ以降被告が打ち出した広告等により、徐々に東京、大阪あるいは名古屋を中心とする地域において認識されるに至っていたということができ、原告の商標登録出願時には、被告標章はインターネット上で求人事項の掲載等を行う被告の役務を示すものとして、東京、大阪あるいは名古屋を中心とする地域において、就職情報に関心をもつ需要者層の間で広く認識されていた。

⑬ **大阪地判平21・3・26（ケンちゃん餃子事件）**
先使用権確認請求
・原告標章 「ケンちゃん餃子」
・被告登録商標 「ケンちゃんギョーザ」
《判決主文》 請求全部認容
原告が別紙商標目録〈略〉の商標に関し、別紙標章目録〈略〉の態様および別紙地域目録（東京都、埼玉県、神奈川県、千葉県、茨城県、栃木県、群馬県、山梨県、福島県、長野県、静岡県、新潟県）の地域において「ぎょうざ」について、先使用による商標の使用を有する権利を有することを確認する。
先使用権認容
《認定事実》 少なくとも上記地域においては、被告の商標登録出願（平成8年12月6日）の際、原告各標章が、需要者の間で周知であったということができる。
1 原告は、昭和45年11月の設立時から「ケンちゃん餃子」の商品名で餃子を製造販売し、昭和50年11月には商品名を社名（ケンちゃん餃子株式会社）とし、昭和47年には東京第1工場を開設・稼働させ、昭和53年11月にケンちゃん餃子新潟株式会社を設立して新潟工場を開設し、さらに平成5年には、東京第2工場を開設したこと、原

告の売上げは、昭和49年11月決算期には1億2000万円であったが、年々売上げを伸ばし、平成5年をピークに増減を繰り返しながらも、ほぼ7億円以上の売上げを計上し、新潟工場では、当初、東京方面に販売していたが、新潟県内の小売業者に対しても販売し、さらに近隣の県の小売業者に対しても販売するようになり、その売上げは昭和62年度で9761万円、昭和63年度で1億1343万円、平成元年度で1億2652万円であり、また、平成元年2月には、新潟工場とあわせて、年間7000万個の餃子をつくり、国内200社の中で5番目のシェアを有している旨の記事が新聞に掲載されたこと、原告は、設立当初から、一貫して餃子の製造販売に絞って事業展開しており、上記売上げはいずれも餃子を販売したものである。

2　原告は、昭和51年頃、ラジオCMを放送し、平成2年から平成5年の間にもラジオCMを放送し、その受信地域は、関東地方1都6県（神奈川、埼玉、千葉、栃木、茨城、群馬）と山梨を完全にカバーし、福島、長野、静岡、新潟の一部を含むものであった。

⑭　**東京地判平22・3・4（アイハートネイル事件）**
商標使用差止等請求
・原告登録商標　「アイハートネイル」
・被告商標　　　「アイラブネイル」
先使用権の抗弁否定　インターネットを含め差止め全部認容
《認定事実》　被告は、西東京市ひばりヶ丘において、2店のネイルサロン店を経営。

被告のネイルサロン店が雑誌や情報誌に掲載されたり、広告が掲載されたりすることがあったからといって、掲載のスペース、態様、頻度等に照らし、被告標章が被告のネイルサロン店が所在するひばりヶ丘およびその近隣地域以外の需要者に広く知られていたものと認めることはできない。

仮に、被告商標がネイルサロン店としての営業活動により、被告の役務標章としてひばりヶ丘およびその近隣地域の需要者に対する周知性を獲得していたとしても、この程度の限定された範囲内における周知性をもって、法32条1項の要件を充足するということはできない。

⑮　**東京地判平22・7・16（シルバーヴィラ事件）**
商標権侵害差止請求
・原告登録商標　「シルバーヴィラ」
・被告標章　　　「シルバーヴィラ揖保川」
先使用権の抗弁否定　差止め・損害賠償認容
《判断基準》　法32条1項は、先使用が認められた者に「その商品又は役務についてその商標を使用する権利」を認めるにすぎず、無限定にその商標を使用することができるわけではないこと、同条2項の規定により、商標権者は、誤認混同防止措置を付すことを請求することができること、同条1項の周知性が法4条1項10号における周知性と同じ意味であれば、当該商標権は無効とされるべきものとなり、そもそも商標権者は商標権を行使することができず（法39条、特許法104条の3）、先使用権を認める必要はないことからすれば、法32条1項の周知性の地理的範囲は、法4条1項10号よりより狭いものであってもよい。

本件においては、被告各施設の需要者は、主として兵庫県西播磨圏域に居住する者と認められるから、当該圏域の需要者の間に広く認識されていれば足りる。

《認定事実》　兵庫県西播磨地区の需要者に、「シルバーヴィラ揖保川」の名称（被告標章）が広く認識されていると認めることはできない。

商標法38条1項、2項による損害額の算定における商標の「寄与」の位置づけおよび同各項と同条3項との重畳適用

知的財産高等裁判所判事 　大　寄　麻　代

1　はじめに——商標法38条の解釈上の課題

(1)　商標法38条1項、2項適用の要件

　現行の商標法（以下、単に「法」ということがある）38条2項および3項に相当する規定は、昭和34年の特許法102条1項および2項の新設と同時に、当時の法38条1項および2項として設けられ、その後、平成10年の特許法102条1項の新設とともに、現行の法38条1項が新設され、旧1項が2項に、旧2項が3項に繰り下がったものであり、法38条の条文構造は特許法102条と同じである。

　しかし、商標権は、特許権等の工業所有権と異なり、それ自体は創作的価値を有せず、その出所たる企業等の営業上の信用や使用等による顧客吸引力等と結びついてはじめて財産的価値を有するものである。特許権侵害等については、侵害者製品において特許権が利用されていれば、性能、効用の面で何らかの寄与をしているものであって、侵害者製品の売上げの中には特許権等の対価に対応する部分があることになるから、特許権等を侵害していながら特許権者等において何らかの損害の発生もあり得ないという場面を具体的に想定することはなかなか困難であると指摘されているが[1]、商標権については、登録商標に顧客吸引力がないまたは非常に弱い場合には、登録商標が権利者商品ないし侵害者商品に使用されていても、それが権利者の売上げにも、侵害者の売上げにもほとんど寄与していないということは容易にあり得る。最三小判平9・3・11民集51巻3号1055頁（小僧寿司事件）は、商標権侵害を理由とする法38条3項に基づく損害賠償請求について、登録商標に顧客吸引力が全く認められず、登録商標に類似する標章を使用することが第三者の商品の売上げに全く寄与していないことが明らかなときは、損害不発生の抗弁を認め、得べかりし利益としての実施料相当額の損害賠償も否定している。

　そうすると、法38条1項または2項の場合においても、商標の売上げへの寄与がない場合には、そもそも同各項の適用が認められない場合があるのか、商標権と特許権等との性質の違いによる同各項の解釈への影響の有無が問題となる。

　一方、損害論に関しては、近時、知財高判平25・2・1（平成24年(ネ)第10015号）（本誌59号61頁参照）（ごみ貯蔵器大合議判決）において、特許法102条2項についての判断が示されたが、同判決が、特許法と同様の条文構造を有する法38条の解釈にどのような影響を及ぼすのかも問題となる。

(2)　商標の「寄与」の考慮

　また、一般に、商標権侵害事件においては、侵害者の利益が商標の顧客吸引力のみによって達成されていることは稀であり、侵害者製品の内容や侵害者の営業努力等の事情が相まって、当該商品について利益をあげることができる場合が少なく

---

1)　三村量一「判解」最判解民事篇平成9年度(上)415頁。

なく、多くの商標権侵害事件の裁判例においても、損害額の算定の際には、使用商標の売上げに対する寄与が考慮されている。しかし、このような、「寄与」の考慮による減額の理論構成、寄与度考慮による減額と法38条1項ただし書による減額または2項の推定覆滅との関係については、各裁判例の中でも考え方は統一されておらず、さらなる検討が必要であると指摘されている[2]。

そこで、実務上、商標権侵害による逸失利益の損害額の算定において頻繁に考慮される商標の「寄与」という事情が、法38条1項および2項の適用の各場面において、どのように考慮されるべきかについて、特許法102条についての解釈、議論を参考として、これと対比しつつ、検討してみることとしたい。

(3) 重畳適用の可否

加えて、寄与の問題と直接かかわるものではないが、寄与を考慮して法38条1項ただし書または2項の推定覆滅による減額が認められた場合に、次に問題となるべき点として、減額された数量について3項の重畳適用が認められるのかという点についても検討してみたい。

なお、言うまでもないが、本稿において意見にわたる部分はすべて筆者の個人的見解である。

2 法38条1項の損害額の算定

(1) 立法趣旨

現行の法38条1項は、特許法102条1項と同時に平成10年法律第51号による改正により新設された。特許法102条1項の改正の背景としては、民法709条に基づく逸失利益の損害賠償請求は、その認容のために立証されなければならない5要件のうち、特に、「因果関係」と「損害額」により定められる損害の範囲の立証が困難であるということと、当時の裁判例の分析によれば、侵害行為と権利者の販売数量減少との間に、製品の酷似性、代替品の不存在、市場の同一性および権利者の供給能力により相当強い関連性が推認できる場合に限り、侵害製品の販売数量すべてを権利者が販売し得たとして、逸失利益の賠償請求が認容されているが、こうした立証ができないまたは反証があった場合には、侵害製品の販売数量すべてを権利者が販売し得たとは認められないことを理由として請求が棄却されており、オール・オア・ナッシング的認定になっていること、当時の特許法102条1項（現行2項）の推定規定は、侵害者が利益をあげていない場合や利益が小さい場合には権利者の逸失利益に見合った賠償がされることにならないという限界があったことがあげられている[3]。そこで、特許法102条1項は、①特許権は、その技術を独占的に実施する権利であり、その技術を使った製品は特許権者しか販売できない、②この独占権という性格を前提とすれば、権利者の実施能力の限度においては、「侵害者の譲渡数量＝権利者の喪失した販売数量」と考えることができる、③そこで、侵害者の譲渡数量に権利者製品の単位数量あたりの利益額を乗じた額を、実施能力に応じた額の限度において、損害額とする（本文の規定）、④ただし、侵害者の営業努力その他の要因により、「侵害者の譲渡数量＝権利者の喪失した販売数量」とはできない事情が立証された場合には、その事情に応じた額を控除する（ただし書の規定）という考え方の骨子に基づき、民法709条に基づく販売数量減少による逸失利益の損害額の算定ルールとして新たに設けられたものである[4]。そして、法38条1項は、商標権侵害があった場合にも、民法709条による損害賠償を請求する際には同様の立証の困難性の問題があるとして、特許法102条1項と同様の規定が新設されたものである[5]。

(2) 法38条1項本文の適用要件

権利者が登録商標を使用した商品を販売してい

---

2) 知的財産裁判実務研究会編『知的財産訴訟の実務〔改訂版〕』162頁〔佐野信〕。
3) 特許庁総務部総務課工業所有権制度改正審議室編『工業所有権法の解説〔平成10年改正〕』11頁〜15頁。
4) 特許庁総務部総務課工業所有権制度改正審議室編・前掲〈注3〉16頁。
5) 特許庁総務部総務課工業所有権制度改正審議室編・前掲〈注3〉20頁。

るが、その登録商標が無名商標であったり、使用態様が目立たないなど、顧客吸引力が全くまたはほとんどなく、登録商標が権利者自身の売上げに寄与していないのではないかと考えられるような場合であっても、法38条1項が適用されるか、すなわち、同項本文は、権利者が「侵害の行為がなければ販売することができた商品」の単位数量あたりの利益を、侵害者譲渡数量に乗じるものであるから、まず、そのような場合であっても、「侵害の行為がなければ販売することができた商品」にあたるかの解釈が問題となる。

(ア) 特許法102条1項についての学説

特許法102条1項本文の適用要件に関しては、権利者が「その侵害の行為がなければ販売することができた物」が、侵害された特許権に係る特許発明の実施品であることまで必要かどうかにつき、①必要であるとする説（実施品必要説[6]）と、②権利者製品と侵害者製品との間に市場における競合関係が存在するものであれば足り、実施品であることまでは必要がないという説（競合品十分説[7]）がある。しかし、いずれの説であっても、権利者が特許権を実施した商品を販売している場合であれば、通常、同項の適用は肯定される[8]。

(イ) 法38条1項についての学説・裁判例

これに対し、法38条1項本文の適用要件については、上記1(1)で述べた商標権と特許権との性質の違いから、侵害者製品と権利者製品との間に当然に相互補完関係が存在するということはできないとして、①「侵害の行為がなければ販売することができた」という要件について、権利者製品と侵害者製品の同一性、販売態様、商標と商品の出所たる企業の営業上の信用等との結びつき等を総合的に勘案して判断する必要があるとする説[9]や、

登録商標が営業上の信用を伴うものであり、商標権者が侵害者製品と同一商品を販売しているなどの事情が存在することを前提として1項を適用するという説[10]（1項適用制限説）がある。一方、②「侵害の行為がなければ販売することができた商品」とは、特許法と同様に、侵害者製品と代替可能性のある商品を指し、商品の種類として代替可能性があれば足り、少しでも侵害者製品の需要が権利者製品に向きさえすれば法38条1項本文を適用すべきであり、価格や品質等を異にするなど全需要の代替性を否定する要素や、侵害行為地周辺で商標権者の商標は周知でもないなどの事情は、ただし書の問題であるとの説[11]（1項適用説）がある。

裁判例としては、東京地判平13・10・31（平成12年(ワ)第15912号）（本誌15号92頁参照）（メープルシロップ第1事件）は、上記①の1項適用制限説の立場をとり、権利者製品、侵害者製品ともに登録商標を使用し、同一の商品（メープルシロップ）が販売されていた事案で、両商品が対象とする市場および需要者が相違すること、侵害者製品の使用商標はカタログではほとんど看取し得ないことなどから、法38条1項の適用自体を否定した（控訴審である東京高判平14・9・26（平成13年(ネ)第6316号等）〈裁判所HP〉も同旨）。また、上記①と同様の立場で、商標と企業の営業上の信用等とがどの程度結びついていたか、具体的な市場競合性等を総合的に検討し、結論としてこれを肯定した事例として、東京地判平17・10・11（平成15年(ワ)第16505号等）（本誌31号105頁参照）（ジェロヴィタール化粧品事件）などがある。

(ウ) 検　討

確かに、1項適用制限説の述べるとおり、商標

---

6) 三村量一「損害(1)－特許法102条1項」牧野利秋＝飯村敏明編『新・裁判実務体系(4)〔知的財産関係訴訟法〕』300頁ほか。
7) 田村善之『知的財産権と損害賠償〔新版〕』313頁、古城春実「損害1－特許法102条1項に基づく請求について」牧野利秋ほか編『知的財産法の理論と実務2 特許法〔II〕』256頁。
8) 特許法102条1項によっても「損害の発生」自体は推定されず、権利者が立証責任を負担するものとしても、特許権等の実施により事実上推認され得るだろうとされる（中山信弘＝小泉直樹編『新・注解特許法下巻』1565頁〔飯田圭〕）。
9) 小野昌延編『注解商標法〔新版〕下巻』928頁〔松村信夫〕。
10) 三村・前掲〈注6〉305頁。
11) 田村善之『商標法概説〔第2版〕』338頁、君嶋祐子「損害」牧野＝飯村編・前掲〈注6〉413頁。

権と特許権にはその性質上、価値の生じ方（売上げへの寄与の生じ方）に違いがあり、顧客吸引力等のない商標など、売上げへの寄与がない場合には、1項損害が認められるべきではない。

しかし、その理論構成については、法38条1項の立法趣旨が、前記(1)のとおり、侵害と因果関係のある売上減少（逸失利益）の立証の困難性を救済するための損害額の算定ルールとして設けられたものであり、その点においては特許法と商標法で差異はないにもかかわらず、同項を適用するために「侵害の行為がなければ販売することができた」ことを、権利者側が、登録商標の企業の営業上の信用との結びつきの程度や、具体的な販売態様などを踏まえて侵害者製品の需要が権利者製品に向かうことを証明しなければならないとすれば、同項の立法趣旨を損なうことになると考えられる[12]。この点については、前掲知財高判平25・2・1（ごみ貯蔵器大合議判決）が特許法102条2項について、立証の困難性の軽減を図るという立証趣旨を踏まえて同項を適用するための要件をことさら厳格にすべきではないと判示した趣旨が、法38条1項についても同様にあてはまるといえる。また、同項ただし書は、「譲渡数量の全部又は一部に相当する数量を商標権者又は専用使用権者が販売することができないとする事情があるときは、当該事情に相当する数量に応じた額を控除するものとする」と定め、一部だけではなく「全部」の控除をも認めていることからすれば、因果関係を全部否定する事情も含めて侵害者側に立証責任を負わせたものであり、同項の前提となる仮定（侵害者の譲渡数量＝権利者の喪失した販売数量）が成り立たないときには、同項ただし書により全部控除を認めるという立証責任の分配が予定されていると解される。さらに、1項適用制限説が同項適用の前提として考慮する要素としてあげる営業上の信用との結びつきの程度や販売態様等の事情

は、一般に同項ただし書の事情としても考慮されるものであるから、1項適用制限説に立つと、同項本文の適用を否定すべき場合と、同項ただし書により譲渡数量全部に応じた額が控除されるべき場合との区別も困難となると考えられる。

そうすると、商標の顧客吸引力がないまたは低いと思われる事案であったとしても、権利者が、少なくとも侵害者製品と抽象的に競合があり得る商品を販売していれば、「侵害行為がなければ販売することができた商品」にあたるものとして、法38条1項を適用し、具体的な商標の顧客吸引力の低さや販売態様等については、侵害者側が主張、立証責任を負うものとして、同項ただし書において考慮し、商標の寄与が全く認められない場合には、全部控除を認めるのが理論的には相当ではないかと考える。

(3) 法38条1項における商標の「寄与」の考慮

(ア) 「寄与」の類型

「寄与度」とは、一般的には、損害発生につき、加害者の行為のみならず他の原因も関与した場合に、各原因の関与した程度をいい（『法律学小辞典〔第4版〕』）、競合するほかの原因には、第三者の行為などがあげられるが、知的財産権侵害の損害の算定における「寄与」の具体的な内容については、学説、裁判例上意味するところはさまざまである。まず、寄与の対象としては、権利者側の売上げへの寄与をいう場合と、侵害者側の売上げへの寄与をいう場合があり得る（たとえば、無名商標である場合は、いずれへの寄与も同等に低いが、権利者販売地域でのみ周知な商標であれば、前者への寄与は高く、後者への寄与は低いことになるから、両者は同一ではない）。そして、知的財産権の売上げへの「寄与」の程度が具体的に問題となるのは、一般的に、①権利者製品または侵害者製品の一部品のみが特許権等の実施物件である場合、

---

[12] 法38条1項の適用のためには、権利者が「損害の発生」を証明する必要があるとしても、同項ただし書によって因果関係をすべて否定すること（この場合、結局逸失利益という損害自体がないこととほぼ同義となると解される）も予定されている以上、侵害者製品と抽象的に競合があり得る商品を権利者が販売していれば、前掲〈注8〉と同様に考えるのが相当ではないかと考える。

②権利者製品または侵害者製品全体が特許権等の実施物件であるが、当該製品の内容自体に、当該特許権等に係る技術以外の技術の実施や意匠などの他の貢献要因があるため、本件特許権等の権利者製品または侵害者製品の単位利益への貢献（金額的寄与）が限定的である場合、または、製品の内容以外で全体の売上額に貢献する要素、たとえば権利者または侵害者の販売力や特徴的な販売態様等があるため、本件特許権等の権利者製品または侵害者製品の売上数量への貢献（数量的寄与）が限定的である場合がある。特許権についての当初の「寄与度」の議論は、上記①の類型を念頭においたものであったと思われ[13]、その後①、②の類型を特に区別することなく「寄与度」考慮の有無について論じられている場合も多いが、商標の場合には、製品の一部品のみの商標の使用が問題となる事例は稀であるから、以下においては、上記②の類型を念頭において検討する。

(イ) 特許法102条1項の寄与の位置づけについての学説・裁判例

特許法102条1項については、寄与を考慮する理論構成として、①同項本文の「販売することができた物の単位数量当たりの利益の額」の問題として考慮する説（本文説[14]）、②同項ただし書の問題として考慮する説（ただし書説[15]）、③寄与は、同項の規定する範囲外の事項であり、ただし書による減額とは別に、民法709条所定の因果関係一般の問題として考慮すべきとする説（民法709条説[16]）があり、裁判例も、それぞれの説によったもの、またはそのように理解されるものに分かれている[17]。

(ウ) 法38条1項の寄与の位置づけについての学説・裁判例

法38条1項の適用における商標の寄与を考慮する理論構成については、特許法ほど論じられていないが、同項ただし書の問題として考慮する説[18]が多い。

裁判例では、ただし書説に立って、法38条1項ただし書の中で商標の寄与（非寄与）に関する考慮をするものもあるが（たとえば、広告宣伝等の営業努力による減額を認めたものとして、前掲東京地判平17・10・11（ジェロヴィタール化粧品事件）、商標の自他識別能力や周知性の程度の低さや侵害者製品における商標の使用態様等による減額を認めたものとして、東京地判平15・5・28（平成14年(ワ)第6895号）（本誌21号100頁参照）（メープルシロップ第2事件））、ただし書によらずに、同項本文により算定された利益額に対する「寄与率」を認めて、これを利益額に乗じて損害額を算定するものもある（たとえば、被告製品の性能、安全性や価格、営業活動等を考慮して寄与率を定めたものとして、東京地判平22・10・14（平成21年(ワ)第10151号）〈裁判所HP〉（エスカット事件））。

(エ) 検 討

前記(ア)のとおり、寄与の対象としては、①登録商標の権利者側の売上げへの寄与と、②使用商標の侵害者側の売上げへの寄与があり得る（一般的には、寄与度というときには、②が問題となる事例が多いと思われる）。この点、法38条1項本文の算定方法は、「権利者利益」×「侵害者譲渡数量」であるから、同項本文で上記②の寄与を考慮することは「譲渡した商品の数量」という文言上、困難であるし、実質的にも、使用商標の侵害者側の売上げへの寄与（非寄与）の程度というのは、侵

---

13) たとえば、設樂隆一「損害(2)－侵害行為により受けた利益」牧野利秋編『裁判実務大系(9)〔工業所有権訴訟法〕』339頁。
14) 三村・前掲〈注6〉303頁ほか。
15) 田村・前掲〈注7〉313頁ほか。
16) 飯田・前掲〈注8〉1597頁は、ただし書による数量的割合の減額の可否とは別に、民法709条所定の相当因果関係のさらなる覆滅事由として、金額的割合において寄与率による減額も考慮できるとする。ただし書による減額の可否とは別に寄与率による減額も考慮した最近の裁判例として、大阪地判平24・10・11（平成23年(ワ)第3850号）（本誌59号97頁参照）、大阪地判平25・2・28（平成21年(ワ)第10811号）（本誌60号128頁参照）。
17) 各説および裁判例の詳細は、飯田・前掲〈注8〉1594～1597頁、佐野・前掲〈注2〉161頁。
18) 田村・前掲〈注11〉339頁、君嶋・前掲〈注11〉414頁。

害者側のほうが詳しい事情であり、侵害者側に非寄与度の立証責任を負わせるのが相当であることからすれば、上記①については、同項ただし書の事情の中で、商標の侵害者側の売上げへの貢献度（非貢献度）を立証させ、考慮するのが相当であると考えられる。なお、ただし書は、「販売することができない事情があるときには、当該事情に相当する数量に応じた額」を控除するものとしているが、侵害者特有の販売できた事情というものの中には、侵害者製品の内容自体に、他の特許技術の実施等の貢献要因があったということも含まれるであろうから、ただし書では、前記(ア)の②の数量的寄与（非寄与）だけではなく、金額的寄与（非寄与）を考慮することも可能であると考える。

　一方、上記①の寄与としては、権利者商品の単位数量あたりの利益の額に、登録商標以外にも意匠や技術等が寄与している例が考えられるが、法38条1項本文の「（権利者が）販売することができた商品」とは、文言上、物理的な商品を意味し、その商品の「単位数量当たりの利益の額」とは、商標の寄与部分だけではなく、商品1個あたりの全利益の額を意味すると解するのが自然であるから、やはり、同項本文では①の寄与を考慮することはできないと解される。さらに、①のような権利者側の売上げへの寄与の内容（権利者の売上げへの商標以外の貢献要因）は、1項ただし書の「（侵害者譲渡数量を権利者が）販売できないとする事情」にも含まれないため、結局、①の寄与については、同項の損害額の算定に際しては考慮しないことになるものと考える。実質的にも、権利者製品が侵害者製品の代わりに1個販売できたのであれば、権利者は商標の寄与分の利益だけではなく、製品全体についての利益を得られるはずであるから、権利者利益を商標寄与分に限定するのは相当ではないと考えられる（ただし、そもそも権利者利益への寄与が低い商標は、顧客吸引力が低く、侵害者の売上げへの寄与も低いであろうから、その点は上記②の寄与の中で考慮されること

になる）。

　なお、上記①や②のような事情について、民法709条説のように、法38条1項ただし書とは別個に「寄与率」として考慮するという考え方もあり得るが、一般不法行為上の寄与度減額とは、加害行為が寄与する損害額のみを相当因果関係の範囲内のものとしてとらえるなどの法理により、損害の公平な分担を図ろうとするもので、結局相当因果関係の問題であるともいえ、前記のとおり、法38条1項は、当事者間の立証のバランスを考慮して民法709条の特則として設けられ、因果関係を全部否定する事情も含めてただし書で侵害者側に立証責任を負わせることを予定しているのに、法38条1項ただし書にあたり得る事情について、ただし書とは別に考慮するというのは、同項を設けた趣旨に沿わないし、また、その場合に、いずれが立証責任を負うのかが不明確となるという問題があると思われる。

　以上によれば、侵害者商品の売上げに対する商標の寄与については、法38条1項ただし書の中で考慮するのが相当と考えられる。

3　法38条2項の損害額の算定

(1)　立法趣旨

　法38条2項は、昭和34年特許法改正と同時に、当時の法38条1項として新設された規定である。同改正経緯としては、これに先立つ工業所有権制度改正審議会答申（昭和31年12月21日）では、故意または過失によって自己の特許権を侵害した者に対しては、特許権者は、その侵害によって侵害者が得た利益の返還または自己の被った損害の賠償を請求することができる旨の規定を設けるよう答申されたが、法案作成過程で、利益が損害の額を超える場合にまでそのすべてを返還せしめるのは侵害者に酷であり、民法の原則から著しく逸脱することになるという理由から、侵害者の受けた利得を損害の額と推定すると改められたものである[19]。このような改正経緯から、現行の特許法

---

19)　田村・前掲〈注7〉54頁以下、特許庁編『工業所有権法（産業財産権法）逐条解説〔第19版〕』299頁。

102条2項（法38条2項も同様）について、現在の裁判例および学説の多数は、損害（売上減少による逸失利益）の額の立証に関する権利者の負担を軽減するための法律上の事実推定規定であると認識されている。

(2) 法38条2項の適用要件

㈦ 特許法102条2項についての学説・裁判例

特許法102条2項に関しても、従来から、①同項は損害の発生を推定するものではなく、権利者が自ら特許発明を実施していないときは、同項の推定の前提となる損害（逸失利益）が生じていないから同項の適用がないとして、特許発明の実施を必要とする説と、②競合関係のある技術の実施・競合品の販売で足りるとの説があり、①が学説上、多数であるとされていたが、②も有力であり、裁判例も分かれていた[20]。

この点、前掲知財高判平25・2・1（ごみ貯蔵器大合議判決）は、いずれの説もとらず、特許法102条2項は、損害額の立証の困難性を軽減する趣旨で設けられた規定であって、その効果も推定にすぎないことからすれば、同項を適用するための要件をことさら厳格なものとする合理的な理由はなく、権利者自らが特許権の実施をしていなくとも、「侵害者による特許権侵害行為がなかったならば、利益が得られたであろうという事情が存在する場合」には、同項の適用が認められると判示した。

もっとも、学説または大合議判決いずれの見解によっても、特許権については、少なくとも権利者が競合品について実施をしていれば、特許法102条2項の適用はされることになる。

㈧ 法38条2項についての学説・裁判例

一方、商標についても、法38条2項は、損害の発生まで推定するものではないことを前提として、同項の損害（逸失利益）が発生したといえるためには、商標権者が自ら業として登録商標を使用していることが必要であるとする学説・裁判例が多く[21]、さらに、特許権と異なり、商標権者が商標権を使用している事実があっても、それだけでは同項の適用が否定されている場合がある[22]。最近の裁判例としては、前掲東京地判平13・10・31（メープルシロップ第1事件）は、同条2項に基づく請求についても、同条1項に基づく請求と同様の理由により、侵害者の利益を権利者の損害と推定することは相当とはいえないとした。また、大阪地判平24・12・13（平成21年(ワ)第13559号）（本誌59号113頁参照）（ユニキューブ事件）も、同条2項の適用の前提として、権利者製品と侵害者製品の同一性の有無、販売態様、商標と営業上の信用等との結びつき等を考慮して相互補完関係を否定して、同項の適用を否定している。

㈨ 検 討

前掲知財高判平25・2・1（ごみ貯蔵器大合議判決）が特許法102条2項について判示した趣旨は法38条2項についてもあたると考えられるから、「侵害者による商標権侵害行為がなかったならば、利益が得られたであろうという事情が存在する場合」には同項が適用され、同項が損害額の立証の困難性を軽減する趣旨で設けられた規定であって、適用要件をことさら厳格なものとする合理的な理由はないこと、後記のとおり同項においても推定の全部覆滅という方法で因果関係を否定することは可能であることからすれば、商標権侵害の場合であっても、同条1項について述べたところと同様の理由により、権利者が、少なくとも侵害者製品と抽象的に競合があり得る商品を販売していれば、「侵害行為がなかったならば、利益が得られたであろう」という事情が存在するものとして、同項の適用自体は肯定するのが相当であると考える。

(3) 法38条2項における商標の「寄与」の考慮

㈦ 特許法102条2項の寄与の位置づけについての

---

20) 詳細は、飯田・前掲〈注8〉1630頁〜1635頁。
21) 詳細は、松村・前掲〈注9〉936頁〜937頁。また、君嶋・前掲〈注11〉415頁は、現に営業上の損害を被ったことについてまで2項の適用のために必要とすることには賛成できないとする。
22) 詳しくは、松村・前掲〈注9〉937頁。

学説・裁判例

特許法102条2項による損害額算定に際し、侵害者の利益に対する特許発明の寄与の程度を考慮する法律構成については、従来、①法38条2項の「侵害の行為による利益」という文言を、「特許発明が寄与した利益」と解して、同利益の認定の際に「寄与率」を考慮する考え方（寄与利益説[23]）が有力であった。これに対し、平成10年特許法改正以降の近年は、②「侵害の行為による利益」は「製品全体の利益」と解したうえ、特許の「非寄与率」を損害の額の一部覆滅事由として考慮する考え方（全体利益・非寄与率立証責任分配説）が多数であるとされる[24]。裁判例は、上記①または②説によるものまたはそのように理解されるものもあるが、いずれの立場であるかを明らかにせずに、寄与率を認定し、これを利益額に乗じて相当因果関係のある損害として認めている裁判例も多い（たとえば、侵害者販売力等を考慮して寄与率を算定するものとして、大阪地判平21・10・29（平成19年(ワ)第13513号）（本誌47号80頁参照）、侵害部分の重要度等から寄与度を算定するものとして、知財高判平24・3・22（平成23年(ネ)第10002号）〈裁判所HP〉（切り餅事件））。

上記②説は、法律上の事実推定についての伝統的な民事訴訟法の理解によれば、前提事実たる甲事実（侵害者が受けた利益の額）をもって、推定事実たる乙事実（権利者が受けた損害の額）を推定する場合に、これを覆滅するには、乙事実は存在しないこと（侵害行為により権利者が受けた損害の額が乙事実よりも低い額であること）を現実に立証する必要があり、一方、それが立証されれば、一般に推定履滅の効果としては、当該推定規定の適用自体が排除されると解されており、そのため、裁判例上も、1件（静岡地判平6・3・25（平成4年(ワ)第524号））を除き一部覆滅を認めたものはなかったのに対し、平成10年特許法改正による同条1項の新設を契機として、同条2項についても、推定の対象は損害額という量的なものであるから、推定が量的に一部覆滅されるということも理論的に許容されると考えられるし、同条1項と2項がともに損害額の立証責任の公平な分配を通じて妥当な損害額の算定をめざすものである以上、同条1項の考え方を2項にも取り入れて、1項ただし書のような事情があれば推定の量的一部覆滅をある程度柔軟に認めるべきであるという考え方が提唱され[25]、裁判例としても東京地判平11・7・16（平成8年(ワ)第6636号）〈裁判所HP〉（悪路脱出具事件）をはじめとして適用されるに至ったものである。

(イ) 法38条2項の寄与の位置づけについての学説・裁判例

法38条2項の寄与の位置づけについても、特許権と同様の議論があり、①「侵害の行為」とは、「商標権侵害行為」であり、商標権侵害行為である被告標章の使用行為と相当因果関係にある利益に限り、権利者の受けた損害の額と推定すべきとする説[26]（限定説）と、②同項の「侵害の行為により利益を受けている」を、①説のように限定して読み込むべきではなく、全体利益と解したうえで、相当因果関係を否定する事情は、推定の全部または一部覆滅によるべきであるとする説[27]がある。

裁判例としては、①限定説に立つと思われるもの（市場が異なることを考慮して相当因果関係のある「利益」を限定するものとして、東京地判平14・2・14（平成12年(ワ)第26233号）（アステカ事件）、②一部覆滅説に立つもの（被告商標の周知性を考慮して推定を一部覆したものとして、東京地判平18・12・22（平成17年(ワ)第18156号）〈裁判所

---

[23] 一宮和夫「Q37」清永利亮＝本間崇編『実務相談工業所有権四法』238頁ほか。
[24] 各説および裁判例の詳細は、飯田・前掲〈注8〉1650頁〜1655頁。
[25] 高松宏之「損害(2)―特許法102条2項・3項」牧野＝飯村編・前掲〈注6〉315頁、榎戸道也「判批」特許判例百選〔第3版〕144頁。
[26] 一宮和夫「損害」牧野編・前掲〈注13〉451頁。
[27] 君嶋・前掲〈注11〉416頁。

HP〉(ラブベリー事件))もあるが、③いずれの理論構成によるものかを明らかにせず、侵害者利益に「寄与率」を乗じて損害を算定するもの(たとえば、被告使用商標の識別力や使用態様を考慮して寄与率を認定するものとして、大阪地判平26・3・27(平成24年(ワ)第13709号)(本誌64号138頁参照)(ピュアアンドフリー事件)、商標以外にキャラクターの著作権が寄与していることを考慮して寄与率を認定するものとして、東京地判平18・2・21(平成16年(ワ)第11265号)〈裁判所HP〉(TOMY事件など))も多い[28]。

(ウ) 検討

前記のとおり、法38条2項については、従来、一部推定覆滅は困難またはできないと考えられていたため、具体的妥当性を図り、相当因果関係のある範囲内での損害額を認めるために、限定説、または、「寄与率」という考え方が採用されてきたものと考えられる。

しかし、前記のとおり、法38条1項の新設に伴い、同条2項についても推定の一部覆滅を認めるという手法が実務上定着してきており、柔軟な損害額の算定が可能となること[29]、同条1項も2項もいずれも立証の軽減を図るための規定であると解されており、同条1項については、前記のとおり、寄与(非寄与)に関する事情は数量的・金額的寄与ともにただし書において考慮することが相当であることとの平仄からすると、同条2項においても、寄与(非寄与)に関する事情は、推定覆滅事由として考慮するのが適切ではないかと考えられる。実質的に考えても、同項は、「侵害者利益」×「侵害者販売数量」であるため、問題となり得る寄与の種類としては、「商標が侵害者利益に金額的に寄与する割合」と「商標が侵害者販売数量に数量的に寄与する割合」の両方があるが、侵害者利益または侵害者販売数量への寄与(非寄与)の事情は被告のほうが詳しい事情であることからすれば、商標の寄与を否定する事情は被告に立証責任を負わせるのが相当であると考えられる[30]。

4 法38条1項、2項と同条3項との重畳適用

(1) 特許法についての学説、裁判例

特許法102条1項ただし書が適用され、または同条2項の一部覆滅が認められた部分についての同条3項の予備的な適用の可否(学説上は、主に同条1項と3項の関係)については、①肯定説、②折衷説、③否定説がある。

①肯定説は、因果関係が全く認められない事案で特許法102条3項の請求が認められるのであれば、因果関係が一部認められた事例においても同項の賠償が否定されるいわれはない[31]、また、同条1項ただし書で控除されて逸失利益の発生を否定された販売数分については損害確定はいまだ完了しておらず、同販売数分の市場機会の喪失に対して同条3項を適用できるなどとする[32]。従前の裁判例は、同項の重畳適用を認めるものが多かった(東京地判平12・6・23(平成8年(ワ)第17460号)〈裁判所HP〉等)。

一方、③否定説は、侵害行為と因果関係のある販売減少数量が一部でも認められた場合には、その数量が特許権者の製品についての市場の評価を代弁しているのであり、因果関係が認められなかった数量は、市場で評価されなかったものであり、権利者の逸失利益のすべてがそこで評価し尽くされている[33]、特許法102条1項は、被告の実施

---

28) 学説、裁判例の分析は、佐野・前掲〈注2〉157頁~163頁が詳しい。
29) 理論的根拠としては、同項は、全侵害者利益額Aから全権利者損害額Bを推定する規定ではなく、個々の販売利益額aから個々の権利者損害額bを推定する規定で、推定覆滅事由はこれら個々の推定を覆滅するものと考えることもできる。
30) 同旨として、前掲〈注25〉佐野・前掲〈注2〉161頁。
31) 田村・前掲〈注7〉318頁。
32) 愛知靖之「特許法102条1項ただし書による控除数量分への3項の適用」本誌60号55頁。
33) 小池豊「知的財産権侵害による損害賠償額算定の視点―平成10年改正特許法102条の運用をめぐって」秋吉稔弘先生喜寿『知的財産権:その形成と保護』312頁。

行為がなかったとした場合に、原告が得られたであろう逸失利益であり、同条3項は、被告の実施行為が適法なものであった場合に、原告が得られたであろう実施料相当額であり、同一の被告の行為について両立するものではなく、同条1項が特許権者に生じた逸失利益のすべてを評価し尽くしており、これにより特許権者の被った不利益を補塡して、不法行為がなかったときの状態に回復させているから、これと並行して同条3項により請求し得る損害を観念する余地がないとする[34]。最近の裁判例は、知財高判平18・9・25（平成14年（ネ）第10047号）〈裁判所HP〉（椅子式マッサージ機事件）を嚆矢として、否定説に立つものが続いている（知財高判平23・12・22（平成22年(ネ)第10091号）（本誌55号100頁参照）（飛灰事件）、知財高判平24・1・24（平成22年(ネ)第10032号）（本誌56号89頁参照）（ソリッドゴルフボール事件））。

③折衷説は、1項請求のうち、実施能力を理由に控除された譲渡数量に限って特許法102条3項の適用を認めるとするもの[35]、実施能力のほか、侵害者製品と権利者製品で市場が競合しないという理由で、同条1項ただし書が適用された譲渡数量については3項適用を認めるとするもの[36]、製造能力、販売能力、隔絶した一部販売地域の除外等により同項の適用の際に評価されなかった譲渡数量については3項適用がある（同条1項ただし書に相当する数量を除いて、再度同項の算定をしたときに、結論が変わらない場合には、その数量について3項請求をすることができる）とするもの[37]がある。

(2) 商標法についての学説、裁判例

法38条1項、2項と3項との関係について特に議論したものは見当たらないが、上記(1)の議論は、特許権と商標権の性格の差に起因するものではないから、同条1項または2項と3項との関係についても、同様の議論が該当する。裁判例としては、同条2項の一部覆滅を認めた後、同条3項の重畳適用を認めたものとして、前掲東京地判平18・12・22（ラブベリー事件）がある。

(3) 検討

たとえば法38条1項の損害算定において、権利者が1個1万円の利益で販売している商品があり、侵害者が類似商標を付して競合する侵害者製品を100個販売した事案で、商標の顧客吸引力が弱い、市場占有率が低い等の理由により、侵害者販売数量のうち7割に相当する商品は権利者が販売できなかったであろうと認定して同項ただし書を適用する場合、同項については30万円のみが逸失利益として認められることになる（全体利益〔100個×1万円〕－控除利益〔70個×1万円＝70万円〕＝30万円）。肯定説は、この30万円に加えて、控除された70個についての同条3項による損害の請求を認めるものであるが、その考え方の前提は、当該70個については因果関係が否定されたため同条1項による損害が認められていない、というものであると思われる。しかし、上記事案においては、100個のうち、30個分について同項の逸失利益を全額認め、70個分について全額認めていないのではなく、個々の商品に対する商標の非寄与度（他の要因の寄与）や競合品の市場占有率等を考慮して、権利者であれば100個のうちの7割相当を販売できなかったであろうとして、これに応じた割合的な額を同項ただし書で控除しているのであり、当該100個の販売行為全体について、3割相当額を損害として認めているものと考えられる（すなわち、もし原告が最初から、被告の販売数100個を、30個と70個に分け、70個については同条3項の適用による損害を主張し、30個について同条1項の適用を主張していたならば、同項の損害としては30万円が認容されるものではなく、そのうち、3

---

34) 髙部眞規子『実務詳説特許関係訴訟〔第2版〕』248頁。
35) 尾崎英男「特許法102条1項の諸論点」高林龍編『知的財産権侵害と損害賠償』24頁。
36) 古城・前掲〈注7〉270頁。
37) 美勢克彦「特許法102条2項『被告の得た利益の額』及び1項と3項の関係について」高林編・前掲〈注35〉48頁以下、吉田和彦「損害賠償」高林龍ほか編代『現代知的財産法講座Ⅱ知的財産法の実務的発展』182頁以下。

割相当分の9万円しか認容されないものと考えられる)。そうすると、ただし書で控除された70個の販売行為についても、同項の損害が認容されていないのではなく、同項の損害の算定対象となる行為として評価されているのであり、同じ行為について同条3項に基づく損害の請求を認めることは、一つの侵害行為を二重に評価することになるから、肯定説は相当ではないと考えられる[38]。

なお、上記考えに立っても、法38条1項の「商標権者の使用の能力に応じた額を超える」として控除された数量部分については、割合的控除ではなく絶対数(上限値)での控除であるため、そもそも同項の適用がされなかったものと同視できるから、折衷説の指摘するとおり同条3項の適用を認めるのが相当と考える(すなわち、同条1項本文の実施能力での限定は、販売可能数に一定の上限を認めるものであるから、上記権利者利益が1個1万円で、侵害者が侵害者製品を100個販売した事案(ただし、前記のような侵害者販売数量の7割を権利者が販売できなかったであろう事情はなかったと仮定する)において、①100個の販売行為に対する同項の損害の請求が、そもそも権利者が30個分しか製造能力がないことを理由として、30万円分しか認められなかったのであれば、②権利者が最初から70個と30個に分けて、30個分の販売行為についてのみ同項の損害を請求した場合であっても、同項損害分として認容される額は30万円となり、差が生じないので、①の同項適用の際に控除された70個分についての同条3項による損害額を認容しても、本来回復できる損害額を超えることにはならない。なお、同事案において、前記「販売できなかったであろう事情」もある場合には、前記考え方と複合して考えることになる)。なお、実施能力以外の事情でも、侵害者販売数量における割合ではなく、絶対数で権利者が譲渡することができない数量が特定できる場合には、権利者が同数量分を最初から除いて1項請求をしたとしても、認定される損害額は変わらないことに

なるから、同数量分については3項請求が可能ということになるが、実際の事案ではそのような特定ができず、割合的にしか認定できない場合が多いのではないかと思われる。

このような否定説または折衷説に対し、肯定説からは、法38条1項ただし書または2項の推定覆滅事由によって販売数量全部につき請求が否定された場合にも、当該認められなかった販売数量につき予備的に3項請求が認められないのは不当である、または3項請求を認めてきた従前の実務と平仄が合わないとの批判が考えられる。しかし、同条1項または2項による損害の請求と同条3項による損害の請求との選択的な請求(もっとも算定額が多い算定方法での請求認容を求めること)は常に可能であり(実際にそのような事案も多い)、同条1項または2項による損害額が同条1項ただし書または覆滅事由によって全額認められなかった場合(すなわち、同条1項または2項の損害額は0円となる)には、選択的請求原因として、必然的により損害額が多い同条3項による損害の請求が全部認容されることになるから、不都合はないと考えられる。

5 おわりに

損害額の算定における「寄与」については、これを考慮することが許されるのか、許されるとしてどのような場合に、どのような事情を考慮することができるのか自体について学説上対立があり、裁判例においては、相当因果関係がある範囲内での損害を認定するために寄与の程度を考慮すること自体は一般的であるが、その理論的な位置づけについては必ずしも明確ではないものが多い。寄与の位置づけは、一般的には主張・立証責任ともかかわってくるものであり、その理論構成が明らかでないということは、訴訟における当事者の主張、立証のあり方にも影響を及ぼすものといえる。今後の裁判例において、この点がさらに明確となるような判断が集積されることを期待したい。

---

[38] 同旨、美勢・前掲〈注37〉、吉田・前掲〈注37〉。

最近における均等の裁判例

東京地方裁判所民事第40部判事 今 井 弘 晃

1 はじめに

近時、わが国においては均等に関して重要な下級審裁判例が出され、これに基づき議論が活発になされているかと思われる[1]。一方、外国における均等に関する議論は、前提となる法制度が異なるものとしても、均等を広く認める方向に発展しているものではないとされているようである[2]。

本稿は、1審（東京地判平20・12・9（平成19年(ワ)第28614号）（本誌43号128頁参照））の判断を覆して均等を認め注目を集めた中空ゴルフクラブヘッド事件についての知財高裁中間判決（知財高判（中間判決）平21・6・29判時2077号123頁（本誌45号95頁参照））[3]のほか、後記ボールスプライン事件最高裁判決（最三小判平10・2・24民集52巻1号113頁）の示す均等の第4要件のみの非充足を判断して均等侵害を否定した知財高裁判決が出されたことなどから、ボールスプライン事件最高裁判決を概観したのち、均等に関する[4]知的財産高等裁判所の裁判例のうち比較的最近のものを中心に紹介するものである[5]。

2 ボールスプライン事件最高裁判決

ボールスプライン事件最高裁判決は、均等侵害を肯定した原審（東京高判平6・2・3判時1499号110頁）を破棄して差し戻すにあたり、特許法70条1項を参照し特許発明の技術的範囲の属否は特許請求の範囲の記載に基づき確定されなければならないとしたうえで、特許請求の範囲に記載された構成と被告が製造等する製品ないし用いる方法（以下、「当該製品等」という）との間に異なる部分があっても、①同部分が特許発明の本質的部分ではなく（以下、「第1要件」という）、②上記部分を当該製品等におけるものと置き換えても特許発明の目的を達することができ、同一の作用効果を奏するものであって（以下、「第2要件」という）、③そのように置き換えることに当業者が当該製品等の製造等の時点において容易に想到することができたものであり（以下、「第3要件」という）、④当該製品等が特許発明の特許出願時における公

---

1) その代表として日本工業所有権法学会年報38号「均等論、覚醒か死か」。
2) 高林龍「統合的クレーム解釈論の構築」中山信弘先生還暦『知的財産法の理論と現代的課題』176頁は、米国の状況につき「学者間では米国では均等論は死んだとさえいわれている」と紹介している。ドイツについては、Dr.Christian Lederer ほか「ドイツ特許侵害訴訟の新展開－特許の記述とクレーム文言が合致しない場合、クレーム文言が優先される均等論の新たな要件」AIPPI57巻8号523頁および加藤志麻子＝宇佐美綾「ドイツにおける最近のクレーム解釈及び均等論について」パテント68巻1号93頁が、ドイツ連邦最高裁2011年5月10日判決（Okklusionsvorrichtung（閉塞装置）事件）、ドイツ連邦最高裁2011年9月13日判決（Diglycidverbindung（ジグリル化合物）事件）を、均等侵害につき従来よりも厳しい要件を定めたものとして紹介しており、クレーム可能であった明細書記載の一部の手段についての均等は排除される旨が紹介されている。
3) 本稿ではこの知的財産高等裁判所における中間判決を「中空ゴルフクラブヘッド事件判決」とする。同事件の終局判決は平成22年5月27日に言い渡されている（〈裁判所HP〉参照）。
4) 文言解釈の範囲で原審（東京地判平22・2・24（平成21年(ワ)第5610号）（本誌48号100頁参照））を覆した知財高判平23・1・31判時2164号122頁（流し台のシンク事件）等については対象としていない。
5) 最近、東京地方裁判所においては、医薬品の製造方法に係る特許につき被告方法が均等侵害にあたると認めた東京地判平26・12・24（マキサカルシトール事件）（平成25年(ワ)第4040号）〈裁判所HP〉（本誌67号129頁参照）のほか、東京地判平26・12・18（平成24年(ワ)第31523号）〈裁判所HP〉（本誌67号127頁参照）（第3要件以外の充足は当事者間に争いがなく第3要件のみ判断）など、均等侵害を認める裁判例が出されている。

知技術と同一または当業者がこれから出願時に容易に推考することができたものではなく（以下、「第4要件」という）、⑤当該製品等が特許出願手続において特許請求の範囲から意識的に除外されたものにあたるなどの特段の事情もないとき（以下、「第5要件」という）は、当該製品等は、「特許請求の範囲に記載された構成と均等なものとして、特許発明の技術的範囲に属するものと解すべきである」と判示した。

　ボールスプライン事件最高裁判決は、上記第1ないし第5の要件をあげるにつき、四つの根拠ないし理由をあげているところ、その㈠で、「特許出願の際に将来のあらゆる侵害態様を予想して明細書の特許請求の範囲を記載することは極めて困難であり、相手方において特許請求の範囲に記載された構成の一部を特許出願後に明らかとなった物質・技術等に置き換えることによって」権利行使を免れるとすれば発明への意欲を減殺し特許法の目的に反する等として出願後の同効材に均等を及ぼすことを前提とした判示をしたうえで[6]、㈡として「このような点を考慮すると、特許発明の実質的価値は第三者が特許請求の範囲に記載された構成からこれと実質的に同一なものとして容易に想到することのできる技術に及び、第三者はこれを予期すべきものと解するのが相当であ」るとしており、この㈡の部分が第1要件ないし第3要件に係る理由づけであるとされる[7]。

　ボールスプライン事件最高裁判決は、同判決以前の均等に対する判断は置換可能性および置換容易性（ないし置換自明性）の二要件でされる場合が多かったところ、それまで置換可能性において技術思想の同一性（課題解決原理の同一性）として検討されてきた内容である、特許発明の本質的部分を見極める手法につきいわゆる要部説[8]をそのままにはとらないこととするとともに、置換された構成が本質的部分でないことを第1要件としたものである。

　ボールスプライン事件最高裁判決は、原審[9]が均等侵害を認めたのに対しこれを覆したものではあるが、均等侵害が認められるべき要件については書き尽くしたものと解される[10]。これら5要件については、「それ自体新しいものではなく、従前から議論されてきた見解の集大成とも言うべきものである」[11]ともされたとおり、それまで均等に関し主張されてきた要素を集約したものと理解されるところ、同判決の上記判示から読みとれる従前の議論と比しての特徴は、①出願時に存在しなかった同効材について均等侵害を及ぼすこと、②非本質的部分の置換を第1要件として独立の要件としたこと、③出願時における公知技術から容易に想到することができる製品等には均等は及ばないとしたこと、④意識的除外などの「特段の事情」がある場合には均等が及ばないとしたこと、にあるものと解される。一方、出願時に存在した同効

---

[6] この点に関しボールスプライン事件最高裁判決の調査官解説（三村量一「判解」最判解平成10年度民事篇㊤146頁。以下、「最判解説」という）では、「特許発明の技術的範囲は、明細書の特許請求の範囲に記載された技術的内容及びこれと技術思想を同一とする範囲として、出願時に均等成立の範囲を含んだ一定の客観的範囲に画されているものであるが、その範囲は、将来新たな技術の出現により技術要素の一部を置換したものを包含するものとして、あらかじめ確定されているのである」と説明している。

[7] 茶園成樹「クレーム解釈・均等論」法教333号108頁。

[8] 特許発明を要部と非要部に分け、要部を備える相手方技術は非要部の相違にかかわらず基本的に権利侵害であるとする考え方。渋谷達紀『特許法』441頁参照。

[9] ボールスプライン事件原審判決については、同事件の最高裁判決が出される以前からイ号製品は公知技術からの発展形態であり発明とは技術思想を異にする旨疑問が呈されるなどしていた（牧野利秋「特許発明の技術的範囲確定の問題点」牧野利秋『知的財産権訴訟寸考』232頁）が、この原審に対しては実務家から肯定的な評価を受けていたとされている（大瀬戸豪志「特許侵害訴訟における等価理論」紋谷暢男教授還暦『知的財産権法の現代的課題』6頁参照）。ただし、同事件において、原告は、控訴審段階まで、それまで有力に唱えられていた出願時説（多数説は侵害時説）を念頭におき置換された構成が出願時に公知であったことを立証していたところ、これが第4要件として破棄理由となったというのであるから（中山信弘＝小泉直樹編『新・注解特許法上巻』1099頁〔岩坪哲〕）、当時の出願時説をとる立場からはおかしくない。

[10] 最判解説163頁。

[11] 小池豊「判批」判評512号29頁（判時1755号199頁）（後掲〈注13〉東京地判平12・3・23判時1738号100頁、東京高判平12・10・26判時1738号97頁（生海苔異物除去装置事件））。

材については、解釈[12]に委ねられる[13]。

3 第1要件ないし第3要件

(1) 最近の知財高裁判例

均等の第1要件ないし第3要件は、これらを総じれば基本的に侵害時を基準とするものであり、出願時を基準とするクレーム解釈の原則からすれば技術的範囲に属すると解されない場合に問題となるとして真の均等論[14]とも呼ばれるものである。ここでは、中空ゴルフクラブヘッド事件判決のほか、食品の包み込み成形方法事件（知財高判平23・6・23判タ1397号245頁（本誌53号80頁参照））、医療用可視画像の生成方法事件（知財高判平24・9・26判時2172号106頁（本誌58号103頁参照））、オープン式発酵処理装置事件（知財高判平26・3・26（平成25年(ネ)第10017号、平成25年(ネ)第10041号）〈裁判所HP〉（本誌64号113頁参照））、マンホール蓋事件（知財高判平23・3・28（平成22年(ネ)第10014号）〈裁判所HP〉（本誌52号133頁参照））を取り上げる。中空ゴルフクラブヘッド事件判決は、1審の判断を覆して均等侵害を認めたことのほか、判断の順序として、まず第2要件から判断し、その後第1要件、第3要件の順で判断したことでも注目された[15]。これは、ボールスプライン事件最高裁判決以降の下級審裁判例の多くが、第1要件の非充足のみを判断して均等侵害を認めなかったとされていることと対比して特徴的である。一方、オープン式発酵処理装置事件、マンホール蓋事件の各判決においては、第1要件から順に判断しているが、均等侵害との結論が導かれている。

医療用可視画像の生成方法事件では、第2要件から判断されたが、均等侵害が否定されている。

(2) 中空ゴルフクラブヘッド事件

中空ゴルフクラブヘッド事件判決は、中空ゴルフクラブヘッドを構成する金属製外殻部材と繊維強化プラスチック製外殻部材との接合強度を高める技術に関する特許のクレームに記載された「縫合材」につき、その文言解釈としては「金属製外殻部材の複数の（二つ以上の）貫通穴を通し、かつ、少なくとも2か所で繊維強化プラスチック製外殻部材と接合（接着）する部材」であるとして、被告製品の「炭素繊維からなる短小な帯片8」は、金属製外殻部材に設けた一つの貫通穴に1回だけ通すものであって、金属製外殻部材の一方の側（接着界面側）と他方の側（その反対面側）を貫く複数の貫通穴に複数回（2回以上）通すものではなく、外殻部材10と1カ所で接着するにとどまり、少なくとも2カ所で製外殻部材と接合するものではないから「縫合材」にあたらず文言非侵害とし

---

12) 最判解説においては、出願時同効材に関しては、「当業者であれば、出願当初から特許請求の範囲に含め、あるいは出願過程において補正により特許請求の範囲に含めることを、容易に想起することができたにもかかわらず、あえてこれを行わなかったということは、本判決の掲げる(5)の要件（……）との関係で、特許出願手続において出願人が特許請求の範囲から意識的に除外したか又は外形的にそのように解される行動をとったものとして、均等の成立を妨げる事情があるものと解される場合が少なくないものと思われる」と説明されており、第4要件、第5要件の問題であるとされている（最判解説148頁）。
　また、設樂隆一「クレーム解釈手法の推移と展望」金判増刊1236号56頁は、出願時に存在していた均等物についても5要件を満たす限り均等を認める趣旨と解される、としている。

13) なお、ボールスプライン事件最高裁判決以前における原木皮はぎ機事件（最二小判昭62・5・29工業所有権関係判決速報145号1頁。内容につき知的財産研究所編『特許クレーム解釈の研究』153頁以下参照）について、意識的除外（第5要件）にあたらないかの問題はあるものの出願時同効材に対し均等侵害を認めた結論については是認したものと解されている。最判解説133頁は、同判決につき均等論の是非についての判断を示していないとしている。ボールスプライン事件最高裁判決以後としては、出願時同効材に関する前掲〈注11〉生海苔異物除去装置事件が均等侵害を認める判断をし、最高裁判所はこれにつき上告不受理決定をしている（最判解説184頁、注84）。ただし、この事件については、後に特許発明自体が公知技術から容易想到であるとして無効となり、この判断（知財高判平17・11・9（平成17年(行ケ)第10530号）〈裁判所HP〉）が確定している。

14) 高林・前掲〈注2〉191頁。出願時同効材について原則として均等による保護を及ぼさない見解である。

15) 第2要件から判断する判断手法は、ボールスプライン事件最高裁判決直後の東京地判平11・1・28判タ994号292頁（徐放性ジクロフェナクナトリウム製剤Ⅱ事件）においてもすでにとられている。なお、同事件では、第2要件を先に判断して置換可能性を肯定し、その後第1要件の判断に移り、本質的部分で相違するとして均等の成立を否定した。最判解説143頁に判断順序に関する同旨の記載がある。

たうえで、均等につき、まず第2要件から判断し、発明の「目的、作用効果（ないし課題の解決原理）は、金属製の外殻部材と繊維強化プラスチック製の外殻部材との接合強度を高めることにあるものと認められる」とし、被告製品の構成は、目的、作用効果（ないし課題解決原理）を共通にするものであるから、置換可能性があるとした。第1要件については、特許請求の範囲および明細書の発明の詳細な説明の記載に照らすと、課題解決のための重要な部分は、「該貫通穴を介して」「前記金属製外殻部材の前記繊維強化プラスチック製外殻部材との接着界面側とその反対面側とに通して前記繊維強化プラスチック製の外殻部材と前記金属製の外殻部材とを結合した」との構成にあり、貫通穴に通す部材が「縫合材」であることは、本件発明の本質的部分であるとは認められないとして、均等侵害を認めた。

(3) 食品の包み込み成形方法事件

食品の包み込み成形方法事件は、シート上の外皮材に肉などの調理した内材を包み込む食品形成の方法と装置で、複数のシャッタ片上に外皮材を置き、外皮材の縁部を押込み部材で押さえ、押込み部材をさらに下降させて、外皮材を椀状に形成するとともに、下の支持部材で支持し、内材を供給して、シャッタを閉めながら、外皮材の周縁部を内在を包み込むように集めて封着し、できた成形品を搬送する方法と装置に関する発明につき、「本件発明1は、その後に続く椀状に形成する工程や封着する工程との関連が強く、その後の椀状に形成する工程や封着する工程にとって重要な工程である外皮材の位置調整を、既に備わる封着用のシャッタで行う点、そして、別途の手段を設けることなく簡素な構成でこのような重要な工程を達成している点に、その特徴があるということができる」、「本件発明1においては、シャッタ片及び載置部材と、ノズル部材及び生地押え部材とが相対的に接近することは重要であるが、いずれの側を昇降させるかは技術的に重要であるとはいえない。よって、本件発明1がノズル部材及び生地押え部材を下降させてシャッタ片及び載置部材に接近させているのに対し、被告方法2がシャッタ片及び載置部材を上昇させることによってノズル部材及び生地押え部材に接近させているという相違部分は、本件発明1の本質的部分とはいえない」として均等侵害を認めた。

(4) オープン式発酵処理装置事件

オープン式発酵処理装置事件においては、均等侵害を認めた訂正発明2の構成要件F2の「前後一対の板状の掬い上げ部材」につき、訂正明細書には、掬い上げ部材が2枚であることの技術的意義は何ら記載されておらず、傾斜板の外面が正または逆回転時のそれぞれにおいて、外端堆積部に当接することが重要であるから、掬い上げ部材が2枚で構成されることに格別の技術的意義があるとはいえず、本質的部分であるとはいえない掬い上げ部材が、平面な板状で構成されていることも、本質的部分であるとはいえないとし、ロ号装置の掬い上げ部材における「半円弧状の形状を有する1枚の部材から構成されたもの」との相違点は、本質的部分に係るものであるということはできないとした。

第2要件についても、上記構成により堆積物の外側への掬い上げ時の拡散、崩れなどを防いで、床面を走行する台車の車輪の軌道上に堆肥が達し、円滑な走行を阻害し、その外方へ崩れた拡散分を掬い上げ、堆積物の頂面へ積み上げる作業を要するなどの不都合を解消できるところ、ロ号装置においても、掬い上げ部材が半円弧状の形状を有し、円弧の開口部が長尺開放面側を向くように取り付けられた構成を備えており、回転軸は一方向とその反対方向に回転可能な構成を備えている。そして、この構成を採用したことにより、往復動走行に伴って正または逆回転する場合のいずれであっても、外端堆積部に当接する側の円弧状部分の外面が作用して、堆積物に当接して堆積物を内側（長尺壁側）に向かって掬い上げることができるものであり、堆積部に半円弧状部の外側が当接し、長尺壁の側に堆肥を寄せ、レールへの堆肥の崩れ落ちを避けるという効果を有し、容易かつ安価にかつ軽量に構成できるとともに、稼動時の消費電

力の低減をもたらすという効果も得られるものと認められるから、作用効果は同一であるとして均等侵害を認めた。

(5) マンホール蓋事件

マンホール蓋事件は、第1要件から判断し、均等侵害を肯定したことが注目されるところ、第1要件の判断において、かなり実質的に証拠を検討していることが特徴的である。同事件においては、クレームに記載された受枠の「凹曲面部」が本質的部分に含まれないとの認定にあたり、公知技術に関しての技術説明会資料のほか、「本件発明の効果についてのシミュレーション」に関する証拠を認定したうえで、「明細書のすべての記載や、その背後の本件発明の解決手段を基礎付ける技術的思想を考慮すると」として、本件発明が閉蓋の際に蓋凸曲面部が受枠凸曲面部によってガイドされながら移動し蓋本体を受枠内にスムーズに収めるとの作用効果を奏するうえで、「蓋本体及び受枠の各凸曲面部が最も重要な役割を果たすことは明らかであって（段落【0009】【0020】等参照）、『受枠には凹部が存在すれば足り、凹曲面部は不要である』との控訴人の主張は正当であると認められ、本件発明において、受枠の『凹曲面部』は本質的部分に含まれないというべきである」と判断している[16]。

(6) 医療用可視画像の生成方法事件

医療用可視画像の生成方法事件は、均等侵害を否定したものであるが、同事件も、第2要件から判断している。そこにおいて、生体組織間の微妙な色感や不透明感を表現する観点からは、被告方法による可視画像の作成は、原告の発明の方法によるほどには生体組織を明確に区別するとの作用効果を奏するとはいえないとして作用効果の同一性を否定した。前掲〈注15〉徐放性ジクロフェナクナトリウム製剤II事件が第2要件を肯定しながら第1要件を否定したように、作用効果の同一性（第2要件）すら充足しなければ第1要件を充足することはないと考えることができる[17]。

(7) 発明の本質的部分の判断

発明の本質的部分をいかに把握し検討するかについては、ボールスプライン事件最高裁判決以前から置換可能性の判断において考慮されてきたところである[18]。上記のとおり均等を認めた最近の知的財産高等裁判所の裁判例に対しては、「明細書の記載や先行技術からの距離（新規性、進歩性の程度）に基づく特許発明の価値の実質的評価に基づき、当該解決手段を上位概念化（抽象化）したものを課題解決原理として抽出することが許されることがあり得るというべきである」[19]とするものがある一方、「特許発明の本質的部分について、抽象度を上げ（上位概念化し）均等成立を認めるという手法は、運用次第では判断権者の恣意が入り込みうる余地があるように懸念される。このような判断手法を採用する裁判例が増えていくようであれば、予測可能性を高めるべく、その判断手法についての事例の集積と判断基準の明確化が期待される」[20]とするものがある。また、前掲〈注11〉の生海苔異物除去装置事件に対するものではあるが、「発明がある解決原理のもとで特定の解決手段を採用し特許請求をした場合、特許権と

---

16) 同事件については、地裁の判断を覆し均等侵害を認めたことを評価するものとして塚原朋一「知財高裁における均等侵害論のルネッサンス」知財管理61巻12号1783頁が、発明の効果についてのシミュレーションや技術説明会資料を証拠としたうえで本質的部分を認定した手法では明細書等の記載から第三者が発明の本質的部分を理解し均等の範囲を予測することが困難となるとするものとして特許第2委員会第4小委員会「均等論についての検討」知財管理64巻3号348頁がある。

17) 知財高判平24・3・14判時2150号118頁（本誌56号113頁参照）（靴収納庫用棚板事件）も同様に第2要件のみを判断し均等非侵害としている。なお、ごく最近の裁判例である知財高判平27・5・28（平成26年(ネ)第10112号）〈裁判所HP〉（パチンコ台取付装置事件）では、第1要件、第3要件を判断して均等侵害を否定した。同事件において、1審の東京地判平26・9・25（平成25年(ワ)第31341号）〈裁判所HP〉は、第1要件は充足するものとし、第3要件は否定して均等非侵害としたが、知的高等裁判所は、第1要件の充足も否定した。

18) 中山信弘「均等論の要件」平成10年度重判解（ジュリ1157号）262頁。

19) 北原潤一「論説　中空ゴルフクラブヘッド事件控訴審判決」AIPPI54巻12号744頁。

20) 松田俊治「均等論」実務に効く知的財産判例精選（ジュリ増刊）27頁。

して保護するのは特定の解決手段であって、それを基礎付けている解決原理ではない。……具体的な解決手段の更に基礎にある解決原理まで到達しないと発明の本質的部分が何かが判断できない、ひいては実質的に同一であるか否かを判断できないと言うのは特許請求の範囲を基本として独占の範囲を定める大原則からすればやはり問題であろう」[21]とする見解もあったところである。

このうち、食品の包み込み成形方法事件については、シャッタ片および載置部材と、ノズル部材および生地押え部材とのいずれの側を昇降させるかは相対的な問題であり、クレームへの記載可能性の観点からすると、中空ゴルフクラブヘッド事件やマンホール蓋事件に比して検討の余地があるとするものがある[22]。

(8) 本質的部分認定の証拠範囲

上記のとおり、マンホール蓋事件において、知的財産高等裁判所は明細書以外の証拠を勘案して発明の本質的部分に関する事実認定をしているが、その一方で、知財高判平19・3・27（平成18年(ネ)第10052号）〈裁判所HP〉（乾燥装置事件）は、発明の本質的部分の認定は明細書の記載のみから判断すべきものとしている[23]。明細書の記載に加えて出願時に存在した公知技術を検討の対象とすることは相当か、これをどのような証拠から認定できるか等については周知のとおり議論のあるところであるが、上記のとおり知的財産高等裁判所の判断も分かれているものである。

(9) 第2要件

第2要件に関しても、前掲〈注15〉徐放性ジクロフェナクナトリウム製剤Ⅱ事件は、特許発明の成分と被告製造の医薬品における別個の成分との間で、作用効果の厳密な同一性を求めることなく、明細書に記載された課題の解決の限度で置換可能性を認めたところであった。この点、第2要件の判断は相手方技術の目的と作用効果が発明のそれと共通するか否かを考慮して行われるところ、目的については厳密に同一であることを要するが、作用効果は実質的に同一であれば足りるとされている[24]。また、作用効果を付加するものについては、通常予測される作用効果の範囲内であれば、均等の成立を妨げるものではないとされる。

相対的な問題ではあるものの、上記(6)医療用可視画像の生成方法事件では、「被告方法においては、被告数式1の積算処理は、被告数式2で設定された閾値に達した時点で打ち切られるため、生体組織間の微妙な色感や不透明感を表現する観点からは、画質に対して悪い影響を与えるものである。被告方法による可視画像の生成は、本件発明1の方法によるほど生体組織を明確に区別するという作用効果を奏するものとはいえないものと解される」としており、作用効果につき同一の範囲には入らないとの判断をしたものである。

(10) 第3要件

第3要件について、特に目新しい議論がされているものとは解されない。なお、出願時に存する同効材につき原則として均等を否定すべきとする見解においても、出願時に当業者において置換容易性がないものについてはクレームに記載しなかったことに帰責性がないから意識的除外にあたらないという観点から議論されることがある[25]。

4 第4要件

(1) 位置づけ

第4要件は、本来の均等の場面ではないとされている。ボールスプライン事件最高裁判決にいう公知技術からの容易推考性の判断にあたっては、対象製品等において置換されている部分のみについて公知技術からの容易推考性を判断するのではなく、対象製品等そのものが全体として、特許出

---

21) 小池・前掲〈注11〉判評30頁（判時200頁）。
22) 設樂隆一「ボールスプライン事件最高裁判決の均等論と今後の諸問題」牧野利秋判事退官『知的財産法と現代社会』269頁。
23) 田村善之「均等論における本質的部分の要件の意義」田村善之『特許法の理論』100頁。
24) 渋谷・前掲〈注8〉442頁。
25) 愛知靖之「判批」特許判例百選〔第4版〕145頁。

願時における公知技術から容易に推考できたものかどうかを判断するものとされる[26]。

(2) ヌードマウス事件

ヌードマウス事件（知財高判平25・12・19判時2228号109頁）は、ヒト腫瘍を移植してヒト疾患に対する実験に用いるヌードマウスに係る発明につき、被告のヌードマウスは公知技術に公知文献に記載された知見を適用して当業者が容易に推考することができるとして、第4要件のみを判断して均等侵害を否定したものである。裁判所は、容易推考性の判断につき、被告のヌードマウス自体（全体）を認定したうえで、公知技術との一致点、相違点を認定し、相違点に係る構成につき公知文献の記載から容易推考であったかを判断する通常の進歩性判断の手法に則って行っている。

(3) 無効の抗弁との関係

第4要件自体について、近時特段の議論にはなっていないものと思われるが、特許法104条の3が制定された今日において必要な要件かについては議論が続いている。無効の抗弁に完全に包含されるものとはいえず、必要な要件と考えるべきであろう[27]。

5 第5要件

(1) 出願時にクレーム可能な構成

第5要件につき現在最も解釈が分かれる点は、出願時にクレーム可能であった構成を記載しなかった場合に第5要件（意識的除外）にあたるものとして均等が排除されるか、であるかと思われる。この点について、知的財産高等裁判所では異なる趣旨の判断がされている。ここでは、前記医療用可視画像の生成方法事件のほか、半導体パッケージ切削方法事件（知財高判平21・8・25判タ1319号246頁（本誌46号80頁参照））およびエアマッサージ事件（知財高判平18・9・25（平成17年（ネ）第10047号）〈裁判所HP〉）を取り上げる。

(2) 半導体パッケージ切削方法事件

半導体パッケージ切削方法事件[28]は、切削対象物を「半導体ウェーハ」とした特許請求の範囲の記載につき、「当業者であれば、当初から『半導体ウェーハ』以外の切削対象物を包含した上位概念により特許請求の範囲を記載することが容易にできたにもかかわらず、控訴人は、切削対象物を『半導体ウェーハ』に限定しこれのみを対象として特許出願し、切削対象物を半導体ウェーハに限定しない当初の請求項1を削除するなどしたものであるから、外形的には『半導体ウェーハ』以外の切削対象物を意識的に除外したものと解されてもやむを得ないものといわざるを得ない」として、第5要件を充足しないものとした（なお、同事件においては第4要件も充足しないものと判断されている）。

また、前記3(6)医療用可視画像の生成方法事件は、「仮に控訴人が主張するように、従来技術に係る『間引いて』の反対語が『間引かずに』ということであれば、出願人において特許請求の範囲に『間引かずに』と記載することが容易にできたにもかかわらず、本件発明1の特許請求の範囲には、あえてこれを『全て』と記載したものである。このように、明細書に他の構成の候補が開示され、出願人においてその構成を記載することが容易にできたにもかかわらず、あえて特許請求の範囲に特定の構成のみを記載した場合には、当該他の構成に均等論を適用することは、均等論の第5要件を欠くこととなり、許されないと解するべきである」としている[29]。

(3) エアマッサージ事件

一方、エアマッサージ事件は、「特許侵害を主張されている対象製品に係る構成が、特許出願手続において特許請求の範囲から意識的に除外されたというには、特許権者が、出願手続において、当該対象製品に係る構成が特許請求の範囲に含まれ

---

26) 最判解説151頁。
27) 東海林保「クレーム解釈(2)－均等論、機能的クレーム、プロダクト・バイ・プロセス・クレーム」高林龍ほか編代『現代知的財産法講座Ⅱ知的財産法の実務的発展』61頁。
28) 判例評釈として、愛知・前掲〈注25〉144頁。

ないことを自認し、あるいは補正や訂正により当該構成を特許請求の範囲から除外するなど、当該対象製品に係る構成を明確に認識し、これを特許請求の範囲から除外したと外形的に評価し得る行動がとられていることを要すると解すべきであり、特許出願当時の公知技術等に照らし、当該対象製品に係る構成を容易に想到し得たにもかかわらず、そのような構成を特許請求の範囲に含めなかったというだけでは、当該対象製品に係る構成を特許請求の範囲から意識的に除外したということはできないというべきである」としている。

(4) 「特段の事情」

第5要件において、ボールスプライン事件最高裁判決は、「特段の事情」をあげているところ、この「特段の事情」について、最判解説[30]は、出願経過禁反言は一つの例示として掲げられているにすぎないとし、私法一般における信義則ないし禁反言の法理のあてはまる場合、たとえば、特許権者が対外的に特許発明の範囲が一定の技術的範囲に画される旨の説明を行っていたとか、特許権者が紛争前に被告に対して被告製品が特許発明の技術的範囲に含まれない旨を述べていたような場合には、「特段の事情」があるものと解されるとしている。この「特段の事情」により、出願時容易想到のものを均等の範囲から除くとする考えも実務家の間では有力である旨の紹介もされている[31]。

(5) t-PA事件

なお、ボールスプライン事件最高裁判決以前に均等を認めた事例として著名な t-PA 事件（大阪高判平8・3・29判タ907号76頁）は、「組換ヒト組織プラスミノーゲン活性化因子」に関する特許発明につき、被告の製造販売する組換ヒト組織プラスミノーゲン活性化因子（t-PA）がこれと均等であるとして侵害を認めたものであるが、この判決については現在も結論の妥当性がよく理解できるとされている[32]ところ、同判決においては、出願時においては審査実務上許容されないクレームの記載につき拒絶理由通知に従い減縮補正した対象につき均等侵害が問題となるとともに、この点について後の審査基準の改訂によりクレーム記載が可能となったとする事案である。この事案を第5要件の観点からみた場合、意識的除外の例外にあたるものとして、均等侵害を認める見解[33]と、意識的除外にあたるとする見解[34]がある。

5 おわりに

以上のように、均等のいくつかの要件については、知的財産高等裁判所の判断も分かれている現状にある。また、一般に均等の主張の難しさは、もちろんその要件の厳格さや立証の困難さにもあるのであろうが、仮にそれが出願時同効材であれば、異なる構成に「置換しうることが自明であることを力説すればするほど、その自明なことに当業者の一員たるべき自らは思い至らなかったことを自認することになる」[35]ことにもあるかと思われる。かつて独自開発の抗弁において主張された

---

29) なお、茶園・前掲〈注7〉の引用（111頁注43）する、電子安全装置事件控訴審（知財高判平17・6・16（平成17年(ネ)第10052号)〈裁判所HP〉）も、「引用した原判決が判示するように、出願人は、アーク放電を発生させる以外の方法によっても、標識回路の共振特性を破壊するという効果をもたらすことができることを認識し、また、放電の種類に関し、火花放電等の他の放電形式も存在することが公知である中で、本件明細書1において、専らアーク放電を発生させる態様のみを『特許請求の範囲』に記載したものである。したがって、出願人は、本件発明1の出願手続において、本件発明1の技術的範囲を、アーク放電を発生させる構成のみに限定し、その他の放電形式を除外したものというべきであり、仮に被控訴人製品1のクレーター状部の絶縁層で火花放電が発生しているとしても、均等の成立を妨げる特段の事情があるといわなければならないから、被控訴人製品1は、本件発明1の技術的範囲に属しない」と判示しており、同旨である。
30) 最判解説157頁。
31) 設樂・前掲〈注22〉313頁。
32) 竹田稔『知的財産権訴訟要論（特許・意匠・商標編）〔第6版〕』72頁。
33) 愛知靖之「出願時におけるクレームへの記載可能性と均等論」中山還暦・前掲〈注2〉227頁など。なお、玉井克哉「判批」平成8年重要解（ジュリ1113号）247頁参照。
34) 最判解説180頁。
35) 大橋寛明「侵害訴訟における均等論」牧野利秋編『裁判実務体系(9)〔工業所有権訴訟法〕』180頁。

ように[36]、被告にどのような場合に帰責性があるといえるかや、出願後同効材を念頭において判示したこと自体は明らかといえるボールスプライン事件最高裁判決の基準を出願時同効材についてどのようにあてはめたらよいのか、第1要件ないし第3要件を定立する理由として同判決が掲げた「実質的に同一なもの」とはどのようなものをいうと考えたらよいのか[37]等の観点からの検討もある程度必要なのかと思われる[38]。たとえば出願時同効材ないしクレームへの記載可能性のある構成に対しては第4、第5要件が問題となるものとすると、これは均等の適用を阻害するものであり被告側に主張立証責任があるとされているが、この点必ずしも熱心に主張立証がされなければ、いきおい第1要件ないし第3要件についての判断を行うことになる。そうした場合において、最も結論を左右することとなる（前掲〈注15〉）第1要件において判断がされる事例が多くなるのはある意味一つの筋道であり、第1要件で判断すれば他の証拠等の吟味が必要でないこと等によるものではないと思われる[39]。出願時同効材のとらえ方にもよろうが、「ボールスプライン軸受事件最判から16年を経過したが、同判決が本来的な射程としていると思われる出願後同効材を対象とする事案は未だ登場しておらず、出願時同効材を対象とした出願人の明細書や特許請求の範囲の記載過誤を救済するための均等論ばかりが登場してきた」[40]とする見解もある中で、はたして、どのような場合に特許発明の価値の実質的評価を行うべきなのか、その場合に、どのようにして先行技術との対比を行って発明の技術的価値を把握するかが問題なのではないかと思われる。

均等そのものを否定する説も有力に存する状況であったボールスプライン事件最高裁判決以前であればともかく、同判決以後の均等の適用に、何らかの心理的抵抗があるとは思われない[41]。むしろ、出願時同効材ないしクレームへの記載可能性のある構成[42]に対してはどのように審理・判断すべきなのかについて見解も分かれており、適切な基準がないことや、そもそもボールスプライン事件最高裁判決につき、特許法70条1項との関係で、均等侵害がいかに位置づけられているのかを明確にすることも一つの課題なのではないかと思われる。

---

36) ただし、中空ゴルフクラブヘッド事件判決においても、被告製品が出願公開以前に完成していた可能性があり、独自開発の抗弁が主張されれば興味深い判断がされたであろうとの指摘もある（北原・前掲〈注19〉20頁）。
37) 竹田・前掲〈注32〉79頁は、いわゆる「実質的同一」とされるものの具体例として、単なる慣用手段の転換、付加や、単なる材料の変換等をあげている。
38) 仮に出願時同効材についても第2、第3要件のみで判断するとすれば、ボールスプライン事件最高裁判決以前の同旨の解釈論に対する批判があてはまるのではないかと思われる。
39) 高林龍『標準特許法〔第5版〕』166頁が不完全利用につき判断したとして紹介する知財高判平17・7・12（平成17年（ネ）第10056号）〈裁判所HP〉（緑化土壌安定剤事件）は、クレームの添加剤に「硫酸カルシウム1ないし20重量%」と記載したことにつき、控訴人が「硫酸カルシウムの含有量を23.8重量%にすることは、当業者が適宜選択することができる事項であって、技術的に重要な意義を有するものではなく、当業者が容易に想到することができたと主張しているところ、仮にこの主張のとおりであるとすれば、控訴人が、本件発明の特許出願に際して、硫酸カルシウムの含有量を1ないし20重量%の範囲に限定するとは考え難いが、それにもかかわらず、控訴人はあえて限定しているのである。そうであれば、本件発明特有の課題解決手段を基礎づける特徴的部分は、硫酸アルミニウムと硫酸カルシウムを添加剤に含めるというにとどまらず、特定の混合割合の硫酸アルミニウムと硫酸カルシウムを添加剤に含めるところにあるというべきであり、したがって、これが本件発明の本質的部分である」としているが、そうした判断の一例であると思われる。
40) 高林龍「均等論をめぐる論点の整理と考察」前掲〈注1〉71頁。
41) 小池・前掲〈注11〉判評29頁（判時199頁）は、ボールスプライン事件最高裁判決後3年半の間に均等を肯定する裁判例が顕著に増加した印象があるとしている。
42) 愛知靖之「審査経過禁反言・出願時同効材と均等論－アメリカ法を参照して－」前掲〈注1〉106頁は、「出願段階で、当業者であれば記載できたはずなのに記載しなかった技術に対しては、均等論を否定すべきであって、均等論は、クレームや明細書のミスを救わないということになる」としている。なお、ドイツの均等判断の基準時は出願日（優先日）であり、それは当然均等の要件にも影響している。

遠隔地の当事者が関与する知的財産事件の審理の実情

大阪地方裁判所第24民事部（前第21・26民事部）判事 松阿彌　隆

1 はじめに

知的財産関係民事事件については、平成15年の民事訴訟法改正（平成15年法律第108号）により、東京地方裁判所および大阪地方裁判所が、特許権、実用新案権、回路配置利用権またはプログラムの著作物についての著作者の権利に関する訴え（特許権等に関する訴え）など技術系の訴訟について、それぞれ東日本および西日本について専属管轄を有するものとされた（民事訴訟法6条1項）。

この結果、大阪地方裁判所は、大阪高等裁判所管轄区域以西の特許権等に関する訴えについて、専属的に管轄を有することとなり、たとえば、九州における事業者間の特許紛争にかかる事件については、大阪地方裁判所において審理されることになり、北陸や東北の事業者と大阪の事業者間の特許紛争にかかる事件なども、東京地方裁判所・大阪地方裁判所の双方が管轄裁判所となる結果、大阪地方裁判所において審理され得ることになる。

大阪地方裁判所では、知的財産関係事件を専門に扱う第21・26民事部において、管轄集中がされた趣旨を踏まえ、専門技術的事項が関係する事件のほか、創作や標識等の知的財産を規律する法分野に共通する専門的知見を必要とする事件を的確に処理すべく、体制を整えている[1]。

他方、遠隔地の当事者間の事件の当事者が、大阪地方裁判所に出頭して手続を進めることは、当事者にとっては、出頭に必要な旅費日当や、人的手当等の負担が増大するという問題が生ずる。管轄集中の意義を活かしつつこのような弊害を避け、地方における知財司法アクセスを十全なものとする観点からは、当事者に出頭の負担をかけないで審理を進める工夫をする必要がある。

本稿では、遠隔地の当事者間の知的財産事件の審理の運用と、大阪地方裁判所において実践された、テレビ会議システムを活用した審理の実情を紹介し、検討材料を提供するものである。もとより、本文中の意見にわたる部分は、個人的見解であり、所属した大阪地方裁判所知的財産権部の見解ではないことをおことわりする。

2 遠隔地の当事者間の事件の審理の実情

(1) 民事訴訟法の規定

現実の出頭の要否という観点から民事訴訟法をみると、当事者の一方が現実に裁判所に出頭しないで審理を進める方法として、電話会議の方法による弁論準備手続（民事訴訟法170条3項）が用意され、また、当事者の双方が出頭を要しないで審理を進める方法として、書面による準備手続（同法175条）が用意されている[2]。

テレビ会議システムを利用した場合でも、上記の規定の適用においては特に取扱いが変わることはなく[3]、当事者双方が大阪地方裁判所に出頭し

---

1) 近時の裁判所の知的財産事件の処理体制等については、中村恭ほか「知的財産高等裁判所、東京地方裁判所・大阪地方裁判所知的財産権部各部の事件概況」法曹時報66巻11号95頁参照。
2) 電話会議の方法による弁論準備手続が当事者の一方が出頭した場合に限られるのは、「裁判所以外に誰も現実には出頭しない期日というものは観念し難い」ことなどが理由とされている（法務省民事局参事官室『一問一答新民事訴訟法』197頁）。

ないで審理を進めようとする場合は、手続としては書面による準備手続ということになり、その性質は、期日ではなく、民事訴訟法176条3項に定める「協議」ということになる。

(2) 当庁の運用の実情

当事者の一方は大阪地方裁判所に出頭可能という例では、基本的には電話会議システム（音声のみによるやりとり）を利用した弁論準備手続が選択されることが多いようである[4]。これは、弁論準備手続は、受命裁判官において行うことができ（民事訴訟法171条1項）、準備書面の陳述や一定の証拠調べが可能である（同条3項）のに対し、書面による準備手続は、できる訴訟行為が限られるほか、手続の主体も地方裁判所では裁判長に限られる（同法176条1項本文）ことが影響しているのではないかと思われる。

一方、当事者双方が遠隔地の事件において、書面による準備手続に付したうえ、双方ともに電話会議システムまたはテレビ会議システムで接続して手続を進めた例もある（テレビ会議システム利用の実例としては、後記3を参照）。

当事者の一方が遠隔地の場合、双方が遠隔地の場合のいずれであっても、たとえば第1回期日（協議）から事件を弁論準備手続または書面による準備手続に付すことで、手続の最初の段階から現実の出頭を要せずに審理を進めることが可能であり、現にそのような取扱いがされた例もある。

3 テレビ会議システムを利用した争点整理

(1) 設備

テレビ会議システムは、全国50カ所の各地方裁判所本庁をはじめ、計80庁に整備されており、最大6カ所の裁判所をつないで会議ができるシステムとなっている。

大阪地方裁判所におけるテレビ会議システムが導入された法廷には、42インチのモニター2台、ラウンドテーブル周辺を写すメインカメラ、文書等を拡大してモニターに映す書画カメラが用意されている。

なお、裁判所間のテレビ会議システムを接続することに伴う当事者の費用負担はない。

(2) 協議の運用等

大阪地方裁判所に係属した、福岡高等裁判所管内に本店所在地のある当事者間の実用新案権侵害差止等請求事件において、福岡高等裁判所管内の2カ所の裁判所と大阪地方裁判所を中継し、テレビ会議システムにより数回の協議が継続して行われた。この運用は、電話会議による協議（書面による準備手続）に映像が加わったものと理解すればおおまかなイメージがわくものと思われる。なお、遠隔地側の裁判所にも、裁判所書記官が立ち会い、出頭の確認や、機材の操作などのサポートを行う。

モニターは、3地点接続の場合は、3分割され、当庁がどのように映るかが右下に、相手方のうち現に話している当事者が拡大され、話していない庁にいる当事者は小さく表示され、話者が変わるごとに切り替わるという基本設定とされているが、接続先を左右同一サイズで比較的大きく映すなど、画面レイアウトや遷移の設定は変更も可能である。

(3) 協議における活用の広がり

被疑侵害物件の構造等が問題になる場合には、書画カメラを用いて、当事者が同じ設計図等の図面を参照しながら、審理のポイントとなる箇所についての共通認識を得るなどの使い方も考えられる。

また、事案の理解を容易にするために持参された物品（被告の被疑侵害物件や原告特許の実施品等）を相互に確認することも、物品の種類（精細な画面解像度までは要求されないようなもの）によっては、実現の余地があるように思われる。

---

[3] 代理人の事務所に電話をかけて行われることが多い電話会議と異なり、遠隔地の当事者が近傍の地方裁判所に出頭して行われるが、この出頭は、受訴裁判所に対する出頭とは扱われない。

[4] もちろん、弁論準備手続をテレビ会議を利用して行う（一方当事者と裁判所が大阪地方裁判所、他方当事者が他の地方裁判所に出頭して行う等）ことも可能であるが、電話会議システムは民事部各部にそれぞれ備えられており、利便性が勝る実情にはある。

知的財産事件においては、侵害論の審理の最終段階において、主張のまとめ的な位置づけで、技術説明会が行われることがあるが、これも、たとえば、1台のモニターは当事者の作成したプレゼンテーションのスライド専用とし、当事者間で同じスライドを参照できるよう調整しながら、現実の説明を行うなどの工夫次第で、対応できることもあるように考えられる。

(4) 担当裁判体の意見

当該裁判体からは、電話会議（三者通話）と比較すると、画面が切り替わるので、誰が話しているかを即時に把握しやすく、意思疎通がスムースにいくように感じ、また、対面で協議を行うことの安心感、ひいては、期日に出頭しているのと同様の感覚で協議を運営できるとの指摘があった。とりわけ、上記の実情紹介にあった事件では現実にはまだ用いられていないが、テレビ会議システムの利用により、問題とされている対象物を視覚的に確認しながらの議論が遠隔地にいても可能であるとのメリットは、電話会議システムに勝るメリットであるとの指摘があった。

4　おわりに

知的財産事件の管轄の集中の結果、地方の知財司法アクセスに支障が生ずることがないようにすべきことは異論のないところと思われ、知的財産訴訟に関与する裁判所および当事者において、現行の制度や設備をこれまで以上に工夫して活用し、遠隔地の当事者に対する手続利用の利便性を高めてゆく必要があると思われる。

テレビ会議システムは、これまで必ずしも周知や活用が十分であったとはいえない部分もあるが、各裁判体のさまざまな活用の具体例を蓄積してゆくことで、充実した審理の要請と、遠隔地の当事者間の事件における当事者の負担の軽減の要請とを両立することができる可能性を有するものと感じられた。とにかくまずは使ってみることで、その利点も運用上の課題もはじめて実感できる部分があろうし、その積重ねの中で、テレビ会議システムを利用した手続の手続法上の扱い等の中長期的な課題抽出も可能となっていくように思われる。

本稿がその端緒となれば幸いである。

商品形態等の冒用・模倣にみる創作法と標識法の交錯

弁護士 松　村　信　夫

1　はじめに

　筆者の手元にある平成18年以降の日弁連知財センター（平成20年度までは日弁連知的財産制度委員会）と知的財産高等裁判所および東京地方裁判所知的財産権部との意見交換会、大阪弁護士会知的財産委員会と大阪高等裁判所第8民事部（知的財産事件集中部）、大阪地方裁判所知的財産権部との協議会の記録を通読してみると商標法・意匠法・著作権法・不正競争防止法に関する実務上の論点や訴訟審理に関する記事はそう多くない。しかもその大半はどちらかというと実体法上の論点に係る解釈問題に重点があり、訴訟における主張・立証方法に関する争点が取り上げられたものはあまりお目にかからない。

　これは、上記四法に関する侵害訴訟類型が多岐にわたり、しかも各訴訟における当事者の主張・立証活動も各実体法上の権利（あるいは法律上の保護利益）の要件事実をめぐる解釈問題に帰着することが多いなどの事情によるものと思われる。

　そこで、本稿では、社会的事実としての係争の解決にあたり多くの実務家が直面する複数の実体法上の権利の交錯について、いわゆる商品の形態の冒用・模倣を素材として若干の検討を行いたい（なお、本論点は平成26年度の大阪弁護士会と大阪高等裁判所第8民事部・大阪地方裁判所第21・26民事部との協議会においても取り上げられており、その要旨が本誌29頁にも掲載されている。もとより、本稿は筆者個人の見解を論述するものであり、上記協議会における協議・検討の結果を踏まえたものでなく、また同協議会における協議と重複する部分があることをご了解いただきたい）。

2　商品形態等の冒用・模倣と不正競争防止法

(1)　商品形態の商品等表示性

　いうまでもなく、商品形態等の冒用・模倣に関係する不正競争防止法上の不正競争類型としては、商品等出所誤認惹起行為（不正競争防止法2条1項1号。以下、「1号類型」という）、著名商品等表示冒用行為（同項2号。以下、「2号類型」という）、形態模倣商品拡布（譲渡等）行為（同項3号。以下、「3号類型」という）が考えられる。

　このうち1号類型、2号類型は多くの場合、商品の形態やその容器・包装が当初より商品の自他識別標識として選択され機能しているものではないので、侵害訴訟における原告は、まず「商品等表示」を構成する商品形態を特定するとともに、それが商品の出所を示す表示として機能している事実（二次的出所表示機能の獲得）を主張・立証しなければならない。この二次的出所表示機能の獲得の有無に関しては、判例によって「①商品の形態が客観的に他の同種商品とは異なる顕著な特徴を有しており（特別顕著性）、かつ、②その形態が特定の事業者によって長期間独占的に使用され、又は極めて強力な宣伝広告や爆発的な販売実績等により、需要者においてその形態を有する商品が特定の事業者の出所を表示するものとして周知になっていること（周知性）を要する」との判断基準が示され[1]、ほぼ、この基準に従う判例が定着している。

　しかし、上記基準のうち、①の形態の特異性（特別顕著性）に関しては、上記のような基準が定着する以前からしばしば用いられていたが、どちら

かというと商品形態の商品表示性を否定する理由として使用される場合が多く、この基準を厳しく解釈すれば、多くの商品形態が、その形態が「同種商品とは異なる顕著な特徴を有していない」との理由のみで②の要件の有無を判断する以前に「商品等表示」に該当しないという結論に至らざるを得ない。

そもそも、1号類型は商品等の出所混同を防止するために出所識別性のある表示であり「周知性」を有するものを保護対象とする趣旨であるから、創作法で要求されるような商品形態の創作性を必要としないことはもちろん、出所識別性の前提となる商品の形態的特徴に関してもそれほど高度な基準を設ける必要はない。むしろ、上記のような1号類型の趣旨からいえば、ある商品形態が出所識別性を獲得したか否かは、①の要件もさることながら②の要件も加味した総合的な判断によって決定されるものである。そうであれば①の要件における「特別顕著性」は、商標法上の商標の構成要件としての自他商品識別性と同様に、その形態的特徴から他の商標との識別可能性が認められる程度で足りるのではないかと思われる。

また、②の要件に関しても「周知性」の要件とは観念上区別できるにせよ、実際の訴訟においては、当事者も両者を判然と区別することなく主張・立証し、また古い下級審判例では、商品形態が「周知商品等表示」に該当するか否かという観点から、両者を明確に区別することなく判断を行っているものがある[2]。

そこで、周知性と同じく、一地方においてのみ周知な商品等形態であっても上記②の要件を充足し、「商品等表示」該当性が認められるかという問題がある。

多くの商品は全国的に流通することが前提であるから、かような論点が生じるのは一地方でのみ販売され費消されている商品や特定地域で営業する製造業者が提供する商品が当該製造業者の「営業表示」としても機能している場合であろう。

本来「商品等表示」の該当性判断は全国的に一律に決すべきものであり、特定の商品形態がある地方では「商品等表示」に該当するが他の地方では「商品等表示」に該当しないなどというような不統一な取扱いとすべきでないとの考え方もあろうが、筆者は、不正競争防止法2条1項1号は、商標法上の立体商標制度とは異なり、「商品等表示」が周知性を有する地域内においてのみ生じる混同惹起行為について規制の対象とすることによって周知商品等表示の営業標識としての機能や信用性を保護することを目的としている以上、あえて周知性を有しない地域における「商品等表示」該当性の有無を問題にする必要はないと考える。ちなみに地域的な名産品でその名称のみならず形態的な特徴から出所識別性を有する商品が相当存在する（たとえば「鳩サブレー」「ひよ子（まんじゅう）」）。また、特定地域に限定して販売され費消される商品については、地域外の需要者が当該商品形態に接することは稀であり、営業者も当該地域の需要者をターゲットにした広告宣伝のみを行っている。かような場合に、当該地域内で商品形態を模倣する者に対する同号による権利行使について、地域外における需要者の認識を基準として当該商品の出所識別性の有無を判断すべきとする合理性は存在しないといえよう。

そう解釈すれば、②の要件の有無の判断と「周知性」の有無の判断はその地理的範囲や周知性の程度においてもほぼ重複するといっても過言ではないだろう。

なお、知的財産訴訟を担当した裁判官が執筆さ

---

1) たとえば知財高判平24・12・26判時2178号99頁（本誌59号93頁参照）「眼鏡タイプルーペ事件」、東京地判平18・9・28判時1954号137頁（本誌34号93頁参照）「耳かき事件」、大阪地判平19・3・22判時1992号125頁（本誌36号131頁参照）「大阪みたらし小餅事件」。

2) たとえば、東京地判昭48・3・9判時705号76頁「ナイロール眼鏡事件」、大阪地判昭56・1・30無体集13巻1号22頁、浦和地判昭60・4・22判タ555号323頁など、比較的古い判例にこのような判示を行ったものが多いが、新潟地裁三条支判平9・3・21（平成6年(ワ)第101号）知的財産権判例速報264号10頁「床下換気孔事件」のように、比較的最近の判決の中にも出所識別機能の獲得と周知性を概念上も分離せずに判断しているものもある。

れた論説中にも、上記要件の再構成を示唆する記述も見受けられるので[3]、今後このような検討の結果が裁判実務に反映されることを期待したい。

(2) 技術的機能に由来する商品形態の商品表示性

商品形態の商品表示性を検討するうえで避けて通れないものに「技術的機能に由来する商品形態の商品表示性」の問題がある。

ただ、この件に関する筆者なりの問題の整理と私見の開陳は、すでに別の論稿[4]において行っているので、ここでは詳述を避け、簡単に現在の問題状況のみを記述するにとどめたい。

従来、この問題は、商品形態の技術的機能の保護と不正競争防止法2条1項1号による「商品等表示」としての保護の間において重畳的な保護を認めるか否かという観点から、「技術的機能に由来する商品形態」の「商品等表示」性を認めるか否かという二者択一的な議論、商品形態がその技術的機能に由来する場合であってもそれが技術的機能に必然的な形態である場合とそうでない場合で「商品等表示」としての保護に相違を設けるべきか否かという議論、さらに技術的機能に由来する形態であることを理由として一律に「商品等表示性」を否定するのではなく、当該技術的制限手段に由来する形態を自己の商品等表示として使用する者(後発者)が先行者の商品との混同を避けるべく期待可能な混同回避手段を尽くしたか否かによって同号の成否を検討するべきか否かという議論が、相互に錯綜して論じられている[5]。

判例は、時期によっても相違があるが、当初はおおむね、技術的機能に由来する商品形態に関して商品等表示性を否定する傾向が強かったが[6]、少数ながら技術的機能に由来する商品形態であるとしても「商品等表示」に該当することを認めた判決も存在した[7]。

しかし、その後、技術的機能に由来する形態であるとしても当該技術的機能による必然的・不可避的な形態とはいえないことを理由として商品等表示該当性を肯定した判決[8]やある商品の形態のうちその効用ないし技術的機能を達成するために必然的な部分と他の(形態の)選択の余地がある部分を区別し後者について「商品等表示」該当性を認めた判決[9]のように、技術的機能から必然的あるいは不可避な形態以外の商品形態については、「商品等表示」該当性を認める判決が多くなりつつあるように感じられる。

このような多くの判例の背後には、標識法である不正競争防止法2条1項1号により特定の技術的機能に基づく形態が商品等表示として保護されることによって、当該技術的機能が(商品等表示として周知性を有する限り)期間の制限なく保護されることになり、本来、技術的機能(正確にはその機能の背後にある「技術思想」)の一定期間の独占を保証するとともにこれを開示させ保護期間終了後にパブリックドメインとして万人の利用に供して新たな技術開発を促進しようとする創作法としての特許法・実用新案法の理念と相反する結果となることの懸念が存在するものと思われる。

しかし、そのように考えるのであれば特許法・実用新案法の保護対象とならない技術思想(未出願特許や技術的ノウハウ等)や特許権、実用新案権の保護期間が満了した発明や考案であっても、その利用が制限され事実上特定人に当該技術思想の成果が独占されてしまうような不正競争防止法

---

[3] 谷有恒「周知商品等表示混同惹起行為(1)」牧野利秋ほか編『知的財産訴訟実務大系Ⅱ』345頁。
[4] 拙稿「不正競争防止法と産業財産権法の交錯領域に関する若干の検討」牧野利秋先生傘寿『知的財産権 法理と提言』912頁。
[5] 小野昌延=松村信夫『新・不正競争防止法概説』130頁〜137頁、拙稿・前掲〈注4〉923頁〜928頁。
[6] 東京地判昭52・12・23無体集9巻2号769頁「伝票会計用伝票事件(第一次)」、大阪地決昭55・9・19無体集12巻2号535頁「ボトルキャビネット事件」、東京地判平6・9・21知的裁集26巻3号1095頁等。
[7] 東京高判昭58・11・15無体集15巻3号720頁「伝票会計用伝票事件(第一次)」、福岡地判昭60・3・15判時1154号133頁「伝票会計用伝票事件(第二次)」。
[8] 東京地判昭53・10・30無体集10巻2号509頁「投げ釣り用天秤事件」。
[9] 東京地判昭57・10・18判タ498号178頁「キューブアンドキューブ事件」、大阪地判昭58・8・31判タ514号278頁。

2条1項1号による商品形態の保護は制限されなければならないが、そのようなおそれがない限り商品形態を「商品等表示」として保護することには何の問題もないはずである。

筆者はかような見地から、特定の技術思想（それが特許法、実用新案法の保護を受ける対象であるか否かを問わない）の実施態様として必然的あるいは不可避な商品形態以外の商品形態の「商品等表示」該当性を認める反面、必然的・不可避ではない商品形態であっても、いったんこれが「商品等表示」として保護された場合には、不正競争防止法2条1項1号の規制は当該商品等表示（商品形態）と類似の商品等表示（商品形態）を使用して混同を惹起する行為にも及ぶことから、このような形態を同号で保護することによる後発技術開発に対する萎縮的な影響を防止する観点から、後発者が先行者の商品形態と類似の商品形態を「商品等表示」として用いることなく同一の機能・効用を達成することができるか否か、あるいは、仮に類似の商品形態を使用せざるを得ない場合であっても後発者が他の混同防止手段を用いて混同防止をすることが容易であるか否か、を考慮要素として同号の適用の可否を決定するような調整方法を別稿（前掲〈注4〉）にて提案した。

なお、このように後発者による混同防止手段選択の容易性および後発者が実際に行った混同防止措置の内容をも考慮して不正競争防止法2条1項1号の不正競争行為の成否を判断した判決も少数ながら存在する[10]。

今後とも、このような事案に即した解決を図る判例が増加することを期待したい。

(3) ありふれた商品形態および競争上不可避な形態と不正競争防止法2条1項3号

不正競争防止法2条1項3号（以下、「本号」ともいう）が、商品形態の開発者（商品を開発し商品化し市場において販売した者）の開発努力（資本・労力等を投下した成果）を保護し、商品開発競争を促進することを目的とすることは、今日ではおそらく争いがないであろう。

ところが、従来から「模倣」の概念自体が多義的であるため、「模倣」の客観的な判断基準である先行商品と後発商品の実質的同一性をめぐって、商品形態の創作的要素を重要な考慮要素としているのではないかと思われる判決が存在した[11]。

確かに、「模倣」という用語は、他者の（知的）成果に何らかの変更を加えずに冒用する行為という社会的通念が存在する以上、先行商品にあらわれた形態的特徴を後発者が特段の改変を加えることなく自己の商品形態として利用しているという事実は「模倣」であるか否かを決する際に重要であることには異論はない。

ただ、先行者の商品の形態的特徴を把握するうえでは、その創作的な要素を重視するのではなく、競争手段としての重要性すなわち需要者が当該商品を選択するにあたって当該商品の形態のうちどのような部分に着目をするかという観点を重視すべきであり、後発者が先行者の商品形態に改変を加えた場合にも「改変の着想の難易、改変の内容・程度、改変による形態的効果」[12]そのものを問題とするのではなく、それが競争上及ぼす影響を重視すべきであろう。

もっとも、意匠法における意匠の類否判断でも、「意匠の創作性」と「混同防止」または「需要促進的効果」とは紙一重であって、両者を厳密に区別することは事実上困難であることも理解できる。

また、需要者の商品選択の観点からみれば、商品の形態だけでなく商品の機能もしばしば重要な要素となりうる。

ただ、後者については明文上「当該商品の機能を確保するために不可欠な形態」が「商品の形態」

---

10) 東京高判平6・3・23知的裁集26巻1号254頁「泥砂用マット事件」。
11) 東京高判平10・2・26知的裁集30巻1号65頁「ドラゴンキーホルダー事件（控訴審）」、大阪地判平10・11・26（平成6年(ワ)第9747号）知財協判例集（平10）2391頁「エアソフトガン事件」、東京地判平19・7・17（平成18年(ワ)第3772号）〈裁判所HP〉「前あきボタン留め長そでカーディガン事件」等。
12) 前掲〈注11〉東京高判平10・2・26「ドラゴンキーホルダー事件」。

から除外されているので、「模倣」の有無を検討するうえでは、上記のような形態の実質的同一性の有無は一応除外されることになる[13]。

いずれにせよ、商品形態のうち美的な創作的価値を有する部分や技術上の機能に由来する部分について、これを意識的に除外する必要はないが、それが前記のように不正競争防止法2条1項3号の趣旨に照らして競争上意味を有するか否かというフィルターを通じて再評価する思考過程が必要であろう。

次に問題となるのが、当該商品の属する商品の分野において、ありふれた形態（没個性的な形態）を本号の保護対象から除外すべきか否か、除外するとすればいかなる解釈方法を用いるべきかという問題がある。

この点、平成17年の不正競争防止法改正前の判例は「同種の商品……が通常有する形態」を「同種の商品であれば通常有するようなありふれた商品形態は、特定の者に専用させるべきものではない」という意味と、「商品の機能及び効用を奏するために採用される形態、すなわち、その商品としての機能及び効用を果たすために不可避的に採用しなければならない商品形態である場合……、この種の形態を特定の者に独占させることは、商品の形態でなく、同一の機能及び効用を奏するその種商品そのものの独占を招来することになり、複数の商品が市場で競合することを前提としてその競争のあり方を規制する不正競争防止法の趣旨そのものに反することになる」からこれを除外するとの意味の、二義的な解釈を行い[14]、「ありふれた形態」を同号の「商品の形態」から除外してきた。

筆者は、かような二義的な解釈がはたして「同種の商品が通常有する形態」の除外理由としての立法趣旨に合致するかについては疑問がないわけではないが、明文規定にその根拠を求めるとするならばかような解釈に至らざるを得ないことおよびその結果の妥当性からみて、このような解釈を変更する必要性を見出しがたいことから、上記のような判例の解釈を是認してきた[15]。

しかし、平成17年の改正では、かような判例の解釈がそのまま条文化されることはなく、かえって明文の規定は「当該商品の機能を確保するために不可欠な形態」が「商品の形態」から除外されることになった。

かような立法の下では、同種の商品であれば通常有するありふれた形態や「当該商品の機能を確保するために不可欠」とまではいえないが互換性の確保や事実上の標準化（当該商品の形態が市場で事実上の標準となっている場合）などの事情から、後発商品が先行商品と同一または実質的に同一の形態をとらない限り商品として成立し得ず、あるいは市場に参入することができないような「競争上不可避な商品形態」が「商品の形態」に含まれるか否かがあらためて解釈上問題となる。

このうち「ありふれた形態」に関しては、前述のような本号の規定の趣旨に照らすと、かような形態を同号によって保護をしたとしても何ら商品開発競争の促進効果が生じるものではないばかりか後発者の商品開発を阻害するおそれがあると考えられるので、そもそも「商品の形態」に該当しないと考えるのが相当であろう[16]。また、ありふれた形態の商品と実質的に同一の形態の商品を製造したとしても、同号の「模倣」には該当しないという解釈もありうる[17]。

---

13) 平成17年改正前の不正競争防止法2条1項3号においても、かような商品の機能的かつ必然的な形態は「同類の商品が通常有する形態」に含まれるものと解釈され、「模倣」の有無においてもかような形態は商品形態の実質的同一性の判断の対象から除外するとする判例が相当数存在した。東京地判平9・3・7判時1613号134頁「ピアス装着用保護具事件」、大阪地判平10・9・17（平成7年(ワ)第2090号等）知財管理別冊判例集（平10）2157頁「網焼用プレート事件」、大阪地判平11・6・1（平成9年(ワ)第7811号）判例集未登載「ベッド事件」等。

14) 前掲〈注13〉東京地判平9・3・7「ピアス装着用保護具事件」。

15) 拙稿「不正競争防止法2条1項3号の『同種の商品が通常有する形態』の意義」牛木理一先生古希『意匠法及び周辺法の現代的課題』697頁。

16) 同旨判例として東京地判平24・12・25判時2192号122頁（本誌59号116頁参照）「コイル状ストラップ付タッチペン事件」。

これに対して、「競争上不可避な形態」に関しては、それがそもそも商品の技術的機能を確保するために不可避な場合と、商品の効用増進、開発コストの低減等の経済的要因によって不可避な場合（前述の事実上の標準化の多くもこの範疇に含まれる）と考えられ、前者が明文上の除外規定に合致するのに対して、後者が直ちに本号の「商品の形態」から除外されるかが問題となろう。

しかし、このような「事実上の標準」がどのような理由によって形成されたかによらず、現に存在する「事実上の標準」に基づく形態を回避して市場に参入することが困難であるにもかかわらず、後発者に対してことさら先行商品と異なる商品形態の開発を求めるとすれば、「事実上の標準」が市場に対する参入障壁となることを是認することになり、多数の競争者が市場で競争することを前提としてその間の公正な競争を確保することを目的とする不正競争防止法の趣旨にも反することになる。

そこで、かような類型の「競争上不可避な形態」も本号の「商品の形態」には含まれないと解すべきであろう[18]。

さらに翻って考えれば、不正競争防止法2条1項3号における除外理由としての「当該商品の機能を確保するために不可避な形態を除く」との規定の趣旨は、同項1号、2号における「商品の技術的機能に由来する商品形態」あるいは「商品の技術的機能による必然的・不可避的商品形態」を除外する趣旨（以下、まとめて「技術的機能除外論」と呼ぶ）とは全く異なる理解が必要であろう。

すなわち、不正競争防止法2条1項1号、2号における「技術的機能除外」論は、本来創作法によって保護されるべき商品の技術的機能（あるいはその背景に存在する「技術思想」）が、当該技術的機能に由来する商品形態を標識法によって保護することによって、創作法に基づく権利のように期間の制限を受けることなく、事実上半永久的な

保護を受けるという不都合を調整するための解釈手法であるのに対して、3号類型の場合には商品の形態が技術的機能による不可避な形態であったとしても、その保護は当該商品が「日本国内において最初に販売された日から起算して3年を経過」すると差止請求権が消滅し（同法19条1項5号イ）、しかも、本号によって規制される行為も模倣商品の譲渡等の拡布行為に限定されているから、同項1号、2号による商品等表示として保護する場合のように当該商品の技術的機能が事実上長期にわたって広範囲に独占されるという弊害は存在しない。

しかるに、なお、平成17年改正前の不正競争防止法2条1項3号が「同種の商品……が通常有する形態」を除外し、同改正後の同号が「当該商品の機能を確保するために不可欠な形態」を除外したのは、同号は本来「競争上意義のある商品形態」を模倣した商品の拡布行為を規制する趣旨であり、ただ模倣の対象を「競争上意義のある商品形態」に限定することを正面から明文で規定するとすれば、同号による保護を受けようとする者は、自らの商品形態が「ありふれた形態」でも「競争上不可避な形態」でも「技術的機能による不可避な形態」でもない「競争上意義のある形態」であることを主張・立証しなければならず、同号の予定する迅速な保護を受けることができないおそれがある。したがって、かような「競争上意義のない商品の形態」を同号の保護から除外するために前記除外規定を設けたのであると理解すれば、「ありふれた形態」や「競争上不可避な形態」も「当該商品の機能を確保するために不可欠な形態」の範疇に含めて解釈することも不可能とはいえない[19]。

3 立体商標と商品の形態

立体商標が商品の形態のみによって構成される場合における商標の登録要件（商標法3条1項・2項・4条1項18号）の充足性をめぐる議論も、

---

17) 三村量一「商品形態の模倣について」牧野利秋ほか編『知的財産権の理論と実務3 商標法・不正競争防止法』291頁。
18) 同旨判例として東京地判平24・3・21（平成22年(ワ)第145号等）〈裁判所HP〉（本誌56号131頁参照）「車種ハーネス事件」。

商品形態の商品等表示性がみられる標識法と創作性の交錯と類似の問題がある。ただ、不正競争防止法2条1項1号の保護があくまでその周知性が認められる地域的あるいは時期的な限界が存在するのに対して、立体商標として登録が認められれば、その効力は全国に及び、しかも登録要件の存否は登録時（ただし、商標法4条1項8号・10号・15号・17号は出願時）を基準として判断され、無効審判請求の期間制限（同法47条1項・2項）が存在するなど、他方で不使用取消審判請求（同法50条）等の制約があるものの、事実上長期にわたって保護が持続するため、登録要件に関する判断がより重要性を有することになる。

したがって、商品や容器の立体的形態（以下、「商品等の立体的形態」という）のみからなる標章につき、立体商標として保護する必要性とその要件の解釈をめぐって、改正前から種々の議論が存在した。

そこで、商標法は、「商品の……形状（包装の形状を含む……）……を普通に用いられる方法で表示する標章のみからなる商標」（同法3条1項3号）、および「商品等……が当然に備える特徴のうち政令で定めるもののみからなる商標」（同法4条1項18号）は、登録できない旨の規定を設けた。ただし、前者（同法3条1項3号）に該当する商標であっても「使用された結果、需要者が何人かの業務に係る商品又は役務であることを認識することができるもの」については、商標登録を受けることができる旨を定めている。

ところで、商標法3条1項3号（および同法4条1項18号）に関して、特許庁は「需要者が指定商品等の形状そのものの範囲を出ないと認識するにすぎない形状のみからなる立体商標は、識別力を有しないものとする。この場合、指定商品等との関係において、同種の『商品（その包装を含む。）又は役務の提供の用に供する物』（以下、『商品等』という。）が採用し得る立体的形状に特徴的な変更、装飾等が施されたものであっても、全体として指定商品等の形状を表示してなるものと認識するに止まる限り、そのような立体商標は識別力を有しないものとする」との基準[20]を設け、これに従った審査を行ったため、多くの立体商標の出願が上記登録要件を充足しないと拒絶される結果となった。

これらの拒絶査定およびその維持審決に対する審決取消訴訟でも、初期の判決は「（筆者注：立体的形状が指定商品の）用途、機能から予測し難いような特異な形態や特別な印象を与える装飾的形状等を備えているものとは認められず、取引者、需要者にとっては、本願商標から、これらの筆記用具が一般に採用し得る機能又は美観を感得し、筆記用具の形状そのものを認識するにとどまるものと認められ、その形状自体が自他商品の識別力を有するものとは認めることはできない」（東京高判平12・12・21判時1746号129頁「筆記具事件」）、あるいは、「容器の形状は、容器自体の持つ機能を効果的に発揮させたりする等その目的で選択される限りにおいては、原則として、その商品の出所を表示し、自他商品を識別する標識を有するものということはできない。……本願商標の指定商品である『乳酸菌飲料』の一般的な収納容器であるプラスチック製使い捨て容器……の製法、用途、機能からみて予想し得ない特徴が本願商標にあるものと認めることはできない」（東京高判平13・7・17判時1769号98頁（本誌13号69頁参照）「ヤクルト容器（第1）事件」）、などの理由により商標法3条1項3号に関する審決の判断を肯定するものが多かった[21]。

しかし、その後、上記のような判断基準の大枠は維持しつつ商品の立体的形状が商品の機能や用

---

19) 平成26年度の大阪地方裁判所知的財産権部と大阪弁護士会の知的財産委員会の協議会（本誌42頁～44頁）でも議論の対象となった大阪地判平26・8・21（平成25年(ワ)第7604号）〈裁判所HP〉（本誌66号86頁参照）の判旨は、上記のような本号の立法趣旨を「従来の同種の商品にはない新たな要素を有し」等々の表現で判示したものと理解すればよく、原告が自己の商品を「従前の同種の商品にはないような新たな要素を有していること」について主張・立証責任があると判示したものではないと理解をすればよい。
20) 商標審査便覧41.100.02「立体商標の識別力の審査に関する運用について」。

途との関係から需要者が通常予想しうる範囲にとどまるものか否かについて、当該商品の取引実態や商標法3条1項3号、4条1項18号の立法趣旨等を勘案しつつ、従来より実質的に判断しようとする判決[22]が登場し、裁判所の姿勢にもやや変化のきざしがみえるようにも感じられた。しかし、この判決を含めてその後いくつかの判決における具体的な判断基準にはあまり大きな変化はみられない[23]。

ただ、車えび、扇形の貝殻、竜の落とし子、ムラサキガイ等の図柄を配列し、これらの同柄を配列し、これらの図柄をマーブル模様としたチョコレート菓子の立体的形状に関する立体標章が商標法3条1項3号には該当しないとした判決（知財高判平20・6・30（平成19年（行ケ）第10293号）〈裁判所HP〉（本誌42号104頁参照）「チョコレート菓子事件」）のように、同号の立証趣旨が、商標の自他商品識別力の有無だけでなく、当該商標等を特定人の独占的使用を許すのが適当か否かという観点（いわゆる「独占不適応」の有無）にもあることを前提としつつ、当該商品の取引実務や他者による商標選択の自由に対する制約の可能性を考慮した実質的判断をした判決があるが、かような判決はいまだ少数にとどまっている。

他方、商標法3条2項の適用に関しても、特許庁の審査実務の判断基準に従い、「現に使用された商標が商品の立体的形状のみならず、その商品の出所を示す標章やその出所たる企業等の名称や記号、文字等が付加された場合には、原則として出願商標との同一性を認めず、ただ、立体的形状のみが独立して自他識別力を獲得したと認められるような例外的事情があるときには本項が適用される」というように限定的に解釈を行い、このような基準が充足されないことを理由として登録を認めない判決が多かった[24]。しかし、その後、「商品等の立体形状よりなる商標が使用により自他商品識別力を獲得したかどうかは、当該商標ないし商品の形状、使用開始時期及び使用期間、使用地域、商品の販売数量、広告宣伝のされた期間・地域及び規模、当該形状に類似した他の商品の存否などの事情を総合考慮して判断するのが相当である。そして、使用に係る商標ないし商品等の形状は、原則として、出願に係る商標と実質的に同一であり、指定商品に属する商品であることを要する。もっとも、商品等は、その販売等に当たって、その出所たる企業等の名称や記号・文字等からなる標章などが付されるのが通常であることに照らせば、使用に係る立体形状に、これらが付されていたという事情のみによって直ちに使用による識別力の獲得を否定することは適切ではなく、使用に係る商標ないし商品等の形状に付されていた名称・標章について、その外観、大きさ、付されていた位置、周知・著名性の程度等の点を考慮し、当該名称・標章が付されていたとしてもなお、立体形状が需要者の目につき易く、強い印象を与えるものであったか等を勘案した上で、立体形状が独立して自他商品識別機能を獲得するに至っているか否かを判断すべきである」（前掲〈注21〉知財高判平19・6・27「マグライト事件」）とより実質的な判断基準が示され、このような判断基準に従い、同項を適用して登録要件充足性を認める判決が増加しつつある[25]。

以上のように、判例の傾向は、商標法3条1項3号の要件については、依然、その非充足性につ

---

[21] 同旨判決として、東京高判平13・11・27（平成13年（行ケ）第4号）〈裁判所HP〉「合成樹脂製止め具事件」、知財高判平19・6・27判時1984号3頁（本誌37号109頁参照）「マグライト事件」等。
[22] 知財高判平20・5・9判時2006号36頁（本誌41号132頁参照）「コカ・コーラ容器事件」。
[23] 知財高判平23・6・29判時2122号33頁（本誌53号81頁参照）「Yチェア事件」、知財高判平23・4・21判時2114号9頁（本誌53号72頁参照）「香水容器事件」等。
[24] 前掲東京高判平12・12・21「筆記具事件」、前掲東京高判平13・7・17「ヤクルト容器事件」および東京高判平15・8・29（平成14年（行ケ）第581号）〈裁判所HP〉（本誌22号76頁参照）「角形ウイスキー事件」。
[25] 前掲〈注22〉知財高判平20・5・9「コカ・コーラ容器事件」、知財高判平22・11・16（平成22年（行ケ）第10169号）〈裁判所HP〉（本誌51号127頁参照）「ヤクルト容器（第2）事件」、前掲〈注23〉知財高判平23・4・21「香水容器事件」、前掲〈注23〉知財高判平23・6・29「Yチェア事件」等。

いて厳格な解釈を維持しつつ、同条2項による使用による自他識別力の獲得に関しては、やや門戸を広げることによって、平面的商標に関する解釈基準との調和を図っている。

このような判例の傾向については、立体商標制度導入の趣旨や創作法との調和の観点から基本的に賛同する説もあるが[26]、先に述べた商品形態の不正競争防止法2条1項1号による保護に関する判例の傾向や、商品の立体的形態保護の困難性等の理由から判例の解釈基準は厳格にすぎるとの批判も存在する[27]。

なお、この点に関する筆者の見解は、拙稿「商標権の行使と商標の機能」高林龍ほか編代『現代知的財産法講座Ⅱ知的財産法の実務的発展』325頁等を参照されたい。

4 まとめ（対話型審理手続の充実）

以上、標記の論点について、筆者なりの勝手な視点から概観を行ったが、誌面の制約、というよりも実態は原稿の締切期限に追われて（筆者の自業自得ではあるが）、はなはだ雑駁でかつ不十分な内容に終始したことをおわびしたい。

最後に、知的財産権侵害訴訟に対し、筆者が日常感じている感想をひとつふたつ記述して本稿の締めくくりとしたい。

東京地方裁判所および大阪地方裁判所の知的財産権部においては、平成11年頃から典型的な知的財産権侵害訴訟に関して標準的な審理モデルを策定、公表され、事案の特性に配慮しつつも原則としてこのモデルに従った審理が行われている。

また、このような審理モデルには納まり切らない当事者の主張・立証上の重要な論点や技術説明会の進め方あるいは専門委員や計算鑑定人の採否、活用方法については、前記の各弁護士会との協議会の協議を通じて、裁判所の考え方や運用方法が開示され、さらに弁護士の側の意見を聴取、参考にされ、適宜運用方法等に反映されている。

したがって、現在では典型的な知的財産権侵害訴訟においては裁判所と訴訟当事者の間に一応の相互理解が形成され、比較的スムーズな審理が進んでいるように思われる。

ただ、当然のことではあるが、個々の争点に関しては、当事者が行った主張・立証活動に対する当該当事者や相手方当事者の認識・評価や裁判所の心証に相違があり、そのため裁判所から当事者に対する求釈明や答弁あるいは開示の勧告に対して、当事者が必要な対応を怠ったり、あるいは争点が多岐にわたる事件では、さほど重要でない争点について当事者が無用の主張・立証活動が行っている事例がないとはいえない。

弁論主義の原則に立ち返れば、上記のような事象が生じる原因の多くは、当事者の争点に対する理解不足や準備不足によるところが大であることはいうまでもないが、時には裁判所が行われる求釈明や勧告に関する意図を当事者が誤解し、あるいは逆に深読みをしすぎたために、その本来の意図とは異なった方向へと主張・立証活動の重心を移動してしまうことも考えられる。

したがって、現在行われている計画的な審理の内容をより深化させる目的から、弁論主義の原理に反しない範囲で、適宜、裁判所による争点に関する中間的な心証の開示や、当事者が今後予定している主張・立証活動の概要とその目的の提示を行い、相互の信頼関係を前提とした対話型審理手続を充実させてはいかがかと考える次第である。

---

[26] 渋谷達紀「商標形態の商標登録」紋谷暢男教授還暦『知的財産法の現代的課題』318頁、田村善之『商標法概説〔第2版〕』187頁、堀江亜以子「立体商標の登録要件」日本工業所有権法学会年報33号1頁、川瀬幹夫「商品包装の形状に係る立体商標」パテント64巻5号（別冊5号）59頁、小島立「立体商標の登録要件」知財管理58巻4号529頁、生駒正文「判批」判評592号25頁（判時1999号187頁）等。

[27] 足立泉「立体商標の現状と課題」紋谷暢男教授古希『知的財産権法と競争法の現代的展開』529頁、三山峻司「立体商標の登録要件」知財管理52巻9号1365頁、遠山光貴「商品等の立体的形状にかかる商標の登録要件について」パテント66巻8号81頁。

特許権の消尽論と黙示の承諾論に関する一考察
——アップル対サムスン事件知財高裁大合議判決を題材として——

弁護士・弁理士・ニューヨーク州弁護士　服　部　　　誠

1　はじめに

FRAND宣言がなされた特許の権利行使について判断したことで著名なアップル対サムスン事件知財高裁大合議判決（知財高判平26・5・16判時2224号146頁・判タ1402号166頁（本誌64号80頁参照）。以下、「本大合議判決」という）は、特許権者から実施許諾を受けた部品を用いた特許製品の製造、販売に対する権利行使が消尽あるいは黙示の承諾により制限されるかどうかについても、傍論としてではあるが、判示しており、かかる判示が実務に与える影響も小さくないと思われる。本稿では、まず、特許権の権利行使の制限根拠としての消尽論と黙示の承諾論について整理したうえで、本大合議判決を紹介し、最後に、部品の譲渡が完成品に係る特許の権利行使に与える影響や関連する諸問題について考察することを目的とする。

2　消尽論と黙示の承諾（許諾）論

まず、これまでの消尽論ないし黙示の承諾（ないし許諾[1]）論に関する裁判例、学説の状況を整理する。

(1)　消尽論
(ア)　消尽の意義

最三小判平9・7・1民集51巻6号2299頁〔BBS事件〕は、傍論ではあるが、国内消尽について、「特許権者又は実施権者が我が国の国内において特許製品を譲渡した場合には、当該特許製品については特許権はその目的を達成したものとして消尽し、もはや特許権の効力は、当該特許製品を使用し、譲渡し又は貸し渡す行為等には及ばないものというべきである」と判示し、特許権者等が特許製品を譲渡した場合における消尽を肯定した。また、最一小判平19・11・8民集61巻8号2989頁（本誌39号60頁参照）〔インクカートリッジ事件〕でも同趣旨の内容が判決理由として示されている。

(イ)　消尽の実質的根拠[2]

BBS事件最高裁判決およびインクカートリッジ事件最高裁判決は、いずれも、消尽の根拠として、特許製品の円滑な流通の確保と特許権者に二重の利得を与えないことをあげており[3]、多くの

---

[1] 従前は、消尽の根拠ないしそれと類似の特許権の権利行使を制限する理論として「黙示の許諾」という用語が用いられることが多かったが（たとえば、三村量一「判解」最判解民事篇平成9年度(中)251頁）、本大合議判決においては、「黙示の承諾」という用語が用いられているため、本稿では、特に理由がない場合には「黙示の承諾」という用語を用いることとする。なお、特許法上、「通常実施権」については「許諾」という用語が用いられており（特許法78条1項）、「黙示の承諾」の効果として通常実施権の設定を認めるのであれば、「承諾」よりむしろ端的に「許諾」という用語を用いるほうが適切なようにも思われる。他方、「黙示の承諾」の効果として、通常実施権の設定が必ずしも認められるわけではない（たとえば、「黙示の許諾」という通常実施権とは別の抗弁事由を認める）と考えるのであれば、「許諾」より「承諾」のほうが適切であり、筆者としては、後述のとおり、通常実施権の設定を認めるべきと考えるので、「黙示の許諾」という用語でもよいように思われるが、上記大合議判決がどのような考慮をして「承諾」という用語を選択したのかは定かではない。

学説もこれに賛成している。なお、BBS事件の最高裁判例解説や、東京地判平13・1・18判時1779号99頁〔アシクロビル事件〕においては、特許権者の黙示の承諾（許諾）が消尽の根拠の一つとしてあげられているが、後述のとおり、黙示の承諾は、特許権者による反対の意思表示による権利行使の留保を許容するものと解すべきところ、消尽による効果は特許権者の意思に左右されるべきでない[4]。消尽が成立すべき個々の事案によっては、特許権者が黙示の承諾をしていると認定できる実態が存在する場合もあろうが、そのことと、消尽が認められるべき根拠とは異なる（特許権者の承諾の有無にかかわらず消尽は成立すべきであり、その意味で黙示の承諾とは別の消尽の根拠が問われている）と考える。

(ウ) 消尽論の法的根拠

インクカートリッジ事件の最高裁判例解説[5]は、「BBS事件最高裁判決の判示した消尽論の実質は、結局のところ、特許権者の排他的利得の機会の保障と取引の安全との調和をどのように図るかという利益衡量にほかならず、特許製品の譲渡があった場合に適用される信義則を一定の類型に対して定型化して、特許権者による権利行使を制限したものということができる」として、信義則（民法1条2項）を消尽論の法的根拠にあげている[6]。この点、権利濫用（同条3項）を消尽の法的根拠ととらえる見解もあるが[7]、消尽論は権利行使の制限根拠（抗弁事由）の一つであるから、権利濫用は信義則の権利行使における一形態であるとの一般的な理解を前提とすれば[8]、いずれを法的根拠としてとらえても大差ないように思われる。

このように、消尽論の法的根拠が関係者間の利益衡量を図ることを目的とする信義則ないし権利濫用にあるとすれば、専用品などの部品・部材が譲渡される場合において消尽論を適用すべきかどうかは、関係者間において消尽論が前提とする利益状況と同様の状況が存在するかどうかが重要な判断要素になることとなる[9]。

(エ) 消尽の効果

消尽の効果は一律に当該製品に及び、特許権者の意思いかんに左右されず、消尽の効果を制限する合意が当事者間に存在しても、それは当該当事者間の契約上の問題にとどまるというのが一般的な理解である[10]。裁判例においても、東京地判平13・11・30（平成13年(ワ)第6000号）〈裁判所HP〉〔遠赤外線放射球事件〕は、消尽は、特許権者の意

---

2) 特許権者ないし適法な権限を有する者が市場においた特許品を購入した者が自ら使用しまたは転売しても権利侵害とはならないことをどのように説明するかについて、所有権移転説、黙示実施許諾説、用尽（消尽）説などの諸説が唱えられていたが、用尽（消尽）説が国際的にも定説となり（吉藤幸朔（熊谷健一補訂）『特許法概説〔第13版〕』431頁等）、日本でも上記のとおり最高裁判所がこれを採用している。ここでの議論は、かかる消尽説の実質的な根拠は何であるかを問題とするものである。
3) インクカートリッジ事件最高裁判決は、上述のとおり消尽の意義を確認するとともに、消尽の根拠について、「特許製品について譲渡を行う都度特許権者の許諾を要するとすると、市場における特許製品の円滑な流通が妨げられ、かえって特許権者自身の利益を害し、ひいては特許法1条所定の特許法の目的にも反することになる一方、特許権者は、特許発明の公開の代償を確保する機会が既に保障されているものということができ、特許権者等から譲渡された特許製品について、特許権者がその流通過程において二重に利得を得ることを認める必要性は存在しないからである」とする。
4) 中山信弘『特許法〔第2版〕』396頁、玉井克哉「日本国内における特許権の消尽」牧野利秋＝飯村敏明編『新・裁判実務大系(4)〔知的財産関係訴訟法〕』251頁、田村善之「用尽理論と方法特許への適用可能性について」特許研究39号8頁、小松陽一郎「国内消尽論」村林隆一先生傘寿『知的財産権侵害訴訟の今日的課題』179頁、吉田広志「用尽とは何か―契約、専用品、そして修理と再生産を通して」知的財産法政策学研究6号86頁等。
5) 中吉徹郎「判解」最判解民事編平成19年度(下)780頁、なお、玉井・前掲〈注4〉255頁も同旨。
6) なお、高林龍「インクカートリッジ事件判批」判評573号24頁（判時1940号194頁）は、「信義則や権利の濫用といった一般法理をもって説明するか、あるいは特許法の趣旨から導かれる特許権者の追求権の放棄の擬制」であるとする。
7) 田村・前掲〈注4〉7頁。
8) 我妻榮『新訂民法総則（民法講義Ⅰ）』34頁。
9) 田村・前掲〈注4〉7頁。
10) 前掲〈注4〉記載の文献参照。なお、田中孝一「特許権と国内消尽」牧野利秋ほか編『知的財産訴訟実務大系Ⅰ』473頁は、「特許権者は実施権者に対し債務不履行責任を問えるが、ライセンス契約違反が当該製品の取引分野の実情に照らし重大であり看過し難いような場合でない限り、消尽は成立し、特許権者は第2譲渡に対して特許権を行使できないと考える」とする。

思や当事者の合意とは無関係に、特許権者による特許製品の譲渡行為により無条件に生じることを判示している。

(2) 黙示の承諾論

(ア) 黙示の承諾論の意義

BBS事件最高裁判決は、国際消尽について属地主義を根拠にその成立を否定したうえで、「特許権者が留保を付さないまま特許製品を国外において譲渡した場合には、譲受人及びその後の転得者に対して、我が国において譲渡人の有する特許権の制限を受けないで当該製品を支配する権利を黙示的に授与したもの」として特許権者による並行輸入品への権利行使を否定している。そして、かかる判示について、三村量一元判事による同事件判例解説[11]は、「英国判例における黙示的許諾論ないし米国判例における所有権行使論に近い見解により、特許権者による権利行使を制限すべきことを明らかにした」とし、また、中山信弘教授は[12]、「最高裁判決は、現在の国際経済状況の下においては、合意と表示がないということは黙示の意思表示になるとしている点に意味があると思われる」としている。最高裁判所は、消尽論とは別の特許権者による権利行使の制限理論として、黙示の承諾（許諾）論を採用したものと理解してよいと考える[13]。

(イ) 黙示の承諾論の法的根拠と法的効果

黙示の承諾論の法的根拠は、他人による特許発明の実施についてこれを禁止する効力を有する特許権の保有者が、譲受人や転得者による特許製品に係る実施行為について、これを承諾し、当該実施行為に対し権利行使をしないという意思表示を（黙示に）行うことにある。そして、かかる黙示の承諾は、譲受人らによる（黙示の）特許権不行使の申込みの意思表示と合致することによって、通常実施権の設定という効果が生じるものと考える。そして、通常実施権が認められた場合、当該（黙示による）通常実施権者から当該製品を譲り受けた者およびそれ以降の転得者に対する権利行使は、少なくとも消尽論の適用により否定されるべきことになると考える。

黙示の承諾論については、特許権者の明示の反対の意思表示によりその成立を排除できる余地がある点が取引の安全の観点から問題視されることがあるが、この点については次の三つの理由から問題ないと考える。

まず、特許権者（ないし当該特許権者から許諾を受けた通常実施権者。以下、「特許権者等」という）と譲受人との間に黙示の承諾の成立が認められる場合には、上述のとおり、譲受人には当該特許発明の実施について通常実施権が許諾されることになるから、かかる（黙示の）契約に基づく法的効果を特許権者の一方的な事後の意思表示で消滅させることはできないと解することができる。また、譲受人以後に出現する転得者との関係では、上述のとおり消尽が成立すると解されるから、やはり取引の安全が害されることにはならない。

また、転得者も、取引に入るに際し、譲受人等によって知的財産リスクが解消されているかどうかを確認してしかるべきであり、確認の結果、（消尽ないし明示・黙示の承諾等の不成立による）知的財産リスクを覚知した場合には、当該取引に入ることを止めるか、あるいは当該リスクを取引価格に反映させること等ができるのであるから、黙示の承諾の成立を否定する意思表示をしている場

---

11) 三村・前掲〈注1〉251頁。
12) 中山・前掲〈注4〉404頁。
13) 黙示の承諾論を消尽論とは別の権利制限の根拠としてとらえるべきことを指摘ないし示唆する文献として、吉藤・前掲〈注2〉438頁、高橋直子「ファーストセイル後の行使」特許研究18号31頁、玉井・前掲〈注4〉255頁、高林・前掲〈注6〉判評30頁（判時2200号）、瀋暘「特許権の消尽理論と黙示の実施許諾論との比較研究―非特許部品販売後における特許権効力について―」Law&Practice 4号245頁、竹中俊子「特許製品の加工・部品交換に伴う法律問題の比較法的考察」紋谷暢男教授古希『知的財産権法と競争法の現代的展開』408頁、酒迎明洋「インクカートリッジ事件判批」知的財産法政策学研究18号171頁、重冨貴光「部材の譲渡・部材特許の実施許諾と完成品特許による権利行使―消尽と黙示の実施許諾の成立範囲に関する検討」知財管理58巻3号393頁、田村善之「FRAND宣言をなした特許権に基づく権利行使と権利濫用の成否㈠アップルジャパン対三星電子事件知財高裁大合議判決」NBL1028号38頁、鈴木將文「本事件判批」本誌65号65頁等。

合には黙示の承諾は認められないと解しても、いちがいに、取引の安全が害されることにはならないと考えられる[14]。

さらに、取引の安全の見地から特許権者の明示の不承諾の表明がある場合でもその権利行使を否定すべき場合においては、黙示の承諾論ではなく権利濫用等の一般条項や不当なライセンス拒絶を禁止する独占禁止法[15]を根拠に権利行使を制限することができる場合もあると考えられる。

(ウ) 消尽論との関係

消尽論との関係については、黙示の承諾論を消尽論とは別個の特許権の権利制限根拠としてとらえるべきかが問題となる。

この点、インクカートリッジ事件知財高裁大合議判決(知財高判平18・1・31判時1922号30頁(本誌31号82頁参照))は、「(筆者注:間接侵害品の譲渡により方法の発明に係る特許が消尽する)場合には、特許権者は特許発明の実施品を譲渡するものではなく、また、特許権者の意思のいかんにかかわらず特許権に基づく権利行使をすることは許されないというべきであるが、このような場合を含めて、特許権の『消尽』といい、あるいは『黙示の許諾』というかどうかは、単に表現の問題にすぎない」と判示する[16]。これに対し、本大合議判決は、後述のとおり、消尽が認められない場合に、黙示の承諾による権利行使の制限の可否を検討しており、両者を区別している。

上述のとおり、両者の法的効果に相違をもたせる場合には、両者を別の法理論としてとらえるべきことになる。この点、竹中俊子教授[17]は、米国の状況について、「消尽理論は、特許法特有の政策目的に係り特許権者が発明公開の代償を得た後、取得者を含む一般公衆によるその特許製品の自由な実施を確保するため、排他権の消尽を認めるものであるのに対し、黙示的ライセンスは契約法上の理論であり、契約の当事者である特許権者の行為に基づき相手方となる特許製品の取得者が一定の行為を行う許諾する意思表示と考えられる場合には黙示のライセンスの許諾を認めるべきとして、当事者間の信頼及び取引等の安全を保護するものであり、政策目的において異なる」と指摘する[18]。法体系の相違はあるものの、基本的な考え方としては、日本法下においても米国と同様に両概念を整理することが適切ではないかと考える。

(3) 特許権者等による材料・部品の提供と方法発明の消尽

次に、特許製品であるインクジェットプリンタ用インクカートリッジの使用済み品にインクを再充填するなどして製品化されたリサイクル品に対する特許権の行使の可否が問題となったインクカートリッジ事件知財高裁大合議判決について触れておく。

(ア) インクカートリッジ事件知財高裁大合議判決

インクカートリッジ事件知財高裁大合議判決は、リサイクル品に対する物を生産する方法の発明に係る特許権の権利行使の許否につき、次の判示をしている。

判旨①:物を生産する方法の発明により生産した物(成果物)については、物の特許権者等がわが国国内においてこれを譲渡した場合には、当該成果物については特許権は消尽する。

判旨②:物を生産する方法の発明に係る方法により生産される物が、物の発明の対象ともされている場合であって、物を生産する方法の発明が物の発明と別個の技術的思想を含むものではないとき、すなわち、実質的な技術内容は同じであって、特許請求の範囲

---

[14] 転得者が、知的財産リスクを考慮して取引を中止したり値下げの要請を行うことは、ひいては、特許権者等の不利益に帰することになる。その場合、特許権者等としては、実施許諾を行わない方針を貫くかどうか選択することとなる。
[15] 流通・取引慣行に関する独占禁止法上の指針第三 単独の直接取引拒絶は、①独占禁止法上違法な行為の実効を確保するための手段として取引を拒絶する場合には違法となり、②競争者を市場から排除するなどの同法上不当な目的を達成するための手段として取引を拒絶する場合には同法上問題となる旨の考え方を示している。
[16] 東京地判平19・4・24(平成17年(ワ)第15327号等)〈裁判所HP〉(本誌37号95頁参照)〔富士レンズ付きフィルムユニット事件〕も、(あくまで被告の主張を踏まえたうえでの判示ではあるが)両者の相違を意識していない。
[17] 竹中・前掲〈注13〉394頁。
[18] 潘・前掲〈注13〉264頁においてもほぼ同様の指摘がなされている。

および明細書の記載において、同一の発明を、単に物の発明と物を生産する方法の発明として併記したときは、物の発明に係る特許権が消尽するならば、物を生産する方法の発明に係る特許権に基づく権利行使も許されないと解するのが相当である。

判旨③：特許権者または特許権者から許諾を受けた実施権者が、特許発明に係る方法の使用にのみ用いる物（特許法101条3号）またはその方法の使用に用いる物（わが国の国内において広く一般に流通しているものを除く）であってその発明による課題の解決に不可欠なもの（同条4号）を譲渡した場合において、譲受人ないし転得者がその物を用いて当該方法の発明に係る方法の使用をする行為、および、その物を用いて特許発明に係る方法により生産した物を使用、譲渡等する行為については、特許権者は、特許権に基づく差止請求権等を行使することは許されない。

(イ) インクカートリッジ事件大合議判決に対する評価

インクカートリッジ事件大合議判決の上記判示に対しては、特に判旨③の当否について議論がされており、一律に消尽を認めることは消尽の実質的根拠にそぐわないなどとしてこれに反対する見解も主張されていた[19]。

ただ、インクカートリッジ事件最高裁判決は、方法の特許についての消尽については判断しなかったため、上述の知財高裁判決が否定されたかどうかは、明確ではなかった[20]。

(4) 特許権者等による材料・部材の譲渡と物の発明に係る特許権行使の制限

次に、特許権者等が材料・部材を譲渡し、譲受人がその材料・部材を用いた完成品を生産した場合に、当該生産行為に対して物の発明に係る特許権を行使することができるかについて整理する。

(ア) 米国の状況——Quanta事件最高裁判決

材料・部材の譲渡が完成品の特許権の行使に与える影響について、Quanta事件米国連邦最高裁判決（Quanta Computer, Inc. v. L.G. Electronics, Inc., U.S. Supreme Court No. 06-937 (June 9, 2008)）は、部品（特許対象の製品の一部に係る部品）の唯一の合理的かつ意図された使用が、当該特許を実施することにあり、かつ、部品が当該特許発明の本質的な特徴（essential feature）を具現（embody）する場合には、その部品の販売によって当該特許権が消尽する、と判示するとともに、方法の発明について、消尽を認めないとすると、特許権者が製品の特許を方法の特許に書き換えることにより容易に消尽を免れることができ、消尽法理の趣旨が没却されるとして、消尽論の適用を肯定している。

(イ) ドイツの状況

ドイツにおいては、いまだ、特許権者が部材・部品を市場においた場合における完成品についての物の発明に係る特許権の権利行使の可否について、画一したルールは存在しない。もっとも、当該部材が特許発明にとって必須の構成である場合には、権利行使は制限されるとする考え方が下級審の裁判例において示されている[21]。

(ウ) 国内の裁判例・学説の状況

まず、裁判例としては、実用新案権者が、実用新案の実施品そのものではないが、必然的に考案の実施を導く製品を販売した場合にも、その購入者や転得者が考案を実施することについて実用新案権者は黙示的に承諾をしていたと評価した判決（大阪地判平13・12・13（平成12年(ワ)第4290号）（本誌15号96頁参照）〔ストレッチフィルムによるトレー包装体事件〕）がある。

---

19) 竹中・前掲〈注13〉407頁等。田村・前掲〈注13〉35頁は、消尽の根拠に照らし、方法の特許について消尽を肯定し得る場合というのは、物の特許に関する特許製品の譲渡に比肩し得る物が譲渡された場合に限られ、たとえば、それ1台で特許方法の全工程を実施することができる専用装置がこれに該当するとする。特許製品にとって小さな構成部分にしかすぎない場合、購入した者が、それをもって、特許権を実施しても侵害にならないのは不合理であるとする。なお、飯村敏明「完成品に係る特許の保有者が部品を譲渡した場合における特許権の行使の可否について」中山信弘先生古稀『はばたき—21世紀の知的財産法』343頁は、同判決の趣旨は物の発明について、専用品・中用品の譲渡がされた場合にも及ぶものと理解することができるとする。

20) 飯村・前掲〈注19〉348頁は、インクカートリッジ事件最高裁判決が生産アプローチに近接する立場をとっていることに照らすならば、同判決は同事件大合議判決の当該部分について、これを実質的に否定したものと理解すべきであろうとする。

21) デュッセルドルフ地方裁判所の近時の判決（2014年6月3日判決 case 4c O 98/13.）は、市場におかれた部品によって事実上完全に発明が実現（実施）されるとき、システムに係る特許の「拡張された消尽（extended exhaustion）」が考慮されるとする。

学説では、特許製品の一部である専用品が譲渡された場合は譲受人による完成品の製造行為に新たな許諾は要しないとする見解[22]が主張される一方、経済的な価値の点で特許製品の大部分を占める部品を提供したなど特段の事情がある場合に限り特許製品の製造についての黙示的な許諾を認めれば足りるとする立場[23]や、Quanta事件米国最高裁判決に近い考えをとる立場[24]が主張されていた。

3 アップル対サムスン事件知財高裁大合議判決

次に、消尽の論点に関する本大合議判決の概要を紹介する[25]。

(1) 事案の概要

本件は、被控訴人（第1審原告であるアップルジャパン株式会社訴訟承継人Apple Japan合同会社、以下、「X」という）が、Xによる本件製品（スマートフォンおよびタブレット）の生産、譲渡、輸入等の行為は、控訴人（第1審被告である三星電子株式会社、以下、「Y」という）が有する特許権（特許第4642898号・本件特許権）の侵害にあたらないと主張し、YがXの上記行為に係る本件特許権侵害の不法行為に基づく損害賠償請求権を有しないことの確認を求めた事案である。なお、原審（東京地判平25・2・28（平成23年(ワ)第38969号）（本誌60号141頁参照））では消尽の点は判断されていない。

本件製品における通信関連の処理は、第三者が生産し、譲渡等すれば特許法101条1号に該当することとなる専用品たる本件ベースバンドチップ（判決では「1号製品」と称している）で主として行われているところ、本件ベースバンドチップはYから本件特許権についてライセンスを受けた訴外インテル社が製造・販売していたことから、Xは、譲渡対象物が最終製品に関する物の発明に係る特許権の間接侵害品にあたるのであれば、譲渡人は、当該部品を譲り受けた譲受人およびその後の転得者において当該部品を用いて最終製品に関する物の発明に係る特許権を実施することができることを前提としていたというべきであって、当該部品は、BBS事件最高裁判決にいう「特許製品」に該当し、Yによる本件特許権の権利行使は制限されるべきである旨主張した。

(2) 判　旨

本大合議判決は、「Yとインテル社間の変更ライセンス契約による実施許諾は終了しており、また仮に存続していたとしても、本件ベースバンドチップは同契約による実施許諾の対象とはならないと認められる」としつつ、「念のため、仮に、Yとインテル社間の変更ライセンス契約が存続して

---

22) 吉田・前掲〈注4〉90頁。
23) 田村・前掲〈注13〉36頁は、「物の特許権について、特許権者かその許諾を受けた者が譲渡した物が特許発明の実施品に該当しない場合であるにもかかわらず、その物を組み入れた特許発明の実施品に関してまで特許権が消尽すると解することができるのは、実施品の全部品を一揃えにしたキットが譲渡された場合などのように、例外的に、法的な観点ばかりでなく、経済的な観点に鑑みても、特許製品を譲渡したに等しいといえるほどの利益の獲得の機会があったと評価し得る場合に限られると解すべき」とする。また、重冨・前掲〈注13〉393頁は「特許法101条1号・2号所定の専用品又は中用品を譲渡した場合でも、完成品特許に基づく権利行使を制限すべきかどうかにつき、消尽を認めるべき実質的理由（取引の安全、実施料確保機会の存在）が存在するとは直ちに考えられないことに加えて、インクカートリッジ事件上告審判決が示した判断内容からすれば、消尽が成立する範囲はあくまで譲渡した当該部材自体に限られ、当該部材を組み込んだ完成品にまでに消尽は及ばず、形式的にも消尽が設立するとは解釈できない」とする。藩・前掲〈注13〉276頁、小泉直樹「消尽」ジュリ1448号86頁も近い立場をとる。
24) 小松・前掲〈注4〉178頁。なお、三村量一「特許権の消尽―方法の発明に係る特許権及びシステム発明に係る特許権の消尽の問題を中心に」高林龍ほか編代『現代知的財産法講座Ⅱ知的財産法の実務的発展』116頁は、「①特許権者又は実施権者が、特許発明に係る物の生産にのみ用いる物（特許101条1号）又はその物の生産に用いる物（我が国の国内において広く一般に流通しているものを除く。）であってその発明による課題の解決に不可欠なもの（同条2号）を譲渡した場合において、②特許発明に係る物を生産するためには、その物以外に、その物の生産に用いる物（我が国の国内において広く一般に流通しているものを除く。）であってその発明による課題の解決に不可欠なもの（同条2号該当物）を必要としないときには、特許権者は当該物を用いて生産された特許製品について特許権に基づく権利を行使することができないと解するのが相当」とし、田中・前掲〈注10〉470頁はこれに賛同する。
25) 本論点についての評釈として、田村・前掲〈注13〉6頁、小松陽一郎「本事件判批」ジュリ1475号56頁、末吉剛「権利者による部品の譲渡と完成品の特許の消尽又は黙示の許諾―アップル対サムスン事件知財高裁大合議判決―」特許研究59号43頁、福田あやこ「本事件判批」知財ぷりずむ12巻144号63頁、鈴木・前掲〈注13〉55頁、飯村・前掲〈注19〉336頁等。

おり、かつ、本件ベースバンドチップがその対象となると仮定した場合においても、当裁判所は、次のとおり本件特許権の行使が制限されるものではない」として、以下の判断を示した。

(ｱ) 特許権者による専用品の譲渡と消尽の成否

まず、特許権者が専用品（第三者が生産し、譲渡等すれば特許法101条1号に該当することとなる製品）を譲渡した場合における、専用品そのものの使用や譲渡について、以下のとおり判示し、消尽を肯定した（便宜上「判旨①」とする）。

判旨①「特許権者又は専用実施権者（この項では、以下、単に「特許権者」という。）が、我が国において、特許製品の生産にのみ用いる物（第三者が生産し、譲渡する等すれば特許法101条1号に該当することとなるもの。以下「1号製品」という。）を譲渡した場合には、当該1号製品については特許権はその目的を達成したものとして消尽し、もはや特許権の効力は、当該1号製品の使用、譲渡等（特許法2条3項1号にいう使用、譲渡等、輸出若しくは輸入又は譲渡等の申出をいう。以下同じ。）には及ばず、特許権者は、当該1号製品がそのままの形態を維持する限りにおいては、当該1号製品について特許権を行使することは許されないと解される」。

他方、譲受人が特許権者から譲り受けた専用品を用いて完成品たる特許製品を生産する場合は、次のとおり、完成品の生産、使用、譲渡について消尽が否定されると判示した。

判旨②「しかし、その後、第三者が当該1号製品を用いて特許製品を生産した場合においては、特許発明の技術的範囲に属しない物を用いて新たに特許発明の技術的範囲に属する物が作出されていることから、当該生産行為や、特許製品の使用、譲渡等の行為について、特許権の行使が制限されるものではないとするのが相当である（BBS最高裁判決（最判平成9年7月1日・民集51巻6号2299頁）、最判平成19年11月8日・民集61巻8号2989頁参照）」。

(ｲ) 特許権者等が譲渡した専用品を用いて特許製品が生産された場合の黙示の承諾の成否

もっとも、本大合議判決は、特許権者等が譲渡した専用品を用いて特許製品が生産された場合、黙示の承諾の成否が問題となりうるとし、かつ、その理は、特許権者が国外において専用品を譲渡した場合も同様であるとした。

判旨③「なお、このような場合であっても、特許権者において、当該1号製品を用いて特許製品の生産が行われることを黙示的に承諾していると認められる場合には、特許権の効力は、当該1号製品を用いた特許製品の生産や、生産された特許製品の使用、譲渡等には及ばないとするのが相当である」。

判旨④「そして、この理は、我が国の特許権者（関連会社などこれと同視するべき者を含む。）が国外において1号製品を譲渡した場合についても、同様に当てはまると解される（BBS最高裁判決（最判平成9年7月1日・民集51巻6号2299頁参照））」。

このように、本大合議判決は、特許権者から譲り受けた専用品を用いて特許製品が生産される場合においては、消尽ではなく、特許権者による黙示の承諾の有無が問題となることを明らかにした。また、かかる理は、特許権者による専用品の譲渡が国外で行われている場合も同様であるとした（また、同判決は、その場合の譲渡人を特許権者の「関連会社などこれと同視するべき者」まで含ましめている）。

(ｳ) 通常実施権者による専用品と譲渡と黙示の承諾の成否

そして、本大合議判決は、専用品を譲渡した者が、特許権者からその許諾を受けた通常実施権者である場合についても同様に律せられると判示した。

判旨⑤「次に、1号製品を譲渡した者が、特許権者からその許諾を受けた通常実施権者（1号製品のみの譲渡を許諾された者を含む。）である場合について検討する。1号製品を譲渡した者が通常実施権者である場合にも、前記(ｱ)（筆者注：判旨①②）と同様に、特許権の効力は、当該1号製品の使用、譲渡等には及ばないが、他方、当該1号製品を用いて特許製品の生産が行われた場合には、生産行為や、生産された特許製品の使用、譲渡等についての特許権の行使が制限されるものではないと解される。さらには、1号製品を譲渡した者が通常実施権者である場合であっても、特許権者において、当該1号製品を用いて特許製品の生産が行われることを黙示的に承諾していると認められる場合には、前記(ｱ)（筆者注：判旨①②）と同様に、特許権の効力は、当該1号製品を用いた特許製品の生産や、生産された特許製品の使用、譲渡等には及ばない」。

判旨⑥「このように黙示に承諾をしたと認められるか否かの判断は、特許権者について検討されるべきものではあるが、1号製品を譲渡した通常実施権者が、特

〔図表1〕 本大合議判決の判旨にみる1号製品（専用品）が譲渡された場合の権利行使の成否

> 1号製品が特許権者ないし通常実施権者*により譲渡された場合の規律
> - 1号製品がそのままの形態を維持して使用、譲渡等される場合→権利行使不可（消尽）
> - 1号製品を用いて特許製品が生産、使用、譲渡等される場合**
>   →特許製品の生産について黙示の承諾があれば、当該生産行為や生産された特許製品の使用、譲渡等について権利行使不可***
> * 　1号製品の譲渡について通常実施権を許諾された者を指す。
> ** 　1号製品の譲渡が国外で行われた場合も同様。
> *** 1号製品を譲渡した通常実施権者が、特許権者から、その後の第三者による1号製品を用いた特許製品の生産を承諾する権限まで付与されていたような場合には、黙示に承諾をしたと認められるか否かの判断は、別途、通常実施権者についても検討する。

許権者から、その後の第三者による1号製品を用いた特許製品の生産を承諾する権限まで付与されていたような場合には、黙示に承諾をしたと認められるか否かの判断は、別途、通常実施権者についても検討することが必要となる」。

判旨⑦「なお、この理は、我が国の特許権者（関連会社などこれと同視するべき者を含む。）からその許諾を受けた通常実施権者が国外において1号製品を譲渡した場合についても、同様に当てはまると解される」。

以上の判旨を整理すると、〔図表1〕のとおりとなる。

(エ) 本件事案へのあてはめ

そして、本大合議判決は、本件事案へのあてはめとして、まず、上記判旨③④（特許権者による黙示の承諾の成否）について、特許権者（控訴人）とインテル社との間のライセンス契約の内容（同契約と特許、専用品、完成品の関係）や専用品と完成品の関係等を考慮して黙示の承諾の成立を否定し[26]、また、上記判旨⑥⑦（インテル社による黙示の承諾の成否）について、同ライセンス契約の内容（同契約の許諾範囲）や同契約締結に係る経緯等を考慮して黙示の承諾の成立を否定した。

(オ) 方法の発明の考え方

本大合議判決は、方法の発明（データの送信方法に関する単純方法の発明）について、物の発明と構成が共通することを前提に、その技術的範囲の属否の判断を物の発明に即して行ったうえで、「本件製品2及び4におけるデータ送信方法の構成は、本件発明2の技術的範囲に属するものと認められるが、争点2（筆者注：本件発明2すなわち単純方法の発明に基づく間接侵害の主張）に係る主張は争点1に係る主張（筆者注：本件発明1すなわち物の発明に基づく間接侵害の主張）と選択的な関係に立ち、争点3（筆者注：無効の抗弁の成否や、本件特許権の消尽の有無等）以下の判断は争点1と共通である」と判示している。

4　検　討

(1) 本大合議判決の各判旨の検討

次に、消尽論および黙示の承諾論に関する従前の裁判例・学説、および米国等の状況を踏まえつつ、本大合議判決を検討する。

(ア) 判旨①（特許権者等が専用品を譲渡し、専用品そのものが流通する場合に関する判旨）

これまでは、特許権者等が特許製品を譲渡した場合を前提に、特許権の消尽の成否が議論されていたが、本大合議判決は、消尽の成立する範囲を専用品そのものが流通する場合にまで拡大させた。特許権者は、特許法101条1号のいわゆる「のみ」侵害が成立する範囲において、当該専用品（の生産、譲渡等の実施行為）に関して一種の排他権を有しているといえるが、特許権者等が専用品を譲渡した場合には、当該排他権を、自らによる製造・販売行為により用い尽くしたと評価することができる。そうであるにもかかわらず、いったん自己が市場においた（ないしおくことを承諾した）

---

[26] 判決は、黙示の承諾の成立を否定しても、本件ベースバンドチップ自体の流通が阻害されるとは直ちには考えられないことや控訴人に二重の利得を得ることを許すものともいえないことも指摘している。

専用品について再度同条に基づく権利行使を認めることはまさに特許権者に二重の利得を与えることになるとともに、流通の安全が害されることになる。また、インクカートリッジ事件最高裁判決は、特許製品を前提に消尽論の適否を論じているだけであって、専用品について消尽論が適用されるかどうかについては、肯定も否定もしておらず、しかも、上述のとおり、上記判旨①は、上記最高裁判決が説く消尽の趣旨から導かれるものであることからすれば、上記判旨①は、何ら上記最高裁判決に反するものでない。したがって、特許権者等の譲渡行為により専用品そのものが流通する場合において消尽の成立を認めたことは、正当であると考える。

(イ) **判旨②（特許権者等が譲渡した専用品を用いて譲受人らにより特許製品が生産された場合の消尽の成否に関する判旨）**

他方、本大合議判決は、特許権者等が譲渡した専用品を用いて譲受人らにより完成品たる特許製品が生産された場合には、当該完成品の生産、使用、譲渡につき消尽の成立を否定している。

一般に、生産行為については、消尽の効果は及ばない[27]。また、特許権者による専用品の譲渡により特許権者が「用い尽くした」のは、特許法101条に基づく専用品に係る排他権であり、それを超えて、直接侵害品（特許製品）に係る排他権については用い尽くされていないから、第三者による直接侵害品（特許製品）の生産行為に対する特許権者の権利行使を認めても、特許権者に二重の利得を与えたことにはならない場合が存在する（ただし、損害賠償が認められる範囲が限縮されることはありうる）。また、第三者は、専用品を譲り受けるに際し、譲渡人が直接侵害品の生産、譲渡についてまで許諾しているか（あるいは譲渡人に許諾権限があるか）を確認し、許諾が得られない場合には譲渡人と交渉するなり、あるいは取引を行わないといった選択肢があるのであるから、消尽の成立を否定してもいちがいに流通の安全が害されたとはいえない。さらに、不当な結果は、黙示の承諾論の適用によって回避しうる。米国Quanta事件最高裁判決のように、一定の条件下において消尽を肯定する（そして、そのような明確な規範を示すことによって取引の安全を確保する）という判断もあり得たかもしれないが、消尽論の趣旨に照らして考えると、判旨②のように考えることも不当とはいえないのではないかと解される。

(ウ) **判旨③（特許権者等が譲渡した専用品を用いて譲受人らにより特許製品が生産された場合の黙示の承諾の成否に関する判旨）**

まず、上述のとおり、黙示の承諾論は消尽論とは別の権利制限理論として認められるべきものであるから、生産行為が行われる場合に消尽論とは別に黙示の承諾論の適用により権利行使の成否を判断しようとしたことは妥当であると考える。

黙示の承諾論については、特許権者が明示的に承諾しない意思表示をしたときに不都合な結論となることがありうるとの指摘があるが、上述したとおり、黙示の承諾により通常実施権の成立を認め、事後の特許権者等による一方的な意思表示でかかる権利の成立を否定することはできないと解されること、また、権利濫用法理や独占禁止法の適用等によっても不都合な結果をある程度回避できるのではないかと考えられる（〔図表２〕参照）。

(エ) **判旨④⑦（黙示の承諾の成否の判断は専用品の譲渡がなされたのが国内の場合も国外の場合も同様に解すべきとする判旨）**

本大合議判決があげているとおり、BBS事件最高裁判決は、日本の特許権の保有者が国外で製品（完成品）を譲渡した場合における当該特許権の行使の制限の可否を黙示の承諾（許諾）論の適否で判断したと考えられるから、本大合議判決が、黙示の承諾の成否の判断は専用品が国外において譲渡された場合であっても同様であると判示したのは、もとより正当である[28]。

なお、本判決は、国外で特許権者により市場に

---

[27] 中山・前掲〈注4〉398頁、飯村・前掲〈注19〉338頁等。

〔図表2〕 物の特許と消尽・黙示の承諾

特許権者等による譲渡の対象 \ 譲受人等の行為態様	部品・部材の譲渡・使用等	部品・部材を用いた完成品の生産・使用・譲渡等	完成品の使用・譲渡	完成品の部品の取り替え等	特許権者等との合意違反行為
完成品			消尽（BBS事件最高裁判決）	事案により消尽（インクカートリッジ事件最高裁判決）	消尽（+契約違反）（下級審判決）
部品・部材	専用品の場合は消尽（本大合議判決）	黙示の許諾の成否（本大合議判決）		*	**

*　黙示の承諾が成立した当事者から対象製品を譲り受けた者が部品の取り替え等を行った場合は、インクカートリッジ事件最高裁判決の規範に従ってその後の権利行使の当否が判断されることになると思われる。
**　（例外的な事案であろうが）黙示の承諾が成立した場合には、完成品の場合の規律と同様、契約違反のみが問題となると思われる。

おかれた専用品がそのまま形を変えずに国内に輸入された場合について、特段論じていない。この場合には、属地主義から、日本特許の消尽は認められないが、BBS事件最高裁判決が重視した国際取引の安全の要請が当時（平成9年）より減少したとは考えられないことから、同判決に照らし、反対の意思表示を明示しない限り、黙示の承諾が成立すると解してよいと思われる。

(オ)　方法の発明の考え方

上述のとおり、本判決は、方法の発明について、「争点2に係る主張は争点1に係る主張と選択的な関係に立ち、争点3以下の判断は争点1と共通である」と判示している。

その意味するところは必ずしも明確ではないが、特許権者等が、特許発明に係る方法の使用にのみ用いる物（特許法101条3号）を譲渡した場合において譲受人ないし転得者がその物自体を使用する行為は、消尽により権利行使が否定され、その物の使用に加え、その物の使用以外の方法の使用によって、当該発明の使用が成立する場合は、当該発明の使用行為や、（それが物を生産する方法の発明の場合には）当該方法の使用により生産した物の使用、譲渡等の行為については、消尽ではなく、黙示の承諾の成否が問題となる、とする趣旨と理解される。そうだとすれば、本判決は、一律に消尽を肯定していたインクカートリッジ事件大合議判決の上述の判旨③の一部を変更したことになる[29]。

(2)　残された問題

(ア)　どのような場合に「黙示の承諾」の成立が認められることになるのか？

本大合議判決は、①特許権者と通常実施権者とのライセンス契約の内容（@包括的なクロスライセンス契約であり、本件特許を含めて、個別の特許権の属性や価値に逐一注目して締結された契約であるとは考えられないこと、ⓑ「インテル・ライセンス対象商品」に該当する物には、控訴人の有する特許権との対比における技術的価値や経済的価値の異なるさまざまなものが含まれ得ること、ⓒ包括的なクロスライセンスの対象となった「インテル・ライセンス対象商品」を用いて生産される可能性のある多種多様な製品のすべてについて、控訴人において黙示的に承諾していたと解することは困難であること、ⓓスマートフォンやタブレットデバイスである本件製品2および4は「インテル・ライセンス対象商品」には含まれていな

---

28)　飯村・前掲〈注19〉353頁。
29)　鈴木・前掲〈注13〉65頁〜66頁。

いこと）、および、②通常実施権者に許諾した製品（専用品）と最終製品（特許侵害品）との関係（専用品の最終品における役割、機能、両製品の価格差）を考慮して、控訴人が、本件製品2および4の生産を黙示的に承諾していたと認めることはできないと判断している[30]。

そこで、まず、特許権者から実施権の許諾を受けた者が専用品を市場においた場合、本判決が示すとおり、特許権者と通常実施権者との合意内容、および、専用品と最終製品との技術的・経済的関係等を考慮したうえで、特許権者による黙示の承諾の有無が判断されることになるのではないかと考える[31]。通常実施権者による黙示の許諾の成否については、本大合議判決は特許権者と通常実施権者とのライセンス契約の許諾範囲や同契約締結に至る経緯等を考慮して不成立の結論を導いているが、成立を認めるためには、特許権者の利益が不当に害されないようにするため、それらの事情に加えて、当該専用品と完成品の関係や通常実施権者と完成品製造者との間の合意内容等も考慮したうえで慎重に判断する必要があるように思われる。

これに対し、特許権者自らが専用品を市場においた場合には、専用品と最終製品との関係に加えて、特許権者と（専用品の）譲受人との合意内容が考慮されることになろう。なお、本件事案は、特許権者自らが特許製品（最終製品）を市場においたBBS事件とは事案を異にしており、専用品に反対の表示がなければ権利行使が否定される、とまでは解すべきでないように思われる。上述のとおり、もともと、（特許製品の）転得者は、自らが譲り受ける製品の権利関係について注意を払うべきであ

るから、黙示の承諾の成否を慎重に判断することでも取引の安全を不当に害することにはならないであろう。

(イ) 「黙示の承諾」の成立を特許権者の明示の不承諾の表明ないし専用品の譲受人との合意により否定することができるか？

専用品の利用、譲渡に係る制限が当初より契約当事者の合意内容となっている場合には、黙示の承諾は否定されてよいと考える。合意までとりつけた特許権者の利益、期待は保護に値するし、特許製品（最終製品）の譲受人ないし転得者の不利益は、むしろ、専用品の譲受人側（特許製品の譲渡人側）に対する責任追及によって救済されるべきであろう。なお、国際消尽においては、並行輸入を禁止するために表示が重視されているが、常に表示が要求されるべきと考えるかどうかは、上述のとおり慎重な検討を要すべきと考える。

これに対し、いったん黙示の承諾が成立した場合は、それを関係者の了解なく特許権者の一方的な意思によって撤回することはできないと考えるべきであろう。

(ウ) 中用品（2号製品）ならどうか？

まず、第三者が生産し、譲渡等し、かつ同号の定める主観的要件を充足すれば特許法101条2号に該当することとなる製品（以下、「中用品」という）が用いられて侵害品が製造される場合は、専用品（1号製品）のときと同様、侵害品の製造により、新たに「生産」行為（実施行為）が行われるのであるから、本大合議判決を前提とすれば、消尽が認められることはなく、黙示の承認が成立するかどうかが問題となる。そして、特許権者等と譲受人の合意内容（譲受人において特許製品を

---

30) なお、本判決は、特許権者と通常実施権者とで分けて、黙示の承諾の有無を判断している。そもそも、国際消尽の判断において、通常実施権者が「譲渡人」となりうるのは、特許権者と同視しうる（コントロールできる）からであるから、通常は、特許権者に黙示の承諾が成立しなければ、通常実施権者にも成立が認められないことが多いのではないかと思われる。ただ、ライセンス契約においてライセンサーのライセンス対象に最終製品が含まれている事案において、特許権者が被疑侵害者（ライセンシーから専用品を購入して最終製品を生産した者）に対して、明示的に生産行為を禁止する意思を表明しているような場合には、特許権者でなく通常実施権者のみに黙示の承諾が成立する余地があり得ると解される。

31) 本来、専用品と対象特許との関係（専用品が対象特許の本質的な部分を備えているかどうか等）についても考慮の対象とすべきように思われるが、その点については、専用品であるかどうかの認定を通じて一定の評価がなされていると考えることもあながち不合理ではないと思われる。

製造することを特許権者等が許容していたかどうか等)、中用品と対象特許との関係、および、中用品と特許製品(最終製品)との技術的・経済的関係等に照らして、黙示の承諾の成否が事案ごとに判断されることになろう[32]。

次に、中用品がそのまま流通する場合に、専用品と同様、消尽を認めるべきかどうかについては、2号侵害の成立には実施者の主観的事情が左右すること等からすると、一律に消尽の成立を認めることには疑問がある[33]。

　(エ)　方法の発明の考え方

上述のとおり、本判決は、インクカートリッジ事件大合議判決の上述の判旨③を変更したことになる。消尽論を一律に適用するのではなく、消尽論と黙示の承諾論の適用を通じて、多様な事実関係の下に権利行使の制限の当否を判断することは正当であると考える。どのような場合に黙示の承諾の成立が認められるかについては、基本的には、物の発明の場合と同様の観点から諸般の事情を考慮して判断されることになろう。

他方、インクカートリッジ事件大合議判決の判旨①については、消尽の趣旨から首肯することができ、判示②については、米国Quanta事件最高裁判決が判示しているように、消尽を認めない場合の不都合性に照らして考えれば、当該方法によって生産された製品にも消尽を認めることは妥当なのではないかと考える。

6　結　語

以上、本大合議判決を踏まえ、特許権の権利行使の制限根拠としての消尽論と黙示の許諾論についての適用のあり方について検討を試みた。本論点に関する議論がより一層深まっていくことの一助になれば幸いである。

---

32)　飯村・前掲〈注19〉351頁は、中用品には特許製品の生産以外の用途もあるから、一般には特許権者が中用品を流通においたとしても黙示の許諾が認められる例は多くないといえるであろうと指摘する。
33)　吉藤・前掲〈注2〉438頁は、方法の発明について、「特許権者が方法の特許権を実施することができる装置(特許されていると否とにかかわらない)を販売したが、その装置は他の方法の実施にも使用することができるものであるときは、売買上の明確な又は黙示の実施許諾があったかどうかの問題に帰するであろう」とする。

Law & Technology 別冊の発刊にあたって

　長い歴史のある裁判所と弁護士会との二つ意見交換会（協議会）を昨年（平成26年）、本誌64号と65号に掲載させていただいた。読者から知的財産訴訟の実務の指針として役立つと好評で、ぜひ二つを同じ号に掲載してもらえないかとの要望もあった。しかし、本誌の通常号では、それぞれ発行の時期にふさわしい実務や研究に有益な内容で構成する関係上、同時掲載は難しいことから、このたび別冊という形で発刊させていただくこととした次第である。加えて、第一線で活躍する研究者・実務家の協力を得て、現在の知的財産訴訟を踏まえた最新の論説を掲載させていただくことで、いま現在の知的財産紛争の最前線を、読者の皆様にお届けすることをめざした。知的財産訴訟の実務に少しでも役立てば幸いである。

Law & Technology 編集部

Law & Technology 編集委員会

〔編集顧問〕

中山　信弘（明治大学特任教授・東京大学名誉教授・知的財産法、西村あさひ法律事務所顧問）

〔編集委員〕

〔東　京〕

鎌田　薫（早稲田大学総長・民法）
土肥　一史（日本大学知的財産専門職大学院教授・一橋大学名誉教授・知的財産法）
松本　恒雄（独立行政法人国民生活センター理事長・一橋大学名誉教授・民法・消費者法）
山口　厚（早稲田大学教授・東京大学名誉教授・刑事法）
相澤　英孝（一橋大学教授・知的財産法）
熊谷　健一（明治大学教授・知的財産法）
大村　敦志（東京大学教授・民法）

大塚　直（早稲田大学教授・環境法・民法）
井上由里子（一橋大学教授・知的財産法）
末吉　亙（潮見坂綜合法律事務所・弁護士）
岩倉　正和（西村あさひ法律事務所・弁護士）
松葉　栄治（松葉法律事務所・弁護士）

〔大　阪〕

大瀬戸豪志（前甲南大学教授・弁護士・知的財産法）
辰巳　直彦（関西大学教授・知的財産法）
茶園　成樹（大阪大学教授・知的財産法）
松村　信夫（プログレ法律特許事務所・弁護士）

（順不同・敬称略、2015年7月10日現在）

※※※※Law & Technology 通常号※※※※
定期購読のおすすめ

　Law & Technology（略称・L＆T）の通常号は、お近くの書店でもご購入できますほか、確実にお手元へお届けする定期購読も承っております。各号2,057円～2,268円のところ、年間購読の場合、1年4号分を8,229円〔年4回〕・送料サービスでお届けいたします。直接弊社営業までお申し込みください。〈価格は消費税8％込み〉

【定期購読者限定の特典】

① 書店購入よりも早く読める♪
② 本誌の電子版（PDF版）を入手できる♪　研究・実務に便利♪　Webからのダウンロードなので海外で閲覧可能♪

購読料　年間購読料8,229円（年4回分）（消費税8％・送料込）

〔Law & Technology　別冊No.1〕

知的財産紛争の最前線
──裁判所との意見交換・最新論説──

発行日　平成27年8月18日
　　　　　　　　　定価　本体3,000円＋税
編　集　Law & Technology 編集部
発　行　株式会社　民事法研究会
発行所　株式会社　民事法研究会
　〒150-0013
　東京都渋谷区恵比寿3-7-16
　☎ 03-5798-7257　FAX 03-5798-7258（営業）
　☎ 03-5798-7277　FAX 03-5798-7278（編集）
　http://www.minjiho.com/
組　版　株式会社　民事法研究会
印刷所　株式会社　太平印刷社
ISBN978-4-86556-034-3 C2032 ¥3000E

知財実務に役立つ実践的手引書

独禁法の理念、基本的な概念をはじめ、要件・効果、論点を網羅的に解説した入門書！

実践　独占禁止法入門　2015年9月刊予定

酒井紀子　著　　　　　　　　　　　　　　　　　（A5判・約350頁・予価 本体3200円＋税）

商標（ブランド）の権利化や効果的な活用のためにリーディングケースとなる判例を厳選して分析！

最新　商標権関係判例と実務

知的所有権問題研究会　編（代表　松村信夫・三山峻司）　（A5判・625頁・定価 本体5500円＋税）

2015年4月施行の改正法・意見聴取規則等に対応した実務解説書！ 新手続に対応した書式も収録！

独占禁止法の意見聴取手続および抗告訴訟の実務

弁護士　井上　朗　著　　　　　　　　　　　　　（A5判・206頁・定価 本体2500円＋税）

PB商品を扱う流れに沿って、小売業者・製造業者が現場で留意したい法的課題81点を厳選！

Q&A　プライベート・ブランドの法律実務
――商品企画・開発から製造、販売までの留意点――

市毛由美子・大東泰雄・西川貴晴・竹内千春　著　　（A5判・284頁・定価 本体2200円＋税）

2015年1月施行の改正著作権法に対応し、出版権制度と契約文例を出版実務に即して改訂！

電子書籍・出版の契約実務と著作権〔第2版〕

弁護士　村瀬拓男　著　　　　　　　　　　　　　（A5判・232頁・定価 本体2100円＋税）

ブランドの管理・活用のためのマーケティングを意識した法務がわかる入門書！

商標実務入門――ブランド戦略から権利行使まで

片山英二　監修　阿部・井窪・片山法律事務所　編　（A5判・347頁・定価 本体2900円＋税）

発行　民事法研究会
〒150-0013　東京都渋谷区恵比寿3-7-16
（営業）TEL 03-5798-7257　FAX 03-5798-7258
http://www.minjiho.com/　　info@minjiho.com

■**平成23年改正特許法施行後の最新実務に対応！**■

実務 審決取消訴訟入門 〔第2版〕

片山英二　監修　　阿部・井窪・片山法律事務所　編

A5判・323頁　定価　本体3,000円＋税

本書の特色と狙い

▶大きな制度改正（審決取消訴訟提起後の訂正審判請求禁止・審決予告制度の導入・再審の禁止など）のあった特許法改正後の実務、直近の重要判例を踏まえて全面改訂！ 最新の実務を経験豊富な実務家が簡潔・具体的に解説！

▶審決取消訴訟の提訴に向けて行う特許庁での審決を検討する際に、知っておきたい基本事項である審決の構造、取消事由の抽出方法や主張のポイントを理解でき、手続の流れなど、実践的な内容が満載！

▶知的財産部の裁判所調査官経験者によるアドバイスを新たな章として追加！ 効果的な準備書面や技術説明会での留意点など、具体的な訴訟手続の準備や運用方法がわかる！

▶特許を中心に、意匠、商標の審決取消訴訟の特徴を簡潔に解説！ 一般民事事件と知的財産事件独特の訴訟制度のしくみの違いがわかる！

▶弁護士、弁理士、企業の法務・知的財産担当者、裁判所・特許庁関係者の方々に最適！

本書の主要内容

第1章　審決取消訴訟の手続
第2章　特許審決取消訴訟のアドバイス〔総論〕
第3章　特許審決取消訴訟のアドバイス〔各論〕
第4章　その他の審決取消訴訟のアドバイス
第5章　上訴・再審
第6章　元裁判官からみたアドバイス
第7章　元調査官からみたアドバイス
・索引
　1　事項索引
　2　判決言渡日順判例索引

発行　民事法研究会

〒150-0013　東京都渋谷区恵比寿3-7-16
（営業）TEL. 03-5798-7257　FAX. 03-5798-7258
http://www.minjiho.com/　　info@minjiho.com

■ **平成26年改正法にいち早く対応した最新版!** ■

著作権法〔第3版〕

岡村久道 著

A5判・566頁・定価　本体 5,400円＋税

本書の特色と狙い

▶ 基礎理論から契約実務・訴訟実務まで、情報通信技術の急速な発達等の社会情勢を踏まえた「生きた著作権法」を描き出す！

▶ 初学者でも全体像を把握できるよう各章を簡略な本文で解説！　より詳しく知りたい場合には、項目ごとに付された詳細な注を読解することによって著作権の理論と実務について最先端の状況を網羅的に理解することができる！

▶ 第3版では、電子書籍の出版権の創設、視聴覚的実演の保護の規定が整備された平成26年改正法に対応するとともに、最新の判例・裁判例を追録！

▶ 著者オリジナルの図表を多数収録し、複雑な著作権法をわかりやすく解説しているので、弁護士・弁理士等の実務家はもちろん法科大学院生にも至便！

▶ 弊社ＨＰにて著作権法を効率的に独習できる本書専用の問題集を改訂にあわせてアップ・ツー・デートして無料公開中！

本書の主要内容

第1章　知的財産権制度と著作権制度

第2章　著作者の権利の客体（目的）
　　　──著作物

第3章　著作者の権利の帰属主体
　　　──著作者と著作権者

第4章　著作者の権利1──著作権

第5章　著作者の権利2──著作者人格権

第6章　著作隣接権等

第7章　著作権法上の権利処理と契約実務

第8章　権利侵害と救済
　　　──侵害訴訟の理論と実務

発行　民事法研究会

〒150-0013　東京都渋谷区恵比寿3-7-16
（営業）TEL. 03-5798-7257　FAX. 03-5798-7258
http://www.minjiho.com/　info@minjiho.com

知財実務に役立つ実践的手引書

平成23年改正特許法下での理論・実務を展望し、法理・実務・裁判と要件事実を詳解！

専門訴訟講座⑥ 特許訴訟〔上巻〕〔下巻〕

大渕哲也・塚原朋一・熊倉禎男・三村量一・富岡英次 編

〔上巻〕（A 5 判・833頁・定価 本体7700円＋税）
〔下巻〕（A 5 判・755頁・定価 本体6800円＋税）

特許法・著作権法の重要な論点を厳選し、豊富な判例を用いて簡潔・明解に解説！

実務　知的財産法講義〔新版〕

末吉　亙　編著　　　　　　　　　　　　（A 5 判・391頁・定価 本体3400円＋税）

不正競争行為の類型ごとに要件事実、主張・立証活動の要点、学説・判例の射程を分析・検証し、実務指針を明示！

新・不正競業訴訟の法理と実務
―最新の判例・学説に基づく実務解説―

松村信夫　著　　　　　　　　　　　　　（A 5 判・1028頁・定価 本体8000円＋税）

地域密着型の司法サービスを提供する「弁護士知財ネット」会員による叡智を結集した知財実務書の集大成！

実践　知財ビジネス法務
―弁護士知財ネット設立 5 周年記念―

弁護士知財ネット　編　　　　　　　　　（A 5 判・688頁・定価 本体4800円＋税）

知的財産法の知識から実務での活用方法まで、わかりやすく、かつ実践的な視点で簡潔に教示！

よくわかる！知的財産法実務入門〔第 2 版〕
―特許・著作権・独禁法・営業秘密・デザイン―

弁護士　矢野千秋　著　　　　　　　　　（A 5 判・319頁・定価 本体2700円＋税）

企業の財産である「情報」の管理を豊富な書式を交え解説した決定版！必備の書式35例付！

企業情報管理実務マニュアル
―漏えい・事故リスク対応の実務と書式―

長内　健・片山英二・服部　誠・安倍嘉一　著　　（A 5 判・442頁・定価 本体4000円＋税）

発行　民事法研究会

〒150-0013　東京都渋谷区恵比寿3-7-16
（営業）TEL 03-5798-7257　FAX 03-5798-7258
http://www.minjiho.com/　　info@minjiho.com